# DIE KUNST DES BANALEN

Impressum
Herausgeber: Dir. Dr. Gerhard M. Dienes
Redaktion: Johanna Flitsch
Umschlaggestaltung und Layout: Atelier Neubacher
Umschlagfoto: Hans-Georg Tropper
Den Inhalt der einzelnen Beiträge vertritt jeder Autor persönlich.
© by Stadtmuseum Graz, 1997
Druck: grazer druckerei
ISBN: 3-9007-6419-0

# DIE KUNST DES BANALEN

VON DER WIRTSCHAFTSREKLAME ZUR MARKETINGKOMMUNIKATION

# Vorwort

Was man mit rund 30 Millionen Schilling alles machen kann, zeigt das neu eröffnete Stadtmuseum. In einem knapp zweijährigen Umbau hat das Haus in der Sackstraße ein neues Erscheinungsbild erhalten. Es ist besucherfreundlich geworden und bietet auch körperlich Behinderten den Zugang, zusätzliche Ausstellungs- und Veranstaltungsräume wurden geschaffen, die technischen Einrichtungen auf den neuesten Stand gebracht, und erstmals in seiner Geschichte verfügt das Museum über den konservatorischen Anforderungen entsprechende Depotmöglichkeiten. Trotz Verzögerungen durch archäologische Ausgrabungen, die als integraler Bestandteil der neuen Räumlichkeiten erhalten bleiben, wurde der Bauzeitplan eingehalten, und - das muß besonders hervorgehoben werden - der Budgetrahmen wurde nicht überzogen. Ich danke dem Architektenehepaar Ingrid und Jörg Mayr sowie allen am Umbau Beteiligten dafür, daß sie gemeinsam mit der Museumsdirektion, dem Hochbauamt des Magistrats und dem Stadtrechnungshof als begleitendem Kontrollorgan das alte Stadtpalais einfühlsam modernisierten. Augenscheinlich wird dies durch die Gegenüberstellung von historischer Bausubstanz und dem „Kunst am Bau"-Beitrag von Michael Kienzer. Mein Dank richtet sich an den Direktor des Hauses, Herrn Dr. Gerhard Dienes, sowie an Frau Johanna Flitsch, Herrn Dr. Franz Leitgeb und Herrn Taliman Sluga. Diesem kleinen Team ist es durch einen vorbildlichen Einsatz gelungen, auch unter schwierigsten Arbeitsbedingungen in kurzer Zeit - nur ein Jahr nach der „transLOKAL"-Ausstellung, die übrigens äußerst positive Nachwirkungen zeigt - dem neuen Haus entsprechende Inhalte zu geben. So konnte das Besucherangebot erweitert werden: Eine professionell gemachte Multi-Visions-Schau gibt einen Überblick über die Entwicklung der Stadt und wird in Zukunft vielen Gästen als Erstinformation über Graz dienen, eine

Dokumentation über den in diesem Haus geborenen Thronfolger Erzherzog Franz Ferdinand von Österreich-Este zeigt sein Leben auf, seine Ermordung in Sarajevo und die Folgen dieses Attentats, das eigentliche Stadtmuseum im zweiten Stock hat einen repräsentativen Eingangsbereich erhalten, in dem auf das Thema „Stadt und Umland" eingegangen wird, neue Programmleisten und Veranstaltungen werden neue Besucherschichten in das Haus bringen.

Nicht zuletzt darf ich die Eröffnungs-Sonderausstellung „Die Kunst des Banalen" erwähnen, eine Exposition, die verdeutlicht, was Stadtgeschichte alles involviert. Mit dieser Ausstellung über die Wirtschaftswerbung in Graz wird ein bisher unberücksichtigtes Kapitel der Grazer Stadtgeschichte geschrieben und mit modernen Präsentationsmitteln dargestellt. Für die Idee, Aufbereitung und die Konzeption dieser Schau danke ich dem Direktor des Museums und seinem Team, ich danke dem Ausstellungsgestalter Arch. DI Jörg Mayr sowie den Herren Prof. Horst Gerhard Haberl, Mag. Eberhard Schrempf, Mag. Walter Leustik und Michael Neubacher. Ich danke allen Leihgebern, allen AutorInnen und allen Firmen, die unter anderem die Herausgabe dieses Kataloges in Form eines Kultursponsorings ermöglichten.

Mit seinem Eröffnungsprogramm zeigt das Stadtmuseum Graz eindrucksvoll, welchen besonderen und einzigartigen Stellenwert es in der Grazer „Kulturlandschaft" einnimmt. Dieser soll bis zur Jahrtausendwende durch die inhaltliche Fertigstellung aller Schauräume zur Stadtgeschichte noch verstärkt werden.

DI Helmut Strobl
Kulturstadtrat der Landeshauptstadt Graz

# Zur Ausstellung

Plakate, wohin das Auge reicht, Lichtreklamen, Zeitungen voll von Inseraten, Marktschreier, eine Million TV-Werbespots im Jahr, dazu Werbesurfen im Internet. Werbung immer und überall, wir sind mit ihr fast auf jedem Schritt und Tritt konfrontiert. Sie berührt jeden, mit ihrer gigantischen Milliarden-Aufwand schweren Maschinerie versucht sie, uns zu beeinflussen. In ihren vielfältigen Erscheinungsformen ist sie aber zudem Ausdruck der Zeit, ein Stück (Alltags)kultur. Als solche findet sie auch ihre Berücksichtigung in Museen und Ausstellungen.

Aufgrund der Omnipräsenz der Werbung und aufgrund ihrer kulturhistorischen Relevanz bedurfte es für uns nicht einmal der „zartesten Versuchung", sich dieses Themas - auf Graz und auf die Wirtschaftswerbung fokussiert - anzunehmen. Einmal „echt cool", dann wieder „brand-heiß", einmal „ultra soft", dann wieder gar nicht „pflegeleicht" beinhaltet die Ausstellung ein breites Spektrum - vom Ladenschild über das Plakat bis zur Fernsehwerbung - und zeigt, welch weiten Horizont Stadtgeschichte hat und daß Stadtgeschichte keineswegs nur den Blick zurück und schon gar nicht das Verharren in Nostalgie bedeutet.

Zur Vorbereitung der „Kunst des Banalen" standen uns - drei Bediensteten des Museums - neben allen anderen Tätigkeiten und Projektarbeiten knapp 12 Monate zur Verfügung, der Budgetrahmen für diese Ausstellung lag bei 1,7 Millionen Schilling.

Dem Gestalter, DI Jörg Mayr, seiner Frau und seinen Mitarbeitern sowie den Kuratoren Prof. Horst Gerhard Haberl und Mag. Eberhard Schrempf gebührt allein schon deshalb Dank, weil sie sich trotz der ungünstigen Ausgangssituation nicht abhalten ließen, uns zu unterstützen, auch wenn aus finanziellen Gründen viele Ideen nicht Wirklichkeit werden konnten, wenn dem Wollen immer wieder Grenzen gesetzt waren.

Somit läßt sich diese Ausstellung nicht einreihen in die Serie der millionen- und mitarbeiterschweren „Mega-Events", aber das Ergebnis kann sich sehen lassen und hält auch dem Vergleich mit so manch wesentlich aufwendiger gemachten Exposition stand.


Dr. Gerhard M. Dienes
Direktor des Stadtmuseums Graz

# Das neue Stadtmuseum Graz
Im wiedereröffneten Stadtmuseum
„Die Kunst des Banalen" ausstellen

Das Stadtmuseum wurde am 8. November 1997 wiedereröffnet. 17 Monate lang wurde umgebaut: Neue Ausstellungsräume im Keller und Erdgeschoß, ein Aufzug, der in einem Glasprisma vom Keller bis in das Dachgeschoß reicht, besser erreichbare Toiletten, Depots in den ausgebauten Dächern, umfangreiche archäologische Grabungen und eine geschoßübergreifende Vitrine an der Nordfassade.

Im Programm zur Wiedereröffnung steht die Ausstellung „DIE KUNST DES BANALEN" an erster Stelle. Verglichen mit ähnlichen Unternehmen ist ihr Budget knapp bemessen. Dem Stadtmuseum, geübt im Sparen, ist es aber schon wiederholt gelungen, mit relativ großen Ausstellungen, die nur wenig kosten durften, wie z.B. „70 Jahre Flughafen Graz", „130 Jahre Südbahn" oder „Wasser Graz", ein breites Interesse zu wecken. Voraussetzung dafür war ganz sicher die Wahl gut ausstellbarer Themen. Jetzt ist „DIE KUNST DES BANALEN" an der Reihe zu beweisen, daß sie an die oben genannten Erfolge anschließen kann.

Unsere Absicht war es, dem Besucher durch eine achtsame Präsentation die Auseinandersetzung mit dem Thema unkompliziert zu ermöglichen. Dazu bedurfte es keiner aufwendigen Eingriffe in den Raumbestand, einer „Zimmerflucht", groß genug für eine wirksame Entfaltung des Themas und deutlich entfernt von jenen Ausmaßen, die zur unüberschaubaren Ausweitung einer Ausstellung verleiten.

Die Ausstellung ist in große Kapitel (Raumthemen) und diese weiter in überschaubare Exponategruppen gegliedert. Die schriftlichen Erläuterungen folgen diesem System mit Texttafeln zu den Raumthemen und Beschriftungen der Exponate.

Die von Dr. Gerhard Dienes mit Wissen und Erfahrung ausgewählten Exponate stammen großteils aus der Sammlung des Stadtmuseums. Die Vielfalt der Ausstellungsstücke reicht von der in wahrer Größe hergestellten Rekonstruktion eines der architektonisch und technologisch fortschrittlichsten Geschäftsportale der avantgardistischen zwanziger Jahre über Plakate, Entwürfe, Verpackungen, historische Fotos bis zur kleinformatigsten Exponategruppe der Postkarten. Neben sonderangefertigten Sammel- und handelsüblichen Wechselrahmen findet eine neue Technik Anwendung: In transparente Bahnen, die von der Decke bis zum Boden reichen, sind großformatige Repros von Plakaten eingeschweißt. Von ihrem gewohnten Platz an der Plakatwand abgelöst, „schweben" sie in den Ausstellungsräumen eindringlich nahe vor dem Betrachter.

Das Licht der Ausstellung kommt als Tageslicht von transluzent abgeschirmten Fenstern, als Kunstlicht von neuen Beleuchtungssystemen an den Raumdecken, aus den zur Illustration des Themas unverzichtbaren Bildschirmen und von hinterleuchteten Bildern.

Der Weg zur Ausstellung führt vorbei an Litfaßsäulen, die verstreut in der ganzen Stadt schon seit Juli 97 das Ausstellungsplakat tragen; erneut aufmerksam gemacht durch das vergrößerte, in der Außenvitrine am Stadtmuseum ständig in Bewegung gehaltene Plakat, betritt man durch das prächtigste Portal der Stadt, es wird dem Architekten Fischer von Erlach zugeschrieben, den Ort der Ausstellung; die Halle querend, streift man die Dokumentation über Franz Ferdinand, der 1863 hier in diesem Haus geboren wurde, und überschreitet die Glasskulptur von Michael Kienzer; links gelangt man zu zwei weiteren Programmpunkten der Wiedereröffnung, der Graz-Diaschau und der Ausstellung von Michael Kienzer und Peter Sand-

Litfaßsäule mit Plakaten zur Ausstellung und der Unternehmergruppe UND

Vitrine an der Nordfassade des Stadtmuseums Graz

bichler; „DIE KUNST DES BANALEN" ist in den Räumen im 1. Stock eingerichtet; dorthin führen Stiegenhaus und Lift; die Stiege ist belegt mit Läufern, die aus den Ausstellungsplakaten gefertigt wurden; am Podest zwischen Erdgeschoß und 1. Stock sind in barocker Hängung alte Werbetafeln aus Blech angebracht; auf den Stufen stehen Monitore - hier läuft ein Video; im Foyer des 1. Stockes wird man entlang einer transluzenten, konkav ge-

Stiege mit Ausstellungsplakat

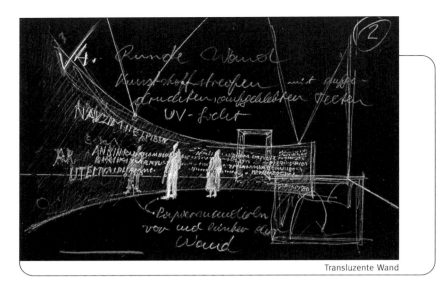

Transluzente Wand

krümmten Wand, die mit Zitaten beschriftet ist, in die Ausstellungsräume geleitet; Raum 1 beginnt mit dem Thema „Gebaute Werbung, Werbung im öffentlichen Raum, vom barocken Ausleger über Geschäftsportale zur Lichtreklame"; im Raum 2 wird die Entwicklung von frühen Anschlagzetteln bis zur Plakatwerbung gezeigt; Raum 3 ist den Grazer Künstlern/Plakatgrafikern: Heinz Reichenfelser, Hanns Wagula, Fritz Krainz, Karl Neubacher, Chris Scheuer und Waltl & Waltl gewidmet; im Raum 4 endet die

Transparente Ausstellungsbahnen

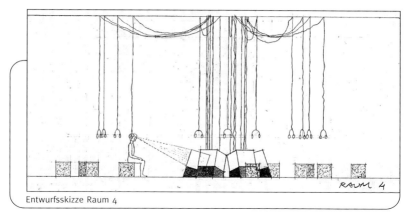

Entwurfsskizze Raum 4

Ausstellung mit den Themen „Mengen und Kosten der Werbung", „Werbung in den Medien: Rundfunk, Film, Fernsehen und Internet" und „Sponsoring"; in den Räumen 5 und 6 ist während der Ausstellung eine lithographische Werkstätte installiert.

Endstation Papiercontainer

Für Anregungen zur Ausstellungsgestaltung, die sich aus Diskussionen mit Dr. Gerhard Dienes, Prof. Horst Gerhard Haberl, Dr. Franz Leitgeb und Mag. Eberhard Schrempf ergaben, danke ich.

Arch. DI Jörg Mayr

Gerhard M. Dienes

# Ausdruck der Zeit
Eine Geschichte der Wirtschaftswerbung

## *Begründung des Themas*

Werbung ist seit eh und je ein Stück Kultur, ist Ausdruck der jeweiligen Zeit.

Trotzdem ist sie bislang nur selten zum Beschäftigungsfeld der Geschichtswissenschaft geworden, was sicherlich auch in ihrer inhaltlichen Komplexität begründet liegt. Die Ursachen für dieses Manko liegen aber auch im Problem der disziplinären beziehungsweise subdisziplinären Zuordnung, ob zur Wirtschafts- und Sozialgeschichte, ob zur Kunst- und Kulturgeschichte, ob zur Geschichte des Massenkonsums und der Gesellschaftskritik, ob zur Kommunikationsgeschichte oder zur Mentalitätsgeschichte. Im Ausstellungswesen hingegen wurde dem Thema Werbung in letzter Zeit zusehends Bedeutung geschenkt.

Exemplarisch seien erwähnt: von kunsthistorischer Seite die Ausstellungen „Art et Publicité 1890 – 1990" im Centre Pompidou in Paris, 1990 und „High and low", ebenfalls 1990, im New Yorker Metropolitan Museum.[1]

Kulturhistorisch ausgerichtet dagegen war 1996 eine Ausstellung im Stadtmuseum München, die unter dem Titel „Die Kunst zu werben" den Blick auf „die Werbung im öffentlichen Raum" richtete, auch die Auseinandersetzung mit der bildenden Kunst als einem Kernpunkt in der Geschichte der Warenwerbung und anderes berücksichtigte und den BesucherInnen Denkanstöße geben wollte, „sich mit der Werbung kritisch, aber unvoreingenommen als eine den Alltag dominierende Kunst-Form auseinanderzusetzen."[2]

Die meisten dieser Ausstellungen widmen sich primär den Plakaten als der ihnen selbst unbewußten Geschichtsschreibung ihrer Epoche (Th. W. Adorno), wobei betont werden muß, daß Aussagen wie solche, die Geschichte des Plakates sei in all ihren

Bereichen bereits umfassend wissenschaftlich erforscht, nicht stimmen.[3]

Julius Klinger, ein bedeutender österreichischer Plakatkünstler, sollte recht behalten, als er 1912 schrieb:

„Aber eine unbescheidene Hoffnung hegen wir, daß unsere Arbeit vielleicht in 50 oder 100 Jahren starke Kulturdokumente sein werden..."[4]

Tatsächlich erlebte das Medium Plakat seit damals nicht nur eine große Verbreitung und Wertschätzung. In vielen Museen zählt heute das Plakat zum Sammlungsgebiet. Zu den Werkverzeichnissen von Gemälden, Zeichnungen oder Grafik werden Verzeichnisse der Künstlerplakate erstellt, weil sie als wichtiger Teil des Gesamtkunstwerkes entdeckt und akzeptiert wurden. Das gleiche gilt für das Designerplakat.[5]

Auch im Stadtmuseum Graz ist es in den letzten Jahren zum Aufbau einer Plakatsammlung gekommen. Die Idee, diese dem Publikum zu präsentieren, führte zur Ausstellung „Die Kunst des Banalen", einer Ausstellung, die sich allein schon aus Platzgründen auf die Wirtschaftswerbung beschränkt, wobei wir die Werbung als Absatzwerbung für Dienstleistungen, Konsum- oder Investitionsgüter sehen, als, wie Michael Schirner es nennt, „eine Art Scharnier zwischen Wirtschaft und Gesellschaft."[6]

Als kulturgeschichtliches Museum legen wir den Schwerpunkt auf die „Kunst- und Kulturgeschichte", ohne aber andere Disziplinen zu vernachlässigen. Uns geht es um die gesamte Werbeproduktion in all ihren Erscheinungsformen wie Plakaten, Anzeigen, Filmen, audiovisuellen Werbemitteln wie Rundfunk oder Fernsehspot, Verpackungen oder Werbefiguren. Daneben sind auch ihre Erzeuger als künstlerisch Verantwortliche interessant: die Grafiker und Designer samt ihren Ideen, Konzepten, Traditionen, weiters der Ladenbau vom Aushangschild und der Auslage über die Lichtreklame bis zur gebauten Werbung etc.

Gezeigt wird die Entwicklung der Werbemittel, aber auch der Werbeästhetik als integraler Bestandteil der gesellschaftlich-kulturellen Entwicklung, „der bis ins Detail die sich verändernden Lebensbedingungen, Rollenzuschreibungen und Erwartungen wiedergibt. Werbung ist gerade deshalb ein so sensibler Indikator des Zeitgeistes, weil sie sich ihrer Massenwirkung berauben würde, wenn sie sich von diesem entfernte."

Der Rückblick auf die Geschichte der Wirtschaftswerbung in Graz entlockt sicherlich auch ein nostalgisches Lächeln, denn in der Retrospektive erscheint Werbung zuweilen als Karikatur der jeweiligen Zeitläufe. „Hier liegt ein bemerkenswerter Gegensatz zu Darstellungen der bildenden Kunst. Diese Darstellungen lassen sich zeitlich aufgrund der inneren Entwicklungsdynamik künstlerischer Stilrichtungen einordnen, und ihr Verhältnis zur jeweiligen kulturell-gesellschaftlichen Situation läßt sich rekonstruieren", die Werbeprodukte aber spiegeln die Alltagswünsche und -sorgen ganz unmittelbar, allerdings in der Regel ein wenig geschönt, ein wenig verharmlost, wider, wobei Ausnahmen wie Oliviero Toscanis Benetton-Werbung die Regel bestätigen.[7]

## *Einleitung*

Alle Maßnahmen eines Unternehmers, seine Produkte oder Dienstleistungen an den Endabnehmer zu bringen, bezeichnet man als „Marketing". Dieses „Marketing" gilt als das A und O jedweden Geschäftstreibens, ist aktiver, schöpferischer Einsatz aller Mittel und Möglichkeiten, um bestehende Absatzmärkte zu festigen und neue zu erschließen; und Werbung ist der wichtigste Teil des Marketings, so meinen es zumindest die Werbungsmacher. Werbung ist die geplante Übermittlung von Nachrichten, die das Urteil bestimmter Gruppen beeinflussen soll.

Ursprünglich bezeichnete man Werbung als Reklame (Lat.: reclamare = entgegenschreien).

In die deutsche Sprache wurde der Begriff von Karl Gutzkow und Heinrich Heine eingeführt, und zwar aus dem Französischen, wo Reklame die

Verbales Anbieten, Indianerfrauen auf dem Markt von Pisac, Peru

bezahlte Buchbesprechung bedeutete. Doch schon bald erweiterte sich der Begriff zu seinem heutigen Sinn als „Kundenwerbung", wobei sich in jüngerer Zeit der Terminus „Kommunikation" zusehends durchgesetzt hat.

Werbung als Prinzip ist wohl älter als die Menschheit selbst. Sie ist ein Phänomen, das in der Pflanzenwelt wie im Tierreich zu finden ist, man denke nur an das Radschlagen des Pfaues als eindrucksvolle Eigenwerbung oder das Krähen des Hahnes, die „Metro-Goldwyn-Mayer-Pose" des Löwen, die Färbung tropischer Fische oder die Schmuckmechanismen balzender Tiere.[8]

Was in der Natur bei Pflanze und Tier als „Farbenspiel" (die Geschlechtsmerkmale bei Pflanzen als bunte Blüten, die Färbung und Änderung der Färbung im Balzspiel bei Tieren) gilt, wird beim Menschen zum Kulturspiel. Das Rollenspiel des Mannes und das der Frau, das werbende, lockende, Verhalten beider, die Kleidung im Wandel der Mode, die äußere Aufmachung durch Schminke und Haarpracht, aber auch die äußere Aufmachung und Fassade von Gebäuden entsprechen dem.

Unbewußt oder bewußt haben die „Werbetreibenden der Gattung Mensch" diese Prinzipien der Pflanzen- und Tierwelt vereinnahmt und in ihre Reklamebemühungen miteinbezogen.

Das spiegelt sich etwa in Herrschaftszeichen und Wappen wider, und das nicht nur beim Adel. So führte im Graz des Mittelalters der Bürger Hans Baier mit dem „pern" einen Bären in seinem Siegel, eine Art zu werben, die bis zu der Bärenbatterie und zum Lacoste-Krokodil reicht.[9]

# Wirtschaftswerbung

Sie beginnt in der menschlichen Kulturentwicklung mit dem Zeitpunkt, ab dem arbeitsteilig produziert wurde, die Menschen von einem Produkt mehr erzeugten oder ernteten, als sie selbst brauchen konnten, oder sich jemand auf eine bestimmte Fähigkeit spezialisierte und diese als Dienstleistung anderen anbot.

Die früheste und wohl natürlichste Form der „Werbung" war

das Anbieten der eigenen Waren. Wer etwas verkaufen wollte, bot es anderen verbal an.

So machte bereits der römische Paeco als öffentlicher Ausrufer professionelle „Reklame". Er verbreitete in staatlichem Auftrag Informationen zu Gesetzen, Gladiatorenkämpfen und Ähnlichem und gab „daneben jedoch, durchaus anpreisend, geschäftliche Termine bekannt, wie die Ankunft von Weinlieferanten oder Auktionen."[10]

Diese Art, verbal Waren anzupreisen, hat sich bis in die heutige Zeit erhalten, man denke dabei nur - um Günther Jontes zu zitieren - an die „Zeitungsverkäufer, z.T. Asiaten und Afrikaner, waghalsig in den morgendlichen Autoverkehr an den Kreuzungen eintauchend, Neuigkeiten verkaufend...Wer denkt nicht an den unvergessenen Eismann mit seinem Wägelchen, das unter blitzenden, vernickelten Deckeln die kühlen Köstlichkeiten des Konditors verhieß, dessen laut und breit ausgesungener Ruf 'Gefrooorenes!' zu den letzten Kaufrufen zählte, die noch übriggeblieben waren? Oder die Wasserverkäufer mit appetitlich beschlagenen Gläsern auf Tabletts an den Bahnsteigen noch in der Zeit um 1950? Am Bahnhof ist zuweilen auch heute noch ein letzter Rest des Zutragens von Speis und Trank zu spüren, wenn etwa auf dem Bahnhof von Selzthal Wägelchen hin und her geschoben werden und der Ruf 'Kaffee, Bier, Limonade, Wurstsemmerl!' erschallt."

Wanderhändler, Holzschnitt

Wie vielfältig allein diese Art des Werbens ist, zeigt sich schon darin, daß der seriöse Kaufmann gegenüber seinen Kunden einen zurückhaltenden, „königlichen Stil" pflegt; er bietet seine Waren nur an, drängt sie nicht auf, kultiviert dafür aber um so mehr deren Erscheinungsbild. Im Gegensatz dazu steht die rohe, eroberungslustige Reklame eines Marktschreiers, der die Leute bedrängt, aber niemals nachhaltig deren Vertrauen gewinnt.[11]

Das verbale Werben für Waren hat durch die neuen technischen Mittel als akustische Werbung wieder starken Auftrieb erhalten. Lautsprecherreklame, Radio- und Fernsehwerbung sind eigentlich ein Wiederaufleben dieser ursprünglichen Möglichkeit des Anbietens.

## *Geschäftsschilder*

Reklame war schon in der Antike eine schnellebige, für den Tag geschaffene Sache.

Deshalb ist es nicht leicht, Dokumente zur Geschichte dieses Kulturphänomens zu finden.

Doch schon aus dem 3. Jahrtausend v.Chr. ist das Aushängeschild eines Griechen erhalten, der in Ägypten das Geschäft eines Traumdeuters ausübte. Und im römischen Pompeji gab es Mauerinschriften, ausgehängte Preislisten und vor allem Geschäftsschilder mit bildlichen Darstellungen. Die Ausgrabungen brachten sowohl in Pompeji als auch in Herculaneum Wände zum Vorschein, die durch Pilaster gegliedert waren, auf welche öffentliche Bekanntmachungen in roter und schwarzer Farbe aufgemalt wurden. Die bekannteste überlieferte Fläche dieser Art, wegen ihres weißgekalkten Untergrundes „Album" (Lat.: albus=weiß) genannt, befand sich in Pompeji am Gebäude der Eumachia.

Auch die poströmische Zeit kannte das Aushänge- beziehungsweise das Geschäftsschild.

Eine frühe Art stellt die Ladenschlange dar, die über den Budeln von Kramläden angebracht war. Es hieß, der Blick der Schlange banne den Kunden, die Schlange an sich verführe insbesondere die weibliche Klientel zum Konsum – wie einst Eva den Versuchungen des Reptils erlag.

Tatsächlich scheint die Ladenschlange aber nur ein reiner Nutzgegenstand gewesen zu sein, ein nützliches Requisit in zweifacher Hinsicht: Zum ersten diente sie gewiß der Identifikation des jeweiligen Geschäftes und als Reklameschild, zum zweiten als praktischer Halter (Träger) für die Zurschaustellung von Waren oder zur Befestigung (Aufhängung) von Tüten u.a.m.

Ladenschlangen und andere Geschäftszeichen (Schilder) hatten ehemals allein schon deswegen große Bedeutung, weil Hausnummern und Straßennamen noch keineswegs üblich waren und überdies die noch zahlreichen Analphabeten sich nach bildlichen Darstellungen orientierten bzw. orientieren mußten.[12]

Das gilt auch für die Wirtshausschilder.

## *Wirtshauswerbung*

In Graz sind Wirtshausschilder seit dem 16. Jahrhundert auch aus den Verwaltungsordnungen her greifbar, wenngleich ihr Vorhandensein wegen ihres illustrativen Charakters für Wirtshausnamen weitaus älter ist. Im Jahre 1609 wurde angeordnet, daß bestimmte Gasthäuser für Fremde vorzusehen seien und dafür von der immer mehr als lästig empfundenen Einquartierungspflicht befreit würden. Diese Betriebe seien mit Wirtstafeln zu kennzeichnen. Zwischen Hausnamen und Wirtshausnamen bestanden unmittelbare Zusammenhänge, wobei vor allem ursprüngliche Hausbezeichnungen auf die Gaststätte übertragen wurden.

Wirtshausschild „Goldener Ochse"

„Am häufigsten sind in Graz wohl Namen aus dem Tierreich, die zur Unterscheidung voneinander noch durch wechselnde Farbbezeichnungen weiter differenziert werden können. Bär, Löwe, Hirsch, Adler zeigen dekorative, stattliche und wehrhafte Wildtiere. Der exotische Riese im Schild des 'Schwarzen Elephanten' auf dem Murplatz weist auf den Reiz des Orientalischen im Gefolge der Türkenkriege hin, ebenso der Neger im Schild des Mohrenwirtes in der Murvorstadt. Die heimische Tierwelt spiegelt sich in den Schildnamen zum Igel, Hasen oder Ochsen, wobei letzterer häufig für Wirtshäuser gebraucht wurde, die auch über Fleischhauergerechtsame verfügten.

Häufig waren auch Namen aus der Pflanzenwelt, wie verschiedene Bäume ('Grüner Baum', 'Lärchen'), oder Früchte ('Goldene Birn'). Sterne und Kronen weisen auf die Hl. Drei Könige, die wegen ihrer biblisch überlieferten Wandersuche nach dem neugeborenen Jesusknaben schon früh zu Schutzpatronen der Reisenden wurden.

Auch Volkswitz und Anekdote begründen manchen alten Grazer Wirtshausnamen, dazu kommen noch Namen, Nebengewerbe, Herkunft und Eigenschaften des Wirtes, Lage in der Siedlung, Besucherkreis und dergleichen."[13]

Die Geschäftsschilder waren oft von einem eigenen, naiven Geschäftsstil geprägt. Diese Bilder als primitiv abtun zu wollen, wäre ungerechtfertigt. „Gerade heute", meint Bernhard Denscher, „wo man sich mit alternativer Ästhetik, mit echter Volkskultur beschäftigt, wäre es an der Zeit, sich mit der Tradition populärer Graphik auseinanderzusetzen, aus der eine sehr ursprüngliche und ungekünstelte Kraft spricht, die der ästhetischen Qualität keinen Abbruch tut."[14]

Der Handel fand primär auf dem Marktplatz statt. Hier gab es den Kaufaustausch zwischen Personen, die sich kannten und also wußten, was sie voneinander zu halten haben; zum Beispiel, daß die Waren, die man bei ihnen kauft, gut schmecken, lange halten und also ihr Geld wert sind.

Schon damals wurden auf Produkten „Markenzeichen" angebracht. Die Waren wurden von den Zünften und der Obrigkeit kontrolliert, und dabei wurden die verborgene innere Qualität des Materials und die handwerksgerechte Ausführung bezeugt und mit dem Wappen der Stadt und dem Zeichen des Meisters garantiert.

Aus ihnen sollte sich im 18. Jahrhundert das Etikett entwickeln, das zur Kennzeichnung des Packungsinhaltes, der Herkunft oder des Gebrauchs diente.[15]

## Buchdruck

Über Jahrhunderte war man auf Schilder und Tafeln aus Holz oder Stein angewiesen gewesen, und die Formschneider schnitten Buchstaben in Holztafeln. Zur Mitte des 15. Jahrhunderts erfand Johannes Gutenberg in Mainz bewegliche Metallettern, durch die es möglich war, binnen kurzer Zeit einen Text zu drucken und auch mittels einer Presse zu vervielfältigen. Gutenbergs Erfindung löste eine Revolution aus, die umso stärkere Auswirkungen hatte, weil damals der rare und daher teure Beschreibstoff Pergament immer mehr durch das Papier ersetzt wurde. Mit Gutenberg entstand der Buchmarkt und damit der Markt der Gedanken.

Neue Informationsträger wie die Zettel („cedula") entstanden, und es ist kein Zufall, daß gerade die Buchhändler als eine der ersten mit Schrift-„plakaten" warben, denn sie konnten mit einem des Lesens kundigen Interessentenkreis rechnen.

Das Wort Plakat stammt vom niederländischen Lehnwort „plakaat" ab (im Niederdeutschen bedeutet Plakbrief Frachtbrief) und ist seit dem 16. Jahrhundert bekannt.

Das erste illustrierte Plakat wurde auch von einem Buchhändler hergestellt. Obwohl diese Art der Reklame lediglich einem elitären Kreis zugänglich war, der lesen und schreiben konn-

„Der Buchdrucker und der Schriftgiesser", Lithographie von Joseph Scholz, Mainz, um 1840

te, ist es erstaunlich, wie schnell die Plakatierung zu einem multifunktionalen Massenmedium avancierte, einem Medium zur Korrespondenz zwischen Obrigkeit und Öffentlichkeit bzw. umgekehrt sowie einem Medium, mit dem alle möglichen Berufe warben.[16]

Das gilt etwa für Schausteller, die unter anderem auch Ballonaufstiege anboten.

Unbemannte Ballonstarts gehörten im späten 18. Jahrhundert zu beliebten Jahrmarktsspektakeln und wurden entsprechend beworben. So lud der Engländer Price, Mitglied der englischen Zirkusgesellschaft Hyam, Price und Massan per Anschlagzettel für den 26. Februar 1784 in Graz „zu einem angenehmen und unterhaltenden Schauspiel...einen hohen Adel und ein hochgeschaetztes und verehrungswürdiges Publikum" ein. Er ließ drei unbemannte Ballone steigen und schloß seine Anzeige so: „Da Herr Price keinen Aufwand und keine Muehe, welche bey so kuenstlichen und kostbaren Maschinen gewis betraechtlich sind, gesparet hat, um der Stadt Graecz ein Schauspiel zu bereiten, dessen sich noch keine Stadt Teutschlands ruehmen kann, so hoffet er, ein hoher Adel und hochgeschaetztes und verehrungswuerdiges Publikum werden seine Bemuehungen mit einer zahlreichen Gegenwart unterstuetzen", wobei natürlich die Eintrittspreise - nur der Adel konnte nach Belieben zahlen - auf dem Plakat abgedruckt wurden.[17]

Ankündigung der Ballonaufstiege des Engländers Price, 1784

Die Buchdruckerkunst wurde immer professioneller, Bücher wurden zu einem in hohen Auflagen verkauften, bezahlbaren Massenprodukt. Außerdem waren die Buchdrucker und Buchhändler häufig Zeitungsverleger, die ihre verschiedenen Interessen in der gedruckten Werbung unter einen Hut brachten.

## *Schaumarkt für fertige Waren*

Immer mehr drang der Schaumarkt für fertige Waren in alle Branchen ein, immer mehr gab es Waren, die nicht erst auf Bestellung hergestellt wurden. Dadurch beschleunigte sich das Verkaufstempo, wobei besonderer Wert auf die visuelle Verführung des Käufers gelegt wurde.

So kam im 17. Jahrhundert zum Beispiel in Holland Marmor- oder Türkischpapier als Warenverpackung, vorerst für Spielzeug, auf.

In den ländlichen Gegenden erhielt sich der besondere Markttag, aber in den Handelsstädten war er permanent. Kaufen und Verkaufen wurden nicht nur eine Begleiterscheinung des Trans-

Im Warenhaus Bon Marché in Paris

portes der Waren vom Erzeuger zum Verbraucher, sondern zu einer Hauptbeschäftigung aller Stände, und damit man nicht im dunkeln herumtappte, übernahm ein neuer „Gönner" die Herrschaft über den Markt: die Mode.

Daniel Defoe schrieb über sie:

„Jeder Schneider erfindet neue Moden, der Tuchhändler studiert neue Muster, welche die Weber in schöne bunte Figuren weben, und legt sich einen mannigfaltigen Vorrat an, um die Phantasie zu locken. Der Stellmacher ersinnt neue Fahrzeuge, Sänften, Berlinen, Droschken usw., die alle nur die Launen und den unberechenbaren Stolz der feinen Leute reizen sollen...Der Polsterer tut desgleichen bei Möbeln, bis er die munteren Damen so sehr verrückt gemacht hat, daß sie ihr Haus in jedem Jahr neu möblieren müssen. Alles, was man länger als ein Jahr hat, muß alt genannt werden, und daß jemand, der etwas gilt, die hübsche Wohnung mehr als zweimal zu Gesicht bekommt, gilt als gewöhnlich und ärmlich."[18]

Billiger Flitterkram untergrub allmählich nüchterne Handwerkerarbeit, wie er auch die herkömmlichen Vorlieben und Eigenwilligkeiten von Hersteller und Kunde beseitigte. Im 18. Jahrhundert entstand in Paris das erste Warenhaus, das dem Käufer die größtmögliche Zahl von Waren unter einem Dach bot. Das steigerte die Kaufreize, indem es zugleich die mannigfaltigsten Gelegenheiten dazu in einem Haus konzentrierte.

Eine effiziente Außenwerbung erschien zusehends als unerläßlich. „Nach Art der Wiener-Kaufladen", schreibt Gustav Schreiner 1843 über Graz, „sind auch hier (in der Innenstadt) die meisten Gewölbe mit hohen Portalen und manche derselben sogar mit schönen Auslage-Gemählden versehen. Durch dergleichen geschmackvolle Verschönerungen der Kaufläden und Waarenlager der Handelsleute nicht nur, sondern auch vielen Gewerbsleute hat das Aussehen der meisten Gassen an Freundlichkeit ungemein gewonnen."

Zur Verschönerung der Geschäftsschilder erhielten auch namhafte Künstler Aufträge. Die Grazer Current- und Modewarenhandlung Geymayer im Luegg am Hauptplatz beauftragte den Maler Joseph Tunner, das Geschäftsschild „Zum Wollbaum" zu gestalten. Tunner schuf eine ideale Hafenlandschaft mit einem

Fassade des Spezereien-Geschäftes Wildmoser in Preßburg/Bratislava, Fotografie, Ende 19. Jh.

Baumwollbaum; ein europäischer Handelsherr überwacht die Verladung der Fracht, die ein Schreiber verzeichnet. Ein Weißer und ein Farbiger bringen sie mit einem Boot zu einem dänischen Dreimaster.[19]

Die Größe der Ladenschilder wuchs stetig und nahm im Laufe der Zeit allmählich die gesamte Breite und Höhe der Fassaden in Anspruch.

Die Anzeigen, Annoncen oder Inserate als entgeltliche Bekanntmachungen in einer meist periodischen Druckschrift erlebten ihren ersten Aufschwung.

Die Anzeigenvolumen der Zeitungen wuchsen stark an: Berufszweige wie Lebens- und Heilmittelhändler, Immobilienmakler und andere schalteten gewerbliche Anzeigen, amtliche Stellen ließen offizielle Verlautbarungen veröffentlichen. Arbeitsangebote, Stellen- und Mietgesuche, Klein-, Standes- und Familienanzeigen, die bis dahin in der Kirche von der Kanzel herab verlesen worden waren, drängten auf den Markt.

Trotz alledem ließ die vorindustrielle Wirtschaft der freien Konkurrenz des Marktes nur wenig Spielraum. Die Grenzen waren nicht nur durch berufsständische (Zunft-)Ordnungen beschränkt, sondern auch durch ein Ethos aus Solidität und Achtbarkeit, das in der Alltagspraxis verwurzelt war. Man sprach von ehrbaren Gewerben, die keine aufdringliche Werbung - weil als unseriös empfunden - notwendig hatten.[20]

## *Industrielle Revolution, Massenproduktion*

Das änderte sich durch die sogenannte Industrielle Revolution mit ihren vielschichtigen Auswirkungen, wie der liberalen Wettbewerbsgesellschaft. Das kommerzielle Unternehmertum erhielt eine Form, in der alles konzentrierbar war und ständig spekulativ wachsen mußte.

Eine merkantil orientierte Mentalität gewann die Überhand, eine Mentalität, die sich für Robert Musil auch darin zeigte, daß man früher noch die Geschäftsbriefe mit „blauen Redeblümelein" geschmückt hatte, nun dagegen „schon alle Beziehungen von der Liebe bis zur reinen Logik in der Sprache von Angebot und Nachfrage, Deckung und Eskompte" ausdrückte.[21]

Weltausstellung London, Kristallpalast

„Penkala"-Schreibwaren erobern Graz
Kleine Zeitung, 30. 10. 1910

Der Architekt Gottfried Semper sah nach der Londoner Weltausstellung von 1851 die künftige Entwicklung ganz klar. Alles sei „auf den Markt berechnet und zugeschnitten. Die Spekulation legt uns die Wohltaten mundgerecht vor; wo keine sind, dort schafft die Spekulation tausend kleine und grosse Nützlichkeiten!"[22]

Ein neuer Mythos der großen Zahlen, von Massen und von Mengen kam zum Tragen. Die Quantität wurde zu einer Qualität für sich. Die Massenmedien entstanden, ebenso wie die Massenparteien und Massengüter; und die veränderten Lebensbedingungen ließen sogar die Bevölkerungszahlen in die Höhe schnellen. Die Zentren der Verwaltung und Industrie wuchsen zu Groß- bzw. Millionenstädten. Es bildeten sich jene politischen Kräfte und Weltanschauungen heraus, die auch das Leben im 20. Jahrhundert bestimmen sollten.

Die Steigerung des Massenbedarfs wurde durch eine neue Absatz- oder Handelsmethode erreicht. Nach der alten, schreibt Werner Sombart, erzeugte der Produzent und bot der Händler feil, was begehrt wurde. Was der Abnehmer verlangte, war hiernach das Ziel der Bestrebungen. Nach der neuen sucht man zu bewirken, was begehrt wird, was man macht oder anzubieten hat. „Bei der ersten Methode genügt es daher, den Geschmack zu erkunden, bei der letzteren trachtet man danach, ihn zu beeinflussen..."[23]

Das Übergewicht des Angebotes über die Nachfrage bewirkte, „den Dingen über ihre Nützlichkeit hinaus noch eine verlockende Außenseite zu geben."

Die Forderung nach einer eigenen Gestaltung der Erzeugnisse von außen an erhielt Relevanz. Identitätsstiftende Merkmale waren zuerst aufgebrachte Siegel, Marken und andere Zeichen, dann nach Formen, Farben, Schriften gestaltete Verpackungen und ganz zum Schluß nach den Grundsätzen der Entwurfskunst gestaltete Produkte, die so überformt und einheitlich konzipiert waren, daß sie klar und unverkennbar einem bestimmten Markenbegriff zugeordnet werden konnten.[24]

## *Reklame*

Bislang wurden die Kunden als gebildet, rational und kritisch erachtet, jetzt setzten sich in der Werbung die modernen Formen des Diskurses durch. Der weltweite Markt sah in der Werbung die Erweiterungsmöglichkeit des Absatzes, und so bediente sich die Wirtschaft immer öfter der Reklame.

Diese konnte zudem erst jetzt in größerem Ausmaß möglich werden, da erst jetzt die für sie notwendigen Voraussetzungen gegeben waren, wie der Rückgang des Analphabetentums in den Industriestaaten.

Für das deutsche Sprachgebiet wird davon ausgegangen, daß die durch die Reformation ausgelöste Flut von Druckerzeugnissen das Lesepublikum auf etwa 5 bis 10 Prozent ansteigen ließ. Bis um 1770 stieg die Zahl der potentiellen Leser langsam auf etwa 15 Prozent, bevor sich bis um 1800 die Lesefähigkeit in einem starken Schub auf etwa 25 Prozent erhöhte. Der größte Teil der europäischen Regionen wurde aber erst im 19. Jahrhundert im Zuge der Durchsetzung der Elementarschule quasi vollständig alphabetisiert.

Die Massenproduktion von Konsumgütern machte die Werbung, wie wir sie heute kennen, möglich und hatte auf ihre Gestaltung entscheidenden Einfluß.[25]

Die Reklame wurde, so schrieb Werner Sombart, zu „jener Erscheinung der modernen 'Kultur', an der auch beim besten Willen nichts als Widerwärtiges gefunden werden kann. Sie ist als Ganzes wie in ihren Teilen und in allen ihren Formen für jeden Menschen von Geschmack rundweg ekelhaft."[26]

Die Liberalisierung führte nach 1850 auch zu einem Anstieg des Pressewesens und damit zu einer spürbaren Ausweitung des Anzeigengeschäftes. Durch die Veröffentlichung einer Anzeige in einer Tageszeitung konnte mit einem Schlag eine Vielzahl potentieller Käufer angesprochen werden, gleichzeitig erlaubten es die Einnahmen aus den Anzeigen, den Preis für ein Zeitungsexemplar erheblich zu senken, wodurch wiederum die Auflage stieg, d.h. mehr potentielle Käufer erreicht wurden.

Sogar die Titelseiten von Zeitungen wurden bald für Werbezwecke genützt.

Weiters ermöglichten technische Veränderungen auflagenstarke Blätter: die Herstellung von Papier aus Holzschliff und vor allem die Schnelldruckmaschine.

Die Rotationsmaschine wurde zwischen 1850 und 1855 für Massenauflagen gebrauchsfähig. Für die Papierherstellung gab es bald so rasche Verfahren, daß im Jahre 1860 für die Ausgabe der „North American Gazette", die um fünf Uhr abends erschien, die Pappeln erst um zehn Uhr morgens gefällt wurden.[27]

## *Wortwerbung*

Damals bestand die gedruckte Werbung fast ausschließlich aus dem Wort.

Hatten zu Beginn der Industrialisierung die Unternehmer persönlich die Anzeigen gestaltet, so entstand mit wachsender ökonomischer Bedeutung der Werbung schnell ein Markt von Spezialisten für deren Gestaltung.[28]

Oft waren Werbetexter aber Dilettanten wie jener beim Drogisten Kokoschka am Bernstein in Prag, von dem der brave Soldat Schwejk erzählt:

Dieser Kokoschka war ein „sehr frommer Mensch und hat einmal wo gelesen, daß der heilige Pelegrinus der Wassersucht beim Vieh abgeholfen hat. Drum hat er sich irgendwo in Smichow Bilder vom heiligen Pelegrinus drucken lassen und für 200 Gulden weihen lassen. Dann ham sie die Packerln mit unserem Gewürz für Kühe gepackt. Den Kühen hat man dieses Gewürz in warmes Wasser gemischt, hat's ihnen im Eimer zu trinken ge-

"Zur gold. Schere".

Dieser Raum war ursprünglich für ein Inserat der Kleider-Firma Rudolf Herbst, Graz, Annenstraße 20 oder Volksgartenstraße 2 bestimmt. Da das Renommee dieser Firma ohnehin genügend bekannt ist, blieb dieser Platz leer.

Inserat, Grazer Adreßbuch 1901

geben und dabei dem Vieh ein kleines Gebet zum heiligen Pelegrinus vorgelesen, das Herr Tauchen, unser Kommis verfaßt hat. Nämlich wie die Bilder vom heiligen Pelegrinus gedruckt waren, so hat man noch auf der anderen Seite ein kleines Gebet abdrucken müssen. Da hat sich unser alter Kokoschka abends den Herrn Tauchen gerufen und hat ihm gesagt, er soll bis früh ein kleines Gebet auf das Bild und auf das Gewürz zusammenstellen, und daß es schon fertig sein muß, bis er um zehn Uhr in den Laden tritt, damit's in die Druckerei kommt, weil die Küh schon auf das Gebet warten. Entweder verfaßt er's hübsch, so hat er einen Gulden am Brett, oder er kann in 14 Tagen gehn. Herr Tauchen hat die ganze Nacht geschwitzt und is früh ganz unausgeschlafen den Laden aufmachen gekommen und hat nichts geschrieben gehabt. Er hat sogar vergessen gehabt, wie der Heilige für dieses Gewürz für Kühe heißt. Da hat ihn unser Diener Ferdinand herausgerissen. Der hat alles getroffen. Wenn wir am Boden Kamillentee getrocknet ham, is er immer hinaufgekrochen, hat sich die Stiefel ausgezogen und hat uns gelernt, wie die Füße zu schwitzen aufhören. Und der hat dem Herrn Tauchen geholfen; er hat nur gesagt: Also, geben Sie's her, Herr Tauchen, daß ich mir's anschau', und schon hat ihm der Herr Tauchen Bier holen lassen. Und bevor ich's Bier gebracht hab, da war unser Diener Ferdinand schon halb fertig damit und hat's schon vorgelesen:

'Von Himmelshöhen komm ich her,
verkünde allen frohe Mär.
Kuh und Kalb und Ochs und Schwein
brauchen nicht mehr krank zu sein.
Denn Kokoschkas Kräuterlein
heilen alle, groß und klein.'

Und wie er das Bier ausgetrunken gehabt hat, is es ihm rasch gegangen, und er hat's in einem Moment sehr hübsch fertig gebracht:

'Pelegrinus Sanctus hat's ersonnen,
für zwei Gulden nur ist es gewonnen,
Pelegrine Sancte, schütze unsre Herden,
die dafür stets deinen Balsam trinken werden.
Deine Gnade singt der Landmann spät und frühe,
Pelegrine Sancte, schütze unsre Kühe!"[29]

Zum Schreiben guter Reklametexte gehört sehr viel Talent und noch mehr Übung, „genaue Kenntnis des Artikels und gesunder Menschenverstand", schrieb 1925 einer der ersten Reklamespezialisten Österreichs, Hans Kropf. Die schwierigste, aber wichtigste Aufgabe bei der Verfassung eines Reklametextes wäre es, ein zugkräftiges Schlagwort zu finden, das den Leser neugierig macht und ihn dazu verleitet, auch den übrigen Text zu lesen. Die Ausführungen Kropfs bezogen sich vor allem auf die Textierung von Werbebroschüren und Inseraten, denn die Aussage eines guten Plakates sollte im wesentlichen bereits im Bild getroffen werden. „Doch ein guter Slogan auf einem Plakat kann die Erinnerungswirkung wesentlich fördern. Gute Werbetexte sind also extrem zeitbezogen, auf das Publikum und dessen Geschmack genauestens abgestimmt."

Es gab damals schon „professionelle" Werbetexter, wie zum Beispiel die Schriftsteller Frank Wedekind (Maggi), Joachim Ringelnatz (Montblanc), Erich Maria Remarque (Continental Gummi) oder Bert Brecht (Steyr).

Mit den Illustrationen und später mit der Fotografie kam es zu einer nicht mehr durch Aussagesätze konzentrierten Sprache.

Bereits um 1880 erlernten Reklamefachleute die Technik des Werbeslogans, und seit der Jahrhundertwende besteht die Werbung aus einem Teil Tiefenpsychologie und einem Teil ästhetischer Theorie. Die Vernunft mußte sich, wie Neil Postman meint, in andere Bereiche zurückziehen.[30]

Am Anfang des Werbetextes, wie wir ihn kennen, war der Slogan. Er setzte anstelle der schnell verbrauchten sprachlichen Konvention des Reims die Prägnanz der Banalität bis hin zur Tautologie („Coca Cola is it", „Persil bleibt Persil").

Die Reduktion des Wortes war keine kontinuierliche. In Deutschland beispielsweise florierte ab 1954 wieder das lange Werbegedicht, einige Jahre später höchstens noch das gereimte Verspaar. Der nüchtern gewordene, aufgewachte Verbraucher konnte und wollte nicht mehr durch Verse überzeugt werden. Fast spürbar stand die Gefahr im Raum, daß Gedichte zu bloßen Karikaturen auf die beworbenen Produkte werden könnten.[31]

Seit den 60er Jahren wurde der Slogan durch die Headline ersetzt. Wesen der Headline ist es, durch sprachliche Effekte, die weniger auf Wiederholbarkeit und Eingängigkeit angewiesen sind als die des Slogans, aufzufallen und sich mit rhetorischen Mitteln der Aura des Produktes zu nähern. Erlaubt und gefordert sind Tricks wie Stab- und Binnenreime, Kalauer, Wortspiele aller Art, bezeichnend unvollständige Sätze, Abwandlungen bekannter Sprichwörter, Sinnsprache usw. Der Text verlief in der Folge in beide Richtungen zu Prosastücken bis zur Reduktion auf ein Wort bzw. bis zur Anzeige ohne Text.

Ein Beispiel für eine Ein-Wort-Werbung gibt der Werbefachmann Michael Schirner:

„Denkt man an IBM, denkt man an Computer. Daß IBM auch Schreibmaschinen macht, ist nicht so bekannt. Das sollten wir ändern. Da in jeder Schreibmaschine buchstäblich ein bißchen IBM steckt, brauchten wir nur ein Wort für die Werbung: schreIBMaschinen. Das ist die einfachste Kampagne der Welt und ein Beispiel für konkrete Poesie in der Werbung. Darauf gekommen sind wir durch einen Schreibfehler. Als ich das Wort Schreibmaschine schrieb, rutschte mir ein großes I rein und ich sah, daß da noch ein B und ein M waren."[32]

## *Plakat*

Wäre es nicht so aufwendig gewesen, von Holzstöcken ordentliche Abzüge zu machen, und so teuer, sie auch noch zu kolorieren, dann hätte die heute übliche Plakatform schon seit der Renaissance weite Verbreitung gefunden.

Die Möglichkeit dazu war aber erst gegeben, als der Österreicher Aloys Senefelder 1796 in München die Lithographie erfand.

Und wieder erwies sich der Buchhandel als innovativ.

Um 1800 erzeugten Drucker und Verleger mit ihrer Eigenwerbung für illustrierte Bücher einen Schub der werblichen Bilddokumentation.

Von geschickten Zeichnern ließen sich Buchillustrationen in vergrößertem Maßstab auf den lithographischen Stein übertragen und Werbetexte hinzusetzen. Die einseitig bedruckten Abzüge davon hängten sie an ihren Ladentüren und Marktständen auf.

Das regte den spekulativen Geist enorm an. Und diese emotionale Bewegung ergriff die Gesellschaft in einer Breite wie nie zuvor. Das Plakat im neuzeitlichen Sinne war entstanden, dekorative Zeichner, Maler und Lithographen hatten ein weites Betätigungsfeld vor sich.

1826 entstand in Wien die „Erste Wiener Central-Placat-Anstalt", wobei zu bemerken ist, daß im Sprachgebrauch der Terminus „Anpikzettel" vorherrschte und die Plakatierer „Zettelträger" oder „Zettelpapper" genannt wurden.

Fahrbare Litfaßsäule, London

Straßenszene, Leipzig, um 1900

In diesem Zusammenhang ist Johann Nepomuk Nestroy zu erwähnen, der seit 1826 als Bassist am Grazer Theater engagiert war und dessen Stück „Der Zettelträger Papp" hier am 15. Dezember 1827 aufgeführt wurde.[33]

1855 stellte der Buchdrucker Ernst Litfaß in Berlin die ersten Plakatsäulen auf, um dem Wildwuchs des Plakatierens entgegenzuwirken.[34]

In Graz gab es die ersten Litfaßsäulen um 1870. Sie standen, so ein Chronist, „wie die antiken Säulen auf der Akropolis. Nur nicht so klassisch."[35]

Die Erfindung Senefelders wurde im Laufe der Zeit ständig perfektioniert. Die Chromlithographie entstand, bei der man mit mehreren Steinplatten farbige Drucke herstellen konnte, und der Elsässer Godefroy Engelmann erreichte einwandfreie Ergebnisse mit der Farblithographie.

Parallel dazu kam es zum Wandel von der rein handwerklichen Herstellungsweise zur automatisierten Massenproduktion. Während früher die Herstellung eines Druckwerkes vom Stempelschnitt bis zum fertigen Produkt meist in einer Hand lag, brachte die moderne Entwicklung die Arbeitsteilung, das Spezialistentum mit sich.

Bildplakate, auch für wirtschaftliche Zwecke in engerem Sinn, gab es relativ früh in den USA, die man als das klassische Land des Massenkonsums bezeichnen kann. Bereits um 1850 warb man dort mit größeren chromlithographischen, also farbigen Postern für Konsumgüter. Meist handelte es sich um von anonym gebliebenen Zeichnern hergestellte, realistisch und volkstümlich naiv ausgeführte Bilder.

Bald entstanden meterhohe und -breite Plakate. Allerdings wurden diese Blätter nicht von Stein-, sondern von Zinkplatten gedruckt, wie auch allgemein Steinplatten immer mehr durch Zink- oder Aluminiumplatten ersetzt wurden.[36]

## *Plakatkunst*

Vorerst überließ man angewandte Gestaltungsaufgaben den geringer geachteten Lithographen und gewerblichen Zeichnern, doch bald widmeten sich auch die Künstler der Werbung.

Die Werbung wurde zu einem Betätigungsfeld für die Kunst. Seither stehen Kunst und Kommerz in einem spannungsreichen und wechselvollen Verhältnis zueinander.

Auch wenn Hans Thoma vom Plakat als von einer „Rinnsteinkunst" sprach, so haben doch bedeutende Künstler sich der merkantilen Kunst gewidmet.

Als das erste Künstlerplakat der neuen Plakatwerbung gilt ein

Holzschnittplakat nach einer Zeichnung von Fred Walker, das 1871 den Roman „The Woman in White" von Wilkie Collins bewarb.

Seinen Siegeszug aber erlebte das künstlerische Werbeplakat in Frankreich.[37]

Oft wird kolportiert, daß Henri de Toulouse-Lautrec der erste war, der seine Kunst in den Dienst des Plakates stellte. Aber als er 1891 sein erstes Plakat und zugleich seine erste Farblithographie schuf, das berühmte Moulin-Rouge-Blatt, gab es bereits mindestens je ein Plakat von Daumier und Bonnard, und es gab vor allem Jules Chéret, den „Vater der Affiche", den „Maler der Pariser Mauern".

Chéret, 1836 in Paris geboren, war zehn Jahre in London gewesen, hatte dort das moderne englische und amerikanische, farbig illustrierte Plakat kennengelernt und gründete nach seiner Rückkehr 1886 eine eigene Druckerei, die spätere Imprimerie Chaix.

Mit neu entwickelten Maschinen, die ohne große Kosten auch große Formate druckten, sich bald auf wenige, häufig nur drei Farben beschränkend, brachte Chéret, der auch vom japanischen Holzschnitt beeinflußt war, Hunderte von Plakaten heraus, die er für die Varietés und Tabakfabriken, für Wermut und Petroleum immer wieder mit dem gleichen Blickfang, mit dem Bild einer graziösen, beschwingten Frau, entwarf und als gelernter Lithograph selbst auf den Stein zeichnete.

Er war damit wohl zum ersten „Gebrauchsgrafiker" geworden, noch bevor dieses Wort erfunden wurde.

Chéret meinte über den Plakatkünstler:

„Der Plakatkünstler muß ein Psychologe sein, eine tüchtige Schule durchgemacht und sich mit den logischen und optischen Gesetzen seiner Kunst vertraut gemacht haben. Er muß etwas erfinden, das selbst den Durchschnittsmenschen anhält und anregt, wenn er vom Pflaster oder vom Wagen aus das Bild der Straße an seinen Augen vorbeieilen läßt, und dazu glaube ich ist nichts so geeignet, wie ein einfaches, liebliches Bild in lebhaften und harmonischen Farben."

Durch Chéret und andere wurde Frankreich zum Wegbereiter der Plakatkunst. Wie hoch damals in Frankreich der Plakatentwurf als Kunstäußerung bewertet wurde, zeigen so prachtvoll ausgestattete Verlagswerke wie das fünfbändige „Les Maîtres de l' Affiche" und „Les Affiches Etrangères", die schon vor der Jahrhundertwende ihre Liebhaber fanden.[38]

Schon damals erkannte ein kleiner Kreis von Sammlern den eigenwilligen Reiz eines guten Plakates. 1884 gab es erste Plakatausstellungen in Paris und Brüssel mit den Titeln „Kunst auf der Straße", „Kunst der Armen", die ein starkes Sammelinteresse erweckten. In Wien fand die erste Ausstellung von Plakaten 1896 statt. Kunsthändler in Frankreich und England hatten sich bereits um die Jahrhundertwende bemüht, den Wünschen der Plakatsammler nachzukommen. Zu dieser Zeit wurden in Österreich die Plakate ausnahmslos affichiert, ja es war sogar in Wien verboten, an lediglich künstlerisch interessierte Privatpersonen solche zu verkaufen. Trotzdem konnte der Rechtsanwalt Dr. Ottokar Masche 1913 den „Verein der Plakatfreunde" gründen.[39]

## *Jugendstil*

Bisher boten sich den „Reklamekünstlern" stilistisch nur optische Rückgriffe, zum Beispiel im Rahmen des Historismus an. Das änderte sich mit dem Jugendstil am Ende des 19. Jahrhunderts. Er stellte die künstlerische Produktion wieder in einen gesamtgesellschaftlichen Zusammenhang, wodurch der Gegensatz zwischen freien und angewandten Künsten weitgehend hinfällig wurde. Kunst war nicht mehr Selbstzweck, nicht mehr Gestaltung des „Schönen", die Kunst sollte vielmehr in alle Lebensbereiche eindringen, weshalb sich die Künstler auch der Geschäftsreklame widmeten: Plakate, Inserate, Verpackungen, Etiketten und Geschäftspapiere sollten Kunstwerke sein und so den Menschen durch Ästhetik veredeln.

Die Grenzen zwischen den Meistern akademischer und handwerklicher Kunstfertigkeit wurden fließend. Marc Chagall etwa begann als Lehrling bei einem Schildermaler in St. Petersburg, und René Magritte hatte eine Werbeagentur, die er allerdings wegen nicht ausreichender Aufträge aufgab.

Es gab keine Unterscheidung zwischen „hoher Kunst" und

„Kleinkunst", zwischen einer Kunst für die Reichen und einer Kunst für die Armen; Kunst sollte Allgemeingut sein.

Durch den Jugendstil wurde die „Reklame" ein aktives, vollwertiges Mitglied der angewandten Künste, was eine notwendige, wenn auch nicht allein ausreichende Voraussetzung für weitere Entwicklungen war. Die Offenheit der Jugendstilkünstler gegenüber den angewandten Künsten wie gegenüber der kommerziellen Plakatgestaltung führte zu einem Aufschwung des neuen Mediums. Dazu kam, daß die auf die Fläche bezogene Kunst des Jugendstils den Plakatkünstlern entgegenkam.[40]

Im deutschsprachigen Raum brachten die Gründerjahre der programmatischen Zeitschriften des Jugendstils („Pan", 1895, „Simplicissimus" und „Jugend", 1896) den Durchbruch zum modernen Plakat.

Die neue Plakatkunst (und auch die Buchkunst) brachte eine Neubewertung der Schrift. Die Gestalter von Plakaten und Buchumschlägen bezogen die Schriftgestaltung als einen Teil der Gesamtwirkung in ihre Entwürfe mit ein und stellten damit eine gestalterische Einheit von Bild und Schrift her.

Sammlungen künstlerischer Schriften wurden herausgegeben, neue Schrifttypen kamen auf. Die Antiquaschrift zum Beispiel - am Ende des 15. Jahrhunderts erstmals verwendet - wurde we-

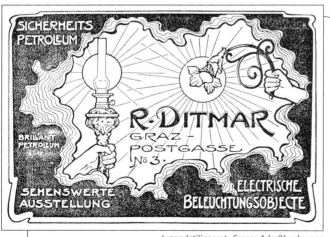

Jugendstilinserat, Grazer Adreßbuch 1902

gen ihrer Einfachheit und Geradlinigkeit im Buchstabenschnitt zur bevorzugten Schrift der „Moderne".

Der Aufschwung des Plakates hatte seine Ursachen nicht nur in der Kunst des Jugendstils, sondern auch in der eminenten Ausweitung der Werbung in Verbindung mit einer Konjunktur der Verbrauchsgüter. Nicht nur das Plakat war davon betroffen, sondern auch die Anzeige, deren künstlerische Gestaltung mit dem Erscheinen der beiden Münchner Zeitschriften „Jugend" und „Simplicissimus" ab 1896 gleichzusetzen ist.

Zusehends wurden auch in reinen Textanzeigen Firmen- oder „Warenzeichen" in die Gestaltung miteinbezogen und solcherart das Marken- oder Firmenzeichen als Werbekonstante und Erinnerung im Sinne des heutigen Corporate Design benützt.

Weit weniger trugen die Künstler - als Gebrauchsgrafiker - zum künstlerischen Erscheinungsbild der Zeitungs- und Zeitschriftenanzeigen bei. Das lag weniger an deren Bereitschaft zur Ausführung von Aufträgen als vielmehr an den Auftraggebern. Daß die Anzeigen in speziellen Zeitschriften öfter gestaltet waren, lag wohl auch daran, daß sich die Erzeuger von Luxusprodukten und Markenartikeln über den „Anzeigenträger Zeitschrift" gezielter an ihre (gehobene) Käuferschicht wenden konnten, die mit hoher Wahrscheinlichkeit auch unter den Abonnenten und Lesern von Kunst- und Kul-

Jugendstilinserat, Grazer Adreßbuch 1902

turzeitschriften zu finden war. Doch waren künstlerisch gestaltete Anzeigen auch hier in der Minderzahl.[41]

München und Berlin wurden damals die Zentren der modernen Werbung bzw. des modernen Plakates, wobei in Berlin vor allem der aus Wien stammende Julius Klinger zu nennen ist.

Die Wirtschaftswerbung wurde primär nicht von prominenten Künstlern gemacht, sondern von Grafikern, die sich bereits auf diese Gattung spezialisiert hatten.[42]

So sei es auch richtig, meinte Klinger, der im Gegensatz zur Wiener Werkstätte stand und 1913 schrieb:

„Als in Deutschland vor zwanzig Jahren die große Reklamebewegung einsetzte, war man in den beteiligten Kreisen überall der Meinung, die Reklame sei Angelegenheit der Kunst. Das war naturgemäß ein Trugschluß. Die Reklame war und ist ihrer inneren Natur nach eine rein wirtschaftliche Sache...Heute, wo wir ganz nüchtern sind, wissen wir, daß Reklame routinierte Fachleute und Handwerker verlangt und der Künstler mit Idealen in dieser Angelegenheit nicht mehr mitzusprechen hat."[43]

Die neue Gebrauchskunst bedurfte neuer Einrichtungen.

Die Schulen für Kunsthandwerk modernisierten der Zeit entsprechend ihre Lehrprogramme. Es entstanden neue Berufe, der des „Reklamefachmanns" und des „Gebrauchsgrafikers", deren Einblick in Markt und Gesellschaft und deren reiche empirische Erfahrung sie zu geachteten Partnern und Beratern der Unternehmer machten.

So wie der um 1900 aufkommende moderne Plakatstil die technologische Entwicklung des Flachdrucks bis zur nuancenreichen Farblithographie zur Voraussetzung hatte, so sehr war umgekehrt der Künstler auf die Kunstfertigkeit und Meisterschaft des Lithographen angewiesen. Mit der zunehmenden Verbreitung des Plakats analog zur rasanten technisch-industriellen und kommerziellen Entwicklung wuchsen die Bedeutung und die Leistungsfähigkeit der lithographischen Kunstanstalten.[44]

Systematisches Vorgehen auf den Ebenen von Inhalt und Form wurde unvermeidlich.

Die Organisation von Produktion zog die Methode der Vermarktung nach sich und zügelte überschwengliche Bildphantasien, die in den Konstruktivismus einmündeten. „Jede visuelle

Mitteilung ist ein sinnvoller Vorgang, dessen Intensität von der Gestaltung abhängt. Die kreative Arbeit erfordert auch eine Sensibilität für die anonyme Schar der Empfänger einer Botschaft", das war die vorherrschende Meinung.[45]

Die äußere Vereinfachung als Stilmittel und als schlagendes Argument bedurfte immer der Umsetzung durch den Entwerfer und der Verwandlung in die richtige Technik, um ihr Ziel zu erreichen. Ein solcher Minimalismus, das Wort wurde allerdings erst um 1965 geprägt, tauchte in der Plakatkunst bereits in der Zeit unmittelbar vor dem 1. Weltkrieg auf. Die Minimalisierung, die Reduktion auf das Wesentliche, hatte auch ihre Ursache in der zunehmenden Flüchtigkeit des Betrachters und des wachsenden Tempos in den Städten.

Die Zeit wurde zunehmend zu einem die Werbung bestimmenden Faktor. So schrieb Richard Muther in der Zeitschrift „Ver Sacrum": „Der Mensch von heute muß mit jeder Secunde rechnen. Er hat die Zeit nicht, wenn er nach langwierigen Buchstabierungs-Versuchen erfährt, daß Hardtmuths Bleistifte in sechzehn Härtegraden existieren und in jeder besseren Papierhandlung zu haben sind."[46]

## *Leitbilder*

In der Geschichte der visuellen Werbung, die mit den Leitbildern persönlichen Lebensstils arbeitet, läßt sich zugleich die Entwicklung der gesellschaftlichen Ideale nachvollziehen. Werbung erzählt von den Sehnsüchten und Träumen der vielen, die aufmerksam den Lebensstil einer gesellschaftlichen Avantgarde verfolgen, um Accessoires und Attribute der höheren Stände in ihr Leben zu übernehmen, soweit dies finanziell möglich ist.

Das gilt vor allem für Genußmittel, wie Alkoholika und Tabakwaren. Die Erzeuger dieser Produkte bedienten sich schon früh der sogenannten Lifestyle-Werbung. Die Zeit vor dem 1. Weltkrieg zeigte unter anderem ein dezidiertes Neorokoko, welches das Rokoko des Ancien Régime wie in einem Spiel nachinszenierte. Hierfür wurde der treffende Name Rosenkavalier vorgeschlagen, trifft er doch mit der Uraufführung der berühmten Oper von Richard Strauss 1911 in Dresden zusammen. Die Werbung nahm sich dieses Themas rasch an. Der kleine Mohr als Lakai oder Trabant, der in der Werbung mit Turban und türkischen Pluderhosen so häufig auftritt, ist eine Staffage aus dem Repertoire des Neurokoko, als Deutschland kurz vor Ende der Monarchie noch einmal sehr heftig vom Schloßsyndrom geschüttelt wurde.[47]

Zur Zeit, als die Werbung noch Reklame hieß, bestand das ganze Marketing-Instrumentarium aus der Spürnase des Unternehmers, es gab keine Geburtshilfe durch Marktforschung und Computer.

Noch um 1890 galt die Werbung als ein im wesentlichen ernsthaftes, rationales Geschäft, dessen Zweck es war, Informationen zu vermitteln und in Aussagesätzen bestimmte Behauptungen aufzustellen. Die Werbung sollte den Verstand und nicht Leidenschaften ansprechen.

Immer mehr Unternehmer erkannten die Bedeutung der Werbung, so etwa Johann Puch in Graz. Puch setzte von Anfang an auf eine großangelegte Werbung zur Verkaufsförderung seiner Produkte. Einerseits ging es darum, Propaganda für den Radsport zu machen, andererseits das bereits radbegeisterte Publikum für Fahrräder, die im Inland erzeugt wurden, zu interessieren, weil zu dieser Zeit die in England erzeugten Räder den besten Ruf hatten. Die meisten Radrennen wurden auf englischen

Werbeplakat der „Styria"-Fahrrad-Werke der Johann Puch&Comp. Graz, Prag, um 1900

Geräten gewonnen, und schon damals dienten sportliche Erfolge bei Rennen der Verkaufsförderung.

Puch stieg groß in das Renngeschehen ein. 1893 errang eines seiner „Styria-Räder" auf der Strecke Wien-Berlin den dritten Platz, ein Erfolg, mit dem Puch gleich die Werbetrommel rührte. Auch den Verkauf seiner Motorräder kurbelte Puch mit spektakulären Rennerfolgen an. Besonderes Augenmerk legte der Fabrikant, der sich persönlich sehr intensiv um die Werbung kümmerte, auf effektvolle Plakate. Unter anderem wurden von ihm so prominente Künstler wie Josef Maria Aucherthaller verpflichtet.[48]

## *Die Straße als Bilderbuch*

Bald belebten in allen großen Städten Schilder und Plakate die Fassaden an den Geschäftsstraßen, die darin wetteiferten, die Augen der Passanten auf sich zu ziehen.

Die City der Großstadt wurde zu einem Bilderbuch, das auf allen Flächen, an allen Wänden, über allen Dächern um Aufmerksamkeit heischte.

Sogar die Wände an den Straßenrändern haben sich „gegen die Erholung des Blicks, des Geistes verschworen", resümierte 1896 der anerkannte französische Kunstkritiker Roger Max, die Plakate ziehen nach seiner Meinung „beharrlich die Aufmerksamkeit aller auf sich, und selbst der eiligste, skeptischste Passant kann sich nicht dem Zauber des Anblicks entziehen, dem er auf seinem Weg begegnet..."[49]

Plakatwände wurden auch zu einer Art Wandzeitung, der man sich nicht entziehen konnte, wie Robert Musil in seinem Roman „Der Mann ohne Eigenschaften" meint:

„Der Zustand, in dem Ulrich die Straße betreten hatte, als er das Palais des Grafen Leinsdorf verließ, ähnelte dem nüchternen Gefühl des Hungers; er blieb vor einer Anschlagfläche stehen und stillte seinen Hunger nach Bürgerlichkeit an den Bekanntmachungen und Anzeigen. Die mehrere Meter große Tafel war bedeckt mit Worten. 'Eigentlich dürfte man annehmen', fiel ihm ein, 'daß gerade diese Worte, die sich an allen Ecken und

Geschäftswerbung, Grazer Hauptplatz, Ansichtskarte, 1913

Enden der Stadt wiederholten, einen Erkenntniswert haben.' Sie kamen ihm mit den stehenden Wendungen verwandt vor, die von den Personen beliebter Romane zu wichtigen Lebenslagen geäußert werden, und er las: 'Haben Sie schon etwas so Angenehmes und Praktisches getragen wie den Topinan-Seidenstrumpf?'"[50]

Die Straße wurde somit auch zu einer Art Galerie oder Museum, was immer wieder zu Denkanstößen führte, etwa wenn Michael Schirner 1991 schreibt: „Stellen Sie sich vor, daß die Plakatwände in den Straßen die Kunst sind, die ausgestellt wird in dem Museum, das alle zehn Tage mit einer neuen Ausstellung eröffnet wird. Es gibt Sekt und Orangensaft auf den Straßen. Das Publikum macht seinen Plakatbummel, die Verkehrspolizisten, die Wärter des Museums, regeln den Besucherstrom. Am nächsten Tag kann man im Feuilleton die Besprechungen der Plakate nachlesen. Stellen Sie sich die ehrgeizigen Plakatkünstler vor, die die schönsten Plakate im Lande machen wollen, und die ehrgeizigen Auftraggeber, die für ihre schönen Produkte die schönsten Plakate haben wollen. Das Schöne an dieser Kunst ist, daß sie für alle Leute gemacht wird, daß sie jedem etwas sagt, daß sie hilft, schöner zu essen, zu wohnen, zu waschen."[51]

In Wien gab es um 1913 3.000 Ankündigungsflächen, in Paris 2.000, gefolgt von Berlin mit 1.400, München 1.250 und St. Petersburg 800. In Graz zählte man damals 150.

Um die Reklame noch direkter an die Verbraucher, die Passanten der belebten Großstadtstraßen zu bringen, stellten die Kaufleute im ausgehenden 19. Jahrhundert auch sogenannte Sandwichmänner ein. Der aus den USA kommende Sandwichmann hatte in seiner ursprünglichen Erscheinungsform zwei Papptafeln umgehängt, die mit Plakaten oder Ankündigungen beklebt waren, und dieser Schichtaufbau gab den Namen.

Bald erkannte man auch den Wert von Verkehrsmitteln als Werbeträger. Beispielsweise sah die Stadt Wien im Jahre 1919 eine Möglichkeit, die katastrophalen finanziellen Verhältnisse zu verbessern, darin, die öffentlichen Verkehrsmittel und die dazugehörigen Bauten auch als Werbeträger zur Verfügung zu stellen, um diese Einrichtung wirtschaftlich besser nutzen zu können.

Die Präsenz der Werbung stieg. Reklame, schrieb Rudolf Cronau („Das Buch der Reklame", 1887), begegnet dem Menschen auf Schritt und Tritt, zahm, wild, sanft säuselnd, krachend, umherfliegend, umhergehend, umherfahrend, umhergetragen.[52]

## *Werbung und die 2. technische Revolution*

Im späten 19. Jahrhundert aufkommende und im Laufe der Zeit weiterentwickelte neue Techniken und Produktionsverfahren erlaubten es, für eine ganze Reihe neuer Industrieerzeugungen Produktionskosten und Verkaufspreise rapide zu senken.

Die Massenproduktion billiger Industrieerzeugnisse, die sich beinahe ein Jahrhundert lang auf Kleider, Schuhe, Nägel, Holzmöbel und Holzgeschirr beschränkt hatte, dehnte sich nun schnell auf eine ganze Reihe von zusätzlichen Konsumgütern aus.

Der elektrische Strom, der Elektromotor, das elektrisch angetriebene Fließband machten es möglich, Stahlmesser und Taschenbücher, Keramikgeschirr und Nähmaschinen in Millionen

Stück zu erzeugen und abzusetzen.

Kapitalistische Unternehmer, die anfangs den Lohn nur als Kostenelement sahen und ihn deshalb dauernd drücken wollten, begannen vermehrt, Löhne und Gehälter auch als Kapitalkraft zu erachten. So spielten Massenproduktion zu gesunkenen Kosten, Ausdehnung des Absatzmarktes (wobei das Großwarenhaus eine nicht unbedeutende Funktion erfüllte), die fieberhafte Suche nach neuen Kunden, rapid wachsende Ansprüche (Bedürfnisse) der arbeitenden Klassen, die mächtige Entfaltung der Arbeiterbewegung, die für die Erfüllung dieser neuen Bedürfnisse kämpfte, jede auf ihre Art eine Rolle, um ein gesteigertes Realeinkommen der Lohnabhängigen zu bewirken. Vor allem die Konsumstruktur änderte sich. Ein sinkender Teil des Einkommens wurde für Nahrungs- und Genußmittel sowie für Getränke ausgegeben, ein wachsender Anteil für den Kauf industrieller Konsumgüter verwendet. Die sogenannten Dauerkonsumgüter, die allmählich das Hauptgewicht in dieser Kategorie bildeten, hatten praktisch alle ihre Existenz der 2. technischen Revolution und der Elektrotechnik zu verdanken, von der Glühbirne bis zur Nähmaschine und in weiterer Folge zum Staubsauger, zum Telefon, zum Kühlschrank sowie später zum Radio, schließlich zum Auto, zur Waschmaschine und zum Fernseher etc.[53]

## *Lichtreklame*

Anstelle der finsteren Städte der ersten Hälfte des 19. Jahrhunderts, die das Gaslicht nur sehr ungenügend erleuchtete, trat die Lichterstadt, deren Symbol Paris wurde: la ville lumière. Mit dem elektrischen Strom entstand die Lichtreklame, die den kommerziellen, profitgierigen, keineswegs ästhetischen Hintergrund für diese Entwicklung gab.

Ihr standen am Anfang viele skeptisch gegenüber, so in Berlin, wo 1896 die erste Lichtreklame installiert wurde. Die Gegner, allen voran die konservativen „Heimatschützer", sagten den Leuchtschriften schädigende Einflüsse auf das Nervensystem nach; sie galten als Verkehrshindernis, da sich Menschenmassen vor ihnen stauten oder Pferde scheuten.

Die Lichterstadt, Werbeplakat für den Wiener Fremdenverkehr, 1937

Doch das Licht war stärker als die Kritik. Um innerhalb ganzer Straßenzüge konkurrenzfähig zu bleiben, genügte es bald nicht mehr, nur Waren und Schaufenster zu beleuchten. Zunehmend begann man sich nach neuen Möglichkeiten umzuschauen, die eigenen Produkte effektiv ins rechte Licht zu rücken und zugleich aus größerer Entfernung Anziehungskräfte wirken zu lassen. Projektionsreklame, Leuchtschriftbänder, Wanderschriftanlagen und erste Neonlichter warben bald mit ihrer ganzen Wirksamkeit.[54]

Bald bekrönten die beleuchteten Wolkenkratzer von New York, wie das Chrysler-Building, charakterisiert durch den spitzen Turm aus Stahlschuppen und den Verzierungen, die Autobestandteile ins Riesenhafte transponieren, das geänderte Bild der Welt.

George Grosz, der 1933 wenige Tage vor der Machtergreifung Hitlers in Deutschland nach New York emigrierte, schrieb in einem Brief an seine Frau über den Broadway: „Tolle Straße. Zwischen kleinen alten Häusern, rot mit Feuerleitern außen, unvermittelt Wolkenkratzer. Alle Fassaden überklebt mit Reklamen, auch bei Tage schon erleuchtet."

Und George Bernard Shaw sagte, als er zum erstenmal die flimmernden Neonlichter auf dem abendlichen Broadway und in der 42nd Street sah: „Es muß wundervoll sein, wenn man nicht lesen kann."[55]

## *Zwischen den Kriegen*

In der „modernen" Gesellschaft der 20er Jahre erhielt die Werbung einen bisher unbekannten Stellenwert.

Nicht nur in den Städten war die Werbung präsent. Immer mehr drang sie in die Landschaft vor, und bald luden noch im letzten Bergdorf grelle Texte und bunte Bilder zum Kauf von irgendwelchen Industrieprodukten ein.[56]

Laszlo Moholy-Nagy sprach von einem Anfang, der gemacht wurde, „es existieren zahlreiche Bücher über Werbegestaltung, es gibt Institute, die sich nur mit Reklamepsychologie befassen, es gibt Werbearbeiten von hohem Niveau – aber eine Klarheit darüber ist noch nicht vorhanden, wie man eine Werbegestaltung im allgemeinen den immer sich verändernden Zeiten anpassen solle."[57]

## *Blütezeit des Plakates*

Wegweisend für die weitere Entwicklung wurde das Bauhaus in Dessau. Das Konzept des Bauhauses legte damals den Grundstein für den heutigen Drang der Werbeleute zur hohen Kunst. Es gäbe keinen Wesensunterschied zwischen dem Künstler und dem Handwerker, schrieb Walter Gropius 1919 im Manifest des Bauhauses.[58]

1925 nahm das Bauhaus Typografie, Druck und Reklame in seine Lehre auf, und der Konstruktivismus wurde hier zum Ausgang seiner elementaren Typografie.

Laszlo Moholy-Nagy sah zum Beispiel in der Arbeit des Druckers einen Teil des Fundamentes, auf dem die neue Welt aufgerichtet wird. Richtige Werbung sollte imstande sein, unter der äußeren Erscheinungsform die tieferen Ursachen nachzuweisen. Man forderte eindeutige Klarheit und harmonische Gliederung der Fläche. Das mit einem Blick erfaßbare statisch-konzentrisch erzeugte Gleichgewicht, das bisher üblich war, wurde durch ein stufenweise erfaßbares dynamisch-exzentrisches ersetzt. Die klare, sachliche Auffassung des Bauhauses wurde vom intellektuellen Publikum begeistert aufgenommen.

Mit dem Aufkommen des strengen Funktionalismus, der auch in der Architektur seinen Ausdruck fand, stieg wieder das Image der Plakatgrafik. Die Plakatgestaltung wurde als eine sehr hochstehende „Kunst" angesehen, das Plakat - so der österreichische Plakatkünstler Victor Slama - zur vielleicht sinnfälligsten Äußerung der neuen Zeit: „So wie die Renaissance ihre Fresken, so wie die neuere Zeit ihre Staffeleibilder, so hat die beginnende Epoche das Plakat in den Dienst ihrer Ideen gestellt."[59]

Julius Klinger, der nach dem 1. Weltkrieg nach Wien zurückkehrte, meinte: „Heute, wo wir ganz nüchtern sind, wissen wir, daß die Reklame routinierte Fachleute und Handwerker verlangt und daß der Künstler mit 'Idealen' in dieser Angelegenheit nicht mehr mitzusprechen hat." Tatsächlich setzte sich ein nüchterner Stil des Sachplakats - das erste schuf der Wiener Lucian Bernhard - durch und mit ihm der Plakatspezialist, der Gebrauchsgrafiker – „die Kluft zwischen Kunst und Kunstgewerbe, die der Jugendstil hatte schließen wollen, hatte sich wieder geöffnet."[60]

Wenn ein Künstler, so Klinger, in der Reklame tätig sein will, so muß er „ein vielseitig erfahrener Fachmann des praktischen Lebens sein, der nicht nur sein handwerkliches Gebiet aufs beste beherrschen, sondern auch befähigt sein muß, das wirtschaftliche Wollen geschäftlicher Unternehmungen vollauf zu würdigen und zu verstehen."[61]

Die Realität zeigte, daß viele Künstler schon aus ökonomischen Gründen - keine Lehrstelle etc. - in der Werbung tätig waren, beispielsweise der Steirer Paul Schmidtbauer.[62]

Joseph Binder, ein Hoffmann-Schüler, der im Gegensatz zu Julius Klinger stand, sah, daß Kunst und Zweck in der Geschichte verbunden waren. „Aus dieser Verbindung von Leben und Zweck formt sich der Stil der Perioden. Stil ist dabei nicht eine Technik, sondern die Konsequenz von Wissen, Fähigkeit, zeitgemäßem, exaktem Denken und dem starken Willen zur Ausführung. Im Design hat alles Funktion. Design hat die Funktion der Darstellung. Design hat die Funktion der Kommunikation. Design hat die Funktion der Motivierung."

Durch den gesteigerten Bedarf für Reklame, meinte Binder, sei die neue Kunstform „graphic design", unabhängig von jeder anderen Kunstform, entstanden, und den größten Anteil an der Entstehung der neuen Grafik hatten - für ihn - dabei österreichische und deutsche Künstler.

Binders Meinl-Mohr wurde zum idealen Beispiel für die Fähigkeit, ein Bild soweit zu abstrahieren, daß es schon von weitem als Blickfang wirkt, dabei aber so „erzählend" bleibt, daß es

J. Binder, Der Meinl-Mohr, Plakat

den Betrachter noch auf sympathische Weise anspricht und dabei sogar ohne Slogan oder Text - außer dem Firmennamen - ankommt.[63]

Auch bei den Sparkassen zeigte sich das. Angeleitet durch die offensichtlichen Erfolge von Markenstrategien, Produkte im öffentlichen Bewußtsein zu verankern, hatten Werbefachleute die Spardose aus Plakatmotiven herausgenommen und schrittweise zu dem bekannten Sparkassen-S gewandelt. Der Symbolgegenstand wurde aus der figürlichen Bildsprache heraus- und an die Werbesprache herangeführt. So entstand neben der lebendigen Plakatkommunikation ein gefestigtes optisches Element, das sich an der Markenphilosophie orientierte. Es wurde eines der frühen kommerziellen Piktogramme zwischen Schrift und Bild, in dem eine Botschaft komprimiert dargestellt ist.

Danach konnten sich die Sparkassen auf zwei visuellen Ebenen gleichzeitig bemerkbar machen: konstant durch das abstrakte Zeichen und variabel durch illustrative Bilder.[64]

Auch Grazer Firmen holten sich für die Gestaltung ihrer Plakate Künstler. Wie die österreichische Tabakregie mit dem Wiener Werkbund, arbeitete die Grazer Brauerei Puntigam mit Mitgliedern des steirischen Werkbundes zusammen. 1927 erhielt die Brauerei Puntigam auf der Grazer Gastwirteausstellung für ihre Werbung den Staatspreis verliehen. Die Firmen Humanic, Farbenwerke Zankl, Puch, Kastner & Öhler u.a. waren um gut gestaltete „Werbemittel" bemüht, um

Sparkassen-S, Sparkasse Knittelfeld, Ansichtskarte, o.J.

Hanns Wagula, Werbeplakat für Schiffsreisen (Dalmatien)

ihre Käufer besser anzusprechen. Die Einprägsamkeit einheitlicher Firmenwerbung - vom Briefbogen bis zum Plakat und LKW - nutzten vor allem die Brauerei Puntigam und die Firma Zankl. Zu gerne wurde das steirische bzw. Grazer Wappentier für die Werbung herangezogen; und so gab es Panther-Beize, Panther-Bier, Panther-Butter, Panther-Likör etc.

Ab März 1924 erschien in zwangloser Folge eine von Kastner & Öhler herausgegebene Zeitung, die eine engere Fühlung zwischen Geschäft und Kunden ermöglichen sollte. Seit 1928 erschien das Blatt „Mode im Bild" der Zürcher Seidenfabrik auf dem Grazer Bismarckplatz. Ein weiteres Reklamefeld war in Graz durch die Grazer Messe gegeben, für die auch der bedeutendste Vertreter Grazer Gebrauchsgrafik, Hanns Wagula, arbeitete.

Wagula hatte übrigens in der damaligen Hochburg der Plakatkunst, Berlin, aber auch im zweiten Zentrum, München, studiert.[65]

## *Werbung im Stadtbild*

In den 20er Jahren trat das „Neue Bauen" seinen Siegeszug an. Viele Architekten empfanden nun die Diskrepanz zwischen Architektur und Reklame als Problem. Die Reklamen waren meist ohne Rücksicht auf die Gestaltung der Fassaden einfach montiert und zumindest am Tage keine Augenweide. Die Architekten bemühten sich um Fassadengestaltungen, die den Anforderungen der Lichtreklame gerecht wurden und sogar die Hausfront ganz in den Dienst der Werbung stellten.[66]

Werbung wurde so auch zu einer städtebaulichen Angelegenheit. Daher schalteten sich die Kommunen ein. Die Werbeflächen wurden institutionalisiert, wie das Grazer Beispiel zeigt.

„Dem Wesen nach auf die Benützung öffentlicher Verkehrsflächen angewiesen, ergab sich von selbst die Verbindung (der Werbung) mit der Herrin des öffentlichen Gutes, mit der Gemeinde. Vor allem in den Städten, wo diese Art der Reklame zu einem ständigen Werbemittel der Geschäftswelt wurde, kam es zu Übereinkommen mit Privatunternehmungen, denen die

Werbung im Stadtraum, „Radion-Sonne"

Stadtverwaltung die schon aus straßenpolizeilichen Gründen an die behördliche Bewilligung geknüpfte Verwendung von Häusern, Umzäunungen an öffentlichen Verkehrsflächen und zur Aufstellung eigener Reklametafeln und Säulen gegen feste Gebühren oder perzentuelle Beteiligung am Bruttoertrag, zumeist auch gegen Übernahme der Verpflichtung, Kundmachungen amtlichen Inhaltes kostenlos zu affichieren, einräumte. Das Reklamewesen blieb hierbei aber nicht stehen; Verkehrsreklame, also die Benützung der Verkehrsmittel und Verkehrsbauten zu Ankündigungszwecken und die so wirksame Lichtreklame in ihren mannigfachen Formen brachten in das Straßenbild eine neue Note.

In Graz erweiterte der 1924 gegründete „Ankünder, Steiermärkische Ankündigungs-Ges.m.b.H." bis 1928 die Werbeflächen auf 110 Plakatsäulen und 8.000m² Plakattafeln. Bis 1928 entstanden zudem „60 durch Strom oder Gas beleuchtete Kandelabertransparente, 14 Haltestellen-Leuchtsäulen, mehrere Säulenleuchtkuppeln und Kioske, ferner gegen 200 Lichtreklamen an den Geschäftsfassaden...Auf die ästhetisch einwandfreie Einpassung der Reklame in das Stadtbild" wurde, so steht es in der Festschrift zum 800-Jahr-Jubiläum der Stadt, Wert gelegt, und weiter heißt es:

„Aufgabe der Behörden und Reklameinteressenten wird es sein, im gegenseitigen Vertrauensverhältnis dahin zu arbeiten, daß auch die Außenreklame zu einem wichtigen künstlerischen Faktor in städtebaulicher Beziehung wird...Es ist deshalb wichtig, daß unsere Architekten bei Geschäftsfassaden, Portalen, Kiosken und anderen Objekten der Beschriftung und den Werbemöglichkeiten von Haus aus Rechnung tragen. Eine im Plan vorgesehene Reklame wird immer schöner wirken, als wenn sie sich ihren Platz erst später erzwingt. Der Reklamebetrieb muß die Überzeugung gewinnen, daß gute Gestaltung auch gute Werbewirkung bedeutet."[67]

Die Metallbaufirma Treiber wurde federführend für die Grazer Geschäftsarchitektur.

1927 entstand von Treiber nach einem Entwurf von H.K. Zisser das sogenannte Indianergeschäft in der Herrengasse, dessen Portal möglicherweise weltweit das erste Beispiel der Anwendung von rostfreiem Stahl für Ladenbau gewesen ist. Obwohl vollkommen intakt, wurde dieses Geschäftsportal 1972 abgetragen.[68]

## *Neue Massenmedien – Rundfunk*

Die Elektrotechnik hatte neue Produkte hervorgebracht: Mikrofon, Radio, Kino. Ihre Wirkung war nicht auf die Sphäre der Unterhaltung und Freizeitgestaltung reduziert. Zusammen mit der Massenpresse führten sie zu einer Umwälzung weiter Bereiche des öffentlichen Lebens, an erster Stelle der Beschäftigung mit Politik. Solange die Massenversammlung durch die physische Reichweite der Rednerstimme - höchstens verstärkt durch das Megaphon - beschränkt war, hatte auch die unmittelbare Zentralisation der politischen Tätigkeit ihre eigenen engen mechanischen Grenzen. Mikrofon, Radio und Kino erlaubten nun die direkte politische Beeinflussung von buchstäblich Millionen.

Über Radio, Kino und später Fernsehen hatten die Produkte der Elektrotechnik das Instrumentarium der Politik und auch ihren Inhalt weitgehend geändert. Dabei

Radio aus dem Versandkatalog Kastner&Öhler

war nicht die sogenannte „Vermassung" entscheidend. Massenparteien, Massenaufmärsche, Massenstreiks hat es schon lange vorher gegeben. Was sich geändert hatte, war der durch die neue Form bedingte neue Inhalt. Ton und Bild anstelle des geschriebenen Wortes, das bedeutete notwendigerweise Vereinfachung im bösartigen Sinn der Simplifizierung, sobald man gleichzeitig Millionenmassen erreichen und beeinflussen woll-

Radiowerbung aus den 50er Jahren

te, d.h. ihre Reaktionen auf den kleinsten gemeinsamen Nenner zu reduzieren versuchte. So begleitete eine Tendenz zur Entideologisierung die wachsende Bedeutung von Radio und Kino in der Politik. Theorien wurden zu Schlagworten. Parteien zentrierten sich um Personen und Personenkult. Nicht sehr viel Gutes ist dabei, um Ernest Mandel zu zitieren, herausgekommen, und für Emil Breisach besteht kein Zweifel, daß die Allgegenwart der Radio-Geräuschkulisse eine beträchtliche Einbuße subtilerer Hörerlebnisse mit sich bringt. Es ist für ihn ein Faktum, daß das verkürzte Vokabular medialer Äußerungen die Sprachverarmung junger Menschen mitgeprägt hat."[69]

All die neuen Massenmedien hatten auch ihre Auswirkungen auf die Werbung.

## *Anlehnung an aktuelle Zustände*

Die Werbung lehnt sich nämlich optisch und inhaltlich immer an aktuelle Zustände an.

Sie tut dies, um auf möglichst breiter Basis Akzeptanz zu erlangen, aber eben auch dann, wenn politische Veränderungen fruchtbare Umstände schaffen, und erreicht dabei eine diesen besonderen Verhältnissen durchaus vergleichbare Realität, so etwa nach 1918.

Auf den verheerenden 1. Weltkrieg ging in Deutschland beispielsweise noch 1921 eine Anzeige für das Kräuterwasser „Javol" ein. Sie beklagte in fast weinerlichem Ton den nachlassenden Nationalismus, der den deutschen Herstellern so große Vorteile gebracht hatte: „Wir Deutschen haben einen Fehler, der mit Kriegsausbruch und in den ersten Kriegsjahren ausgemerzt schien", nämlich „fremdländische Waren den einheimischen guten Fabrikaten vorzuziehen."[70]

Die Aufforderung „Wählet" beherrschte zu Beginn der 1. Republik eindeutig das Bild der Anschlagflächen. Die Wahlparolen dominierten die Öffentlichkeit so sehr, daß manche Geschäftsleute sich dazu entschlossen, mit Politslogans wie „Wähl gut, kaufe nur..." zu werben.

Man ging mit der Zeit und damit auf ein fanatisch politisier-

Katalog Kastner&Öhler, 1935 / 1936

tes Publikum ein. Man inserierte ebenso zielgerichtet in den verschiedenen Parteiblättern mit Mottos wie: „Arbeitersportler essen nur Fyffes Bananen...", „Deutsche Arier kaufen nur bei..." So konnten sich auch viele Grafiker nicht der allgemeinen Politisierung entziehen. Die kommerzielle Werbung wurde zwar noch nicht direkt von der Polarisierung der Politik angesteckt, doch wurde sie im ganzen zielstrebiger, geradliniger, verständlicher, neue, einfach zu durchschauende Symbole – siehe das Sparkassen-S – kamen auf.

Eine wahre Reklameeuphorie ergriff die Wirtschaftstreibenden in den 30er Jahren, trotz oder vielleicht sogar wegen der ökonomischen Krise. Die Werbeeinschaltungen in Zeitungen, Zeitschriften, Journalen etc. nahmen einen immer größeren Umfang an. Nicht nur emotionale Reize galt es bei den Inseraten zu beachten, so wurde bald erkannt, daß etwa eine halbseitige Anzeige rund dreimal so häufig beobachtet wird wie eine viertelseitige.

Der Reichtum an Phantasie, der in der Werbung entwickelt wurde, sowie die Vielfalt der angewendeten Reklamemöglichkeiten strahlten sogar auf die Welt des Musiktheaters aus, hatte doch am 28. Februar 1930 im Theater an der Wien die Operette „Reklame" von Hubert Marischka und Bruno Granichstaedter Premiere.[71]

## *Filmwerbung*

Die Zwischenkriegszeit wurde die Epoche des Kinos. Bereits um 1910 hatte ein tiefgreifender Wandel in der Filmindustrie eingesetzt. Die Spielfilme wurden länger und erreichten eine Laufzeit von ca. 90 Minuten. Prunkkinos entstanden. Die mondänen Interieurs zogen ein kaufkräftiges Publikum an, und so schrieb ein Filmreklamefachmann bereits 1919:

„Unsere Reklame-Zukunft liegt also zweifellos im Film!" Rasch errang die Filmwerbung für die Produzenten einen hohen Stellenwert, erste Werbefilmgesellschaften wurden gegründet. Die Werbefilme wurden als Ergänzung zum Inserat in der Zeitung gesehen. Sie wirkten eindringlicher, denn die Bewegung im Bild band den Zuschauer, und der dunkle Kinoraum lenkte zwangsläufig die Aufmerksamkeit auf die Leinwand.

1929 wurde in Deutschland ca. 1% der Gesamtaufwendungen für Reklame, das waren 10 Millionen Mark, in den Werbefilm investiert.

Muchitsch, Werbe-Dia

1929/1931 kam der Tonfilm und gab einen Grund mehr, Werbefilme zu machen: „Durch das Zusammenwirken von Auge und Ohr empfängt der so beeinflußte Mensch das Angebot, welches auf diese Weise viel tiefer zu ihm dringt, als in jeder anderen Form von Reklame", hieß es.[72]

In Graz setzte sich die Filmwerbung schon früh durch.

Ing. Fritz Muchitsch schuf hier in den 20er Jahren eine Sensation. Er stellte im Dachgeschoß des „Hotel Wiesler" einen Kinoapparat auf. Technische Verbesserungen erlaubten es ihm, von hier 90 Meter über die Mur auf eine 10x10m große Kinoleinwand zu projizieren. Zu den Spielfilmen gab es Firmenwerbung in Form von Standbildern. Diese entwarf ein Grafiker, und ein Maler kolorierte die Bilder mit besonders lichtdurchlässigen Anilinfarben. Werbefilme stellte Muchitsch zum Teil selbst her oder gab sie in Auftrag. 1930 aber mußte Muchitsch seine Aktion einstellen.[73]

Muchitsch, Werbe-Dia

## *NS-Zeit*

1933 kam es zur Machtergreifung der Nationalsozialisten in Deutschland. Ein Werberat der deutschen Wirtschaft hatte nun die „Aufsicht über das gesamte öffentliche und private Werbungs-, Anzeigen-, Ausstellungs-, Messe- und Reklamewesen zum Zweck einer einheitlichen und wirksamen Gestaltung der Werbung."

Dieser Werberat achtete auch darauf, daß die Werbung in Gesinnung und Ausdruck deutsch war und das „sittliche Empfinden des deutschen Volkes", ebenso wie sein vaterländisches nicht verletzt werde.

Seine Reglementierungen hinterließen Spuren, und auch im Werbefilm wurde marschiert, die Gestaltung war wegen des Verlustes eines Großteils der Werbekünstler und wegen der ständigen Reglementierung häufig banal.[74]

Unter dem Schock des Kriegsausbruchs und dem Diktat der mit deutscher Gründlichkeit vorauseilend schon am 27. August

1939 (Kriegsausbruch 1. September) verlangten Rationierung bzw. mit der Wegnahme vieler Rohstoffe und Markenartikel drohte für einen Augenblick das totale Aus für die Wirtschaftswerber. Viele völkisch-heimatschützende NS-Aktivisten sahen dies als Sternstunde in ihrem Kreuzzug gegen die „Pest" der Papierplakate, Emailschilder und Giebelreklamen und besonders gegen die verhaßte Lichtreklame, die jetzt offiziell „Leuchtwerbung" hieß, während man statt von der Plakatwerbung vom „Bogenanschlagswesen" sprach.

Der Verlauf des Krieges ließ die Mittel immer karger werden. Mit zahlreichen Aufrufen zu Altmaterialsammlungen – dem „Führer ein Opfer bringen" – versuchte der Werberat die aktuelle Rohstoffknappheit zu mildern. Gefragt war fast alles: Papier, Wolle, Metall, Kleidung, Decken, Gemüsereste, Leder, Skier für die in Rußland stationierten Soldaten, selbst Menschenhaar. In vielen Läden standen Sammelbehälter für Tuben mit der entsprechenden Aufforderung: „Um leere Tuben bitte ich/Der Staat braucht sie für sich und Dich/ Auch and're Marken dürfen's sein/Wir alle steh'n für eines ein: Kampf dem Verderb."[75]

Populäre Neuschöpfungen in der Werbegestaltung, wie die zur Sparsamkeit mit Rohstoffen und Energie mahnende Comic-Figur „Kohlenklau", im Stalingrad-Krisenwinter 1942/1943 über Nacht aus der Taufe gehoben, waren eine Ausnahme und gaben der Wirtschaftswerbung Anlaß, den Niedergang der Branche insgesamt zu verschleiern.

Ein nachträgliches Aburteilen aller Werbegrafiker im nationalsozialistischen Deutschland für die Entgleisung mancher Konzerndirektoren wäre falsch. Auch wäre es unrichtig, die massiven Fehlleistungen der deutschen Gebrauchsgrafik quasi systemintern in Nachfolge der zeitgenössischen NS-Fachpresse nur auf Papierverknappung, Arbeitskräftemangel und Zerbombung der Reklame-Infrastruktur abschieben und damit entschuldigen zu wollen.

Auf keinen Fall übersehen werden darf die seit Mitte der 30er Jahre brutal forcierte Ausgrenzung innovativer Werbeprofis, meist aus dem Bauhaus-Umkreis, die Reichspropagandaminister Goebbels trotz des damit verbundenen Substanz- und Prestigeverlustes der deutschen Werbeszene anordnete. Für die vom

Werbung im Zeichen des Hakenkreuzes, Ansichtskarte

Verdikt des Ministers betroffenen Künstler folgten quälende Überlegungen zwischen Flucht und Verzicht auf Karriere oder angepaßtem Weitermachen. Sicherlich gab es viele Übergangsstufen zwischen erzwungener und freiwilliger Emigration aus einem Staat, in dem es im Zeichen am Anfang herrschender Kriegshysterie und verbohrter Autarkie-Phantasien mit klassischer, international orientierter Warenwerbung immer weniger Geld zu verdienen gab.

Anders war die Situation in dem mit Hitler verbündeten faschistischen Italien. In der dortigen Designer-Hochburg Mailand setzten die Werbemanager auch nach dem Kriegseintritt des Landes 1940 in Sachen Wirtschaftswerbung auf ein intelligent-liberales Doppelangebot von surreal-futuristischen und naturalistisch-konventionellen Effekten.

In Deutschland hieß es, die Wirtschaftswerbung „wird sich wiederum wandeln und ein Spiegelbild des totalen Krieges sein, aber sie wird leben, solange es ein Leben gibt. Der Zwang kann sterben, bis ihm die Werbung neues Leben verleiht, aber die Werbung selbst ist ewig."

Doch sollte auch die Werbung des 3. Reiches mit diesem untergehen.[76]

## *Wiederaufbau – Wirtschaftswunder*

Werbung im ursprünglichen Sinn, also zur Verkaufsförderung und Umsatzsteigerung war nach dem Krieg nicht notwendig, die Nachfrage übertraf die Produktion bei weitem. Konkurrenzkämpfe entfielen daher ebenso wie differenzierte Werbestrategien, der Nachweis der Wiederverfügbarkeit von Waren war Hauptziel der Anzeigen. Hier lag auch ihre wichtigste, weit über die eigentliche Aufgabe hinausgehende Mission: Hoffnung auf Verbesserung zu transportieren, ja, als realer Beleg der fortschreitenden wirtschaftlichen Erholung zu erscheinen, zum Beispiel in Form von Plakaten als verschönernde Farbkleckse in den zerstörten Städten. Die Anzeigen entsprachen in keiner Weise den tatsächlichen Verhältnissen, ihre meist idealisierenden Darstellungen schufen eine materialistische Gegenwelt, in der die Erinnerung an die schreckliche Vergangenheit erfolgreich durch einen neuen Zukunftsglauben ersetzt werden konnte. In dieser Hinsicht war die Werbung aktiv beteiligt an der Verdrängung der nationalsozialistischen Ära und verhinderte eine Aufarbeitung ihrer Ursachen.

Der Wiederaufbau, den zum Beispiel die auch in Graz ansässige Brückenbauanstalt Waagner-Biró zum Inseratinhalt machte, dokumentierte sich unter anderem symbolhaft in rauchenden Industrieschloten. Diese waren schon vor dem 1. Weltkrieg Inhalt der Industriewerbung. Auch im Krieg, als Produktivität gleichbedeutend mit militärischer Widerstandskraft war, galt angesichts der Wirtschaftsblockade das Rauchen der Schlote als patriotische Tat. Sowohl Sozialdemokratie als auch Kommunismus nahmen nach 1918 den qualmenden Schornstein als absolut positives Symbol der Industrie und des proletarischen Fleißes. In der nationalsozialistischen Propaganda war - noch dazu angesichts der Produktionsnot des 2. Weltkrieges - der rauchende Schlot ebenfalls ein Sinnbild des erfolgreichen Kampfes im Hinterland.

Jetzt, nach 1945, galt das Qualmen der Fabriksanlagen wieder für alle staatstragenden Kräfte als optimales Zeichen der Vaterlandsliebe und als Symbol für: rauchende Schlote = zufriedene Menschen.

Angesichts derartiger Wertvorstellungen konnte auch die Wirt-

> **WAAGNER-BIRÓ A.G.**
> WIEN GRAZ
>
> WAAGNER·BIRÓ A. G.
> WIEN GRAZ
>
> Instandsetzung der Eisenbahnbrücke über die Donau bei Tulln
>
> ## am Wiederaufbau

Inserat Waagner-Biró

schaftswerbung nicht abseits stehen und setzte dieses Symbol des neuen Wirtschaftswachstums ebenso gerne ein, wie heute die verkaufsfördernde Vorsilbe „Bio" und das Adjektiv „Grün".[77]

Was die Gestaltung der Nachkriegswerbung anlangt, so schuf

die Unabhängigkeit von ökonomischen Zwängen die notwendige Freiheit zur Bildung völlig neuer optischer Erscheinungsformen. Diese waren dringend notwendig, da die Sehgewohnheiten durch die nationalsozialistische Ikonographie bestimmt und damit „unbenutzbar" geworden waren.

Es mußte praktisch aus dem Nichts Neues kreiert werden, und unerprobte Lösungen kamen zur Realisierung, was zu einer ungewöhnlichen Experimentierfreude und Vielfalt in der Werbegestaltung führte. Neue Techniken wie der Vierfarbdruck in den Illustrierten, weiterentwickelte Rasterverfahren im fotografischen Bereich und bessere Druckmaschinen boten den Grafikern zusätzliche Möglichkeiten.[78]

Die Mangelsituation, die noch allenthalben herrschte, entband die Industrie zunächst von dem Zwang, aggressive Werbung zu entwickeln.[79]

In der westlichen Welt nahm die Warenproduktion aber rapide zu, die Drucksachenflut steigerte sich kontinuierlich, und das gesamte gebrauchsgrafische Schaffen gestaltete sich internationalisierter. So wurden auch in Österreich zusehends immer mehr Plakate von ausländischen Künstlern entworfen.

Ein einheitlicher Stil läßt sich nicht feststellen, aber die Plakate wurden immer größer, wofür auch die Zunahme der Motorisierung verantwortlich war, denn die Plakate sollten auch aus dem fahrenden Verkehrsmittel wahrgenommen werden.

Plakate mußten sich immer mehr in ganz besonderem Maße auf die Bedingungen der Reizüberflutungen einstellen, da sie aufgrund ihrer Lage gewöhnlich nur mit extrem flüchtiger Wahrnehmung rechnen können. In diesem Fall war es besonders günstig, die Werbebotschaft auf eine zentrale Idee zu reduzieren – man spricht dann vom Reduktions- oder Minimalstil.[80]

## *Fotografie*

Gemeinhin wird der Fotografie ein gewisser Realitätscharakter zugesprochen. Der Zeitpunkt ihrer Erfindung und Verbreitung ist kein Zufall. Industrielle Revolution, Herausbildung des kapitalistischen Wirtschaftssystems, Entwicklung der Naturwissenschaften und die Entstehung moderner Staatsgebilde sind nur einige Stichworte, die den Kontext andeuten. Auch technische Erfindungen wie die Autotypie (1881) oder Ernst Rolffs Verfahren, Fotografien auf Kupferzylinder zu ätzen und mit der Maschine zu drucken (1899), sowie der in den USA entwickelte Offsetdruck gehören erwähnt.[81]

Dem Massenkonsum kam das Bildmedium Fotografie zu Hilfe, das für massenhafte Reproduktion prädestiniert war. Die Möglichkeit bot in geringerem Maße zwar auch die Lithographie, aber mit der Fotografie konnte die Realität chemisch-mechanisch auf eine bisher nicht gekannte Weise, in völlig neuer Wirklichkeitstreue und Realitätsnähe - wurde betont - wiedergegeben werden.

Die Fotografie wie die grafischen Blätter etc. traten nicht als bloße Ergänzung der Sprache auf, man war vielmehr bestrebt, „die Sprache als unser wichtigstes Instrument zur Deutung, zum Begreifen und Prüfen der Realität zu ersetzen...Dadurch, daß das Bild in den Mittelpunkt des Interesses trat, wurden die überkommenen Definitionen der Information, der Nachricht und in erheblichem Umfang der Realität selbst untergraben...Inserenten und Zeitungsleute (hatten) erkannt, daß ein Bild nicht nur tausend Worte aufwog, sondern - wo es darum ging, etwas zu verkaufen - noch viel mehr wert war." Das Sehen wurde zusehends statt des Lesens zur Grundlage ihrer Überzeugung.[82]

Dabei fand die Fotografie nur langsam Eingang in die Werbung. Die Plakatgrafik konnte mit der Fotografie lange nicht arbeiten. Joseph Binder zum Beispiel erachtete sie als für die Werbung ungeeignet.

1936 schrieb er für das „American Magazin of Art":

„Die optische Funktion der Reklame ist es, die Vermittlung auf dem kürzesten und eindruckvollsten Weg herzustellen, was nicht nur vom Standpunkt der Wirksamkeit, sondern auch aus ökonomischen Gründen von größter Bedeutung ist. Es ist Aufgabe des Gebrauchsgraphikers, die klare und konstruktive Gestaltung der Objekte auf die zweidimensionale Fläche zu übertragen. Er muß verstehen, einen Effekt zu erzielen, so daß ein Plakat ein Stadtbild beherrschen kann. Das visuelle Problem ist das ausschließliche Gebiet des Reklamekünstlers, für das er allein der Fachmann ist...Der Realismus soll der Photographie überlassen werden...Der primäre Wert der Farbe und der Dynamik in der stilisierten Gestaltung der Gebrauchsgraphik kann nie durch die Photographie ersetzt werden."[83]

Erst nach 1945 kam die Fotografie in der Werbung verstärkt zum Einsatz. Sie hatte durch die Farbe den Realitätswert der Bilder seit den 30er Jahren noch mehr gesteigert und wurde so selbstverständlich, daß später die Schwarzweiß-Fotografie bereits wieder als Stilmittel gelten sollte.[84]

Jetzt war die Grafik auf dem Rückzug. 1961 hieß es: „Sie (die Zeichnung) kann nicht leisten, was die Werbeaussage mit dem Foto gewonnen hat: die naturalistische Direktheit und sachlich unwiderlegliche Präzision, den Standard perfektionierten Glamours, der genau dem Warenangebot der 'Überflußgesellschaft' entspricht."[85]

Diese bildete sich durch das sogenannte Wirtschaftswunder, das dem Wiederaufbau folgte, aus. Eine enorme Demokratisierung des Konsums läßt sich feststellen. Neu war, daß der Konsum langlebiger Verbrauchsgüter nicht mehr auf mittlere und gehobene Einkommensklassen begrenzt war, sondern mit wachsendem Realeinkommen in nahezu alle Schichten der Bevölkerung eindrang.

Die Konsumkonjunktur wurde zum Markenzeichen, Werbung und Konsum wurden die zentralen Kategorien des Lebens. Das Materielle dominierte immer mehr, besonders bei denen, die sich durch den Krieg um ihre Jugend betrogen fühlten.[86]

## Amerikanisierung

Die USA wurden zum Vorbild für die westliche Welt und zum innovativen Vorreiter auch in der Werbung.

Die Amerikanisierung machte beispielsweise den Grazer Jakominiplatz seit Dezember 1954 zu einer Art

Sears-Tower, Chicago

Der Jakominiplatz, der Times Square von Graz

Times Square. 1.400 Glühbirnen sorgten täglich abends und nächtens für die „Lichtzeitung" der „Kleinen Zeitung", die aktuelle Information aus Politik, Kultur, Sport und Werbung bot.[87]

Nicht von der „Amerikanisierung" berührt war der kommunistische Osten in dieser Zeit des „Kalten Krieges". Aber, es gebe eine unschlagbare Methode, den Kreml von der Überlegenheit des Kapitalismus zu überzeugen, meinte Präsident Franklin D. Roosevelt schon früher einmal im Scherz; man brauche die Sowjet-Union nur mit den Katalogen des Chicagoer Versandhauses Sears, Roebuck & Co. zu bombardieren. Dieses größte Ein-

Jakominiplatz, Rondeau

zelhandelsgeschäft der Welt könne für diesen Zweck 300 Millionen Exemplare zu Verfügung stellen.

Im kleineren Ausmaße ist für Graz Kastner & Öhler zu nennen: „Was im Jahre 1887 erstmals in Europa mit 42 Seiten begann, ist zu einem über 600 Seiten starken Einkaufsberater angewachsen (1992), der 750.000 Familien in ganz Österreich ein Riesenangebot für Haushalt, Hobby, Sport, Spiel und Mode ins Haus bringt."[88]

Kastner&Öhler, Versandkatalog 1955

*Supermärkte*

Nach amerikanischem Vorbild entstanden Großformen des Handels wie Verbrauchermärkte, Fachdiscounter und Supermärkte. Konzentrationen, Kooperationen und Integrationen prägen seit der Zeit um 1960 das Erscheinungsbild des Handels, wobei vor allem Massenfilialunternehmen – sowohl inländischer als auch ausländischer Herkunft – immer stärker an Bedeutung gewonnen haben.

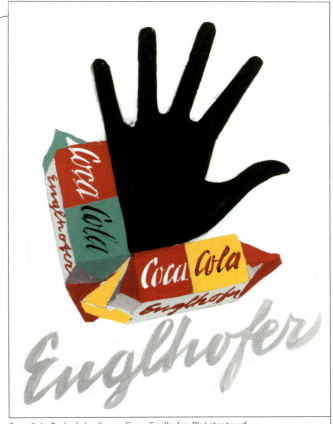

Coca-Cola-Zuckerl der Grazer Firma Englhofer, Plakatentwurf

Coca-Cola

Gleichzeitig ging die Zahl der kleinen Betriebe, der Greißler, drastisch zurück. Im Zeitraum zwischen 1964 und 1971 schlossen allein in der Steiermark knapp 900 Betriebe, der Trend setzt sich bis heute fort, denn immer mehr Einkaufszentren, Megastores und Citycenter entstehen an den Stadträndern, was in Graz in letzter Zeit zu Werbeinitiativen der Innenstadtkaufleute und zu Protesten gegen neue Märkte an der Peripherie führte.

All diesen Verkaufsformen des Handels ist eines gemeinsam: Durch sie erhält der Kunde - so heißt es - Zugang zu einer bunten Warenwelt, hier bietet sich die Ware selbst an und soll somit dem Käufer die „Freiheit der Entscheidung" geben.[89]

Der „American way of life", der im Gefolge der Marshall-Plan-Hilfe übernommen wurde, zeigte sich weiters im Showbusiness, in der Filmwirtschaft, in der Vermarktung des Massensports und in industriell gefertigten Erfrischungsgetränken - man sprach von der „Coca-Colonisierung" - denn Coca Cola wurde für das Nachkriegs-Europa zu einem Stück Amerika als Garant für materiellen und sozialen Wohlstand. Nicht zuletzt zeigte sich die amerikanische Art zu leben in der Automatisierung des Haushaltes.[90]

## *Haushalt – das Reich der Frau*

Elektrogeräte (und Chemie) im Haushalt sollten, so sah es die Werbung, der Hausfrau Unabhängigkeit und Befreiung vom banalen Alltagseinerlei bringen.

Zeitersparnis wurde angepriesen - die Wäsche wäscht sich von allein, das Essen ist in Minuten bereitet, die Wohnung im Nu gewischt - sowie gesellschaftliches Prestige. Der Gebrauch von elektrischen Geräten sollte es ermöglichen, Hausfrau und Dame zugleich zu sein. Die mit Hausarbeit befaßte Frau zeigte sich in der Werbung durchwegs chic gekleidet, als eile sie zum Fünfuhrtee, sobald sie ihr adrettes Schürzchen abgelegt hat. Damit zielte die Werbung auf Frauen der Mittelschicht, für die Dienstpersonal zum unerschwinglichen Luxus geworden ist, während sie sich elektrische Hilfe leisten können.

Doch die Überwachung mehrerer Automaten stellte sich bald als freudlos und nervenbelastend heraus. Auf diesen Lustverlust reagierte die Werbung der 50er und 60er Jahre prompt. War bislang von Erleichterung und Verkürzung harter Arbeit die Rede gewesen, wurde nun Hausarbeit als Vergnügen verkauft, vorausgesetzt man verrichtet sie mit den neuesten Elektrogeräten.

Die heutige Werbung geht mit dem angenehmen Leben, das durch den Gebrauch von elektrischen Geräten erreicht wird, schon realitätsnäher um: Spaß, Freude und Erlebnis werden für die Zeit nach der Arbeit angekündigt; denn Freizeit produzieren diese Geräte angeblich in Hülle und Fülle.

Tatsächlich ist Hausarbeit nach wie vor weder einhändig noch nebenbei zu erledigen. Die Maschinen erleichtern zwar die größten Mühen, doch übernehmen sie die Arbeit nicht.

Für den rechten Umgang mit ihnen bedarf es mehr, als aus Betriebsanleitungen zu entnehmen ist.

Außerdem: Wurde früher jeder Tätigkeit ihre Zeit eingeräumt, so hatte nun alles gleichzeitig zu geschehen. Doch Bedürfnisse und natürliche Prozesse lassen sich schlecht planen. Sie durchkreuzten und durchkreuzen immer wieder den vorweg bestimmten Ablauf des technischen Haushaltes. Die Unvereinbarkeit von linearer und zyklischer Zeitlogik hatte neue Belastungen zur Folge, wie etwa den „Hausfrauenstreß": Waschtag, Oster-

Werbung für heizbare Waschmaschinen aus den 30er Jahren

putz oder Einkochzeit sind zwar vermeidbare Prozeduren geworden, doch stiegen andererseits die Ansprüche. Wäsche hat stets frisch gebügelt im Schrank zu liegen, die Wohnung immer zu glänzen, Marmelade auch zu Weihnachten frisch gekocht zu schmecken. Die ständige Verfügbarkeit der Hilfsmittel zwingt zu permanentem Gebrauch. Der Effekt für die Hausfrau ist Zeitnot statt Zeitgewinn.

In scheinbar ungleichzeitiger Manier knüpft die Werbung in den letzten Jahren an den Bedürfnissen nach Zyklizität wieder an. Vor Ostern werden Putzmittel, im Sommer Gelierzucker und vor Weihnachten Backzutaten angepriesen. Damit wird zu Arbeiten verlockt, die dank der Haushaltstechnik gar nicht oder nicht zu einem bestimmten Zeitpunkt nötig wären. Die freiwillige Mehrarbeit im Haushalt ist wohl das deutlichste Indiz dafür, daß die Technik das Wesen der Hausarbeit nicht angreift.

Und so verbrauchen Hausfrauen ebensoviel Kalorien wie Industriearbeiter und sinken abends erschöpft und müde ins Bett.[91)]

Bei steigendem Einkommen sank der Anteil, den die Menschen für den Lebensgrundbedarf ausgeben mußten, zugleich stiegen die Ausgaben für Genußmittel, Luxusartikel etc. beziehungsweise konnten sich immer mehr Menschen ein Auto leisten, das als Symbol des Wohlstandes und individueller Mobilität angesehen wurde.

## *Reisen*

Damit im Zusammenhang ist das Reisen zu erwähnen, ob mit dem eigenen Auto oder in Form von Pauschalreisen, bei denen „Werbefahrten" zum „Preisknüller" avancierten.

Da werden, kundenfreundlich mit zahlreichen Zustiegsmöglichkeiten am Abfahrtsort, „fantastische Ausflüge" in eine „einmalig wunderbare Gegend" angeboten. Da wird man „durch unseren netten, erfahrenen Buslenker" betreut, da gibt es ein „gemeinsames, preiswertes" Mittagessen, das natürlich „schmackhaft, delikat und reichhaltig" ist, da kann man in der „Kulissen-Welt" von beliebten Fernsehserien, ob am Wörther- oder Wolfgangsee, promenieren, da erhält man „endlich 'mal nützliche Gaben, die man auch brauchen kann", wie eine „original Schwarzwälder Pendeluhr" oder eine „traumhaft, wertvolle Sprungdeckel-Taschenuhr", da sorgen volksdümmliche – pardon – volkstümliche Musikanten beim „bunten Nachmittag" für Witz und Laune, da werden einzigartige Produktionsstätten besichtigt, das alles noch dazu zu einem „Superpreis", und da ist die Teilnahme an einer „Verkaufsschau" natürlich freigestellt.

Der Tourismus erfuhr eine bisher ungeahnte Expansion durch die zunehmende Motorisierung in allen sozialen Schichten.

Der Wunsch nach Konsum und Befriedung persönlicher Bedürfnisse rückte „soziale Komponenten" des Reisens in den Hintergrund. Schon zu Beginn der 60er Jahre zeigte sich die Janusköpfigkeit des Tourismus u.a. in der Ausgrenzung derer, die nicht in Urlaub fahren konnten, und in den ersten ökologischen Schäden in den Ferienregionen.[92)]

Trotz inzwischen erwiesener letaler Nebenwirkungen wird der Tourismus weiterhin als „Allheilmittel" angepriesen und beworben.

Autowerbung, Foto: Ernst Koschuch jun.

Während im ländlichen Tourismus Fotos einer Landschaft mehr sagen als tausend Worte und meist gar nicht der erklärenden Worte bedürfen, entwerfen Werbeagenturen im städtischen Tourismus stimmungsgeladene Bilder aus Worten. Kreative Texter überschreiten den Horizont der „wirklichen Stadt", um aus fiktiven Städtebildern für den Touristen Bilderbuch-Städte zu erzeugen, die wie Vexierbilder das gleichzeitige Verweilen im Ungleichzeitigen ermöglichen.

Aus dem erkenntnistheoretischen Problem, sich kein wahrheitsgetreues Bild von der Welt machen zu können, weil zwischen Weltbetrachter und Welt die Sinne als verzerrende Filter wirken, zieht die Werbebranche für das Produkt Stadt ihren Vorteil.

Städtetourismus wurde das neue Schlagwort, auch für Graz, wo man, zumindest im Europäischen Kulturmonat 1993, auf Kultur setzte.

Christian Ehetreiber analysiert: Mit der griffigen Werbeparole „Graz. Unsere Art Stadt zu sein" startete die Grazer Tourismus Gesellschaft eine Großoffensive zur totalen touristischen Mobilmachung von Kultur jedweder Fasson. Die literarische Palette reichte von Altbekanntem - „Das 'Forum Stadtpark' gilt seit den 60er Jahren als Zentrum österreichischer Literatur" - bis zu Zeitgeistkonformem. Den monarchienostalgischen Kulturtouristen wurde unter dem Titel „Wolfi Bauer entführt die Habsburger" ein „Wochenend-Bonus in Grazer Hotels" offeriert. Mittels habsburgischem Mythos sollten einmal mehr die Nächtigungszahlen in die Höhe geschraubt werden, nicht nur im Hotel „Erzherzog Johann". Längst wurden nicht allein Literatur und Kunst für die touristische Hochrüstung aufgeboten. Die Grazer Tourismuswerbung erklärte im Kulturmonat die Stadt selbst zum Kunstwerk: „Graz als bauliches Gesamtkunstwerk", Graz als „'neugierige' Kulturwerkstatt in der Mitte Europas". Mit der „Kulturstadt" sollte in Graz eine touristische Marktlücke gefüllt werden.[93]

## *Fernsehwerbung*

Noch mehr als der Supermarkt, die Mobilität und andere Dinge veränderte der Fernseher das Leben. Er löste eine mediale Lawine aus.

In der Bundesrepublik Deutschland zum Beispiel begann das Fernsehzeitalter im Dezember 1952. Mehr als zwei Stunden am Tag wollte man nicht senden, um negative Auswirkungen zu verhindern, hatte der Intendant verkündet. Innerhalb kürzester Zeit jedoch lief das Fernsehen dem Kino den Rang ab: 1955 waren 100.000 Fernsehteilnehmer registriert, 1958 zwei und 1960 bereits vier Millionen.

Von vielen wurde das Fernsehen unterschätzt, so auch vom damaligen österreichischen Bundeskanzler Julius Raab, der nicht glaubte, daß das – wie er sagte – „Manderl-Radio" große Verbreitung finden werde, denn: Wer wird sich den teuren Apparat schon leisten können und wofür auch, denn was wird denn da schon Großartiges auf dem kleinen Schirm zu sehen sein?

Fernsehen: der Familienkreis wird zum Halbkreis

Doch bereits am 14. November 1959 erfolgte in Österreich die 100.000ste Fernsehanmeldung.[94]

Die TV-Industrie entwickelte sich mit immenser Rasanz, der Verkauf von Geräten „boomte", und die Menschen verbrachten immer mehr Zeit vor den Bildschirmen, der Familienkreis wurde zum Halbkreis. „Fernsehen wurde damals allgemein als demokratisches Kommunikationsmittel begrüßt, was ein wenig an die heutige Internet-Propaganda erinnert..."[95]

Das Fernsehen ist nach medienkonsumentenethnischen Gesichtspunkten das müheloseste Medium und deswegen das meistgenützte, wobei der Terminus „Medien" freilich nur ein Sammelbegriff für sehr heterogene Dinge ist, wie Hermann Lübbe meint.[96]

Medien brauchen die Masse. Sie rechnen sich sonst nicht. Medien sind in ihrer Produktion so aufwendig und teuer, daß sie nur bestehen können, wenn sie sich gut verkaufen.

Im Zuge des Medienwandels wanderte die Werbeindustrie vom Kino zum Fernsehen ab, auch wenn dies für die Werbemacher Umstellungen bedeutete (kleine Bildfläche, vorerst Verzicht auf Farbe). Hat das Fernsehen zwar die Außenwerbung und die Plakatgrafik nicht verdrängen können, so wurde es doch die Kommunikationsform mit der größten Breitenwirkung in der Gesellschaft und somit auch zu einem äußerst wichtigen Medium für die Werbung.[97]

Der Fernsehwerbung liegen bestimmte Annahmen über das Wesen von Kommunikation zugrunde, die denen anderer Medien, insbesondere denen des gedruckten Wortes zuwiderlaufen. Der Werbespot besteht aus einer nie zuvor dagewesenen Kürze des Ausdrucks und richtet sich an die psychologischen Bedürfnisse des Betrachters.

Der Werbespot will uns glauben machen, daß alle Probleme lösbar sind, daß sie schnell lösbar sind.

Der Spot verschmäht die Erörterung, denn sie erfordert Zeit und fordert Einwände heraus. Das wäre ein miserabler Werbespot, der den Zuschauer veranlaßt, nach der Gültigkeit der vorgetragenen Behauptungen zu fragen. Um die Produkte geht es in den Werbespots nur in dem Sinne, wie es in der Geschichte

**Fernsehgeräte.** Fernsehen kommt — Radio bleibt. Auch auf diesem Gebiet haben wir, der Tradition unseres Hauses entsprechend, die nötigen Vorbereitungen getroffen.

Versandkatalog Kastner&Öhler 1955

von Jonas um die Anatomie des Wales geht, nämlich gar nicht. Stattdessen handeln sie davon, wie man sein Leben führen soll. Im übrigen haben Werbespots den Vorteil anschaulicher, bildhafter Symbole, mit deren Hilfe wir die Lehren, die uns erteilt werden, leicht aufnehmen können. Diese Lehren besagen unter anderem, daß kurze, einfache Botschaften langen und komplexen vorzuziehen sind, daß die Dramatik der Erörterung vorzuziehen ist, daß es besser ist, wenn einem Lösungen verkauft werden, als wenn man mit Fragen und Problemen konfrontiert wird.

Solche Ansichten wirken sich natürlich auf unsere Einstellung zum politischen Diskurs aus: So kann es sein, daß wir anfangen, bestimmte Annahmen über die Beschaffenheit der politischen Sphäre als selbstverständlich hinzunehmen, die entweder aus der Fernsehwerbung stammen oder von ihr verstärkt werden.

„Jemand, der eine Million Werbespots gesehen hat, könnte durchaus zu der Meinung gelangen, daß es für alle politischen Probleme schnelle Lösungen mit einfachen Mitteln gibt – oder geben sollte. Oder daß einer komplizierten Sprache nicht zu trauen sei und daß sich alle Probleme in bühnenwirksame Dynamik umsetzen lassen. Oder daß alles Argumentieren geschmack- und taktlos sei und nur in unerträgliche Unsicherheit münde: Ja, daß es unnötig sei, zwischen Politik und anderen Formen des gesellschaftlichen Lebens zu trennen.

So wie das Werbefernsehen einen Sportler, einen Schauspieler, einen Musiker, einen Romanschriftsteller, einen Naturwissenschaftler oder eine Gräfin 'einsetzt', um uns die Vorzüge eines Produktes darzustellen, für das sie gar nicht sachverständig sind, so befreit das Fernsehen auch den Politiker aus dem begrenzten Bereich seiner Sachkenntnisse. Politische Gestalten können überall und jederzeit auftauchen und irgendwas Beliebiges tun, ohne komisch, anmaßend oder auch nur deplaziert zu wirken. Mit anderen Worten, sie haben sich als Prominente der allgemeinen Fernsehkultur angeglichen."[98]

Im Fernsehen wird der Diskurs weitgehend mit visuellen Mitteln geführt, oder anders gesagt: Das Fernsehen liefert uns einen Austausch in Bildern, nicht in Worten.

Es erhebt sich - um Michael Kriegeskorte zu folgen - die Frage: „Wievielen Werbeeindrücken pro Tag kann sich ein Erwachsener rationalisierend entgegenstellen, wann beginnt er, nur noch unbewußt aufzunehmen? Was bleibt, selbst wenn man sich den vordergründigen Warenanpreisungen kritisch entgegenstellt, von den 'begleitenden' Eindrücken im Unterbewußtsein haften? Sind dann nicht gerade diese kostenlos mittransportierten Botschaften besonders erfolgreich?"[99]

Eine Teilantwort darauf gibt der erfolgreich in Hamburg tätige Werbungsmacher Jean-Remy von Matt:

„Die Werbeforschung hat gezeigt, daß pro Fernsehabend nur zwei, drei Marken überhaupt aktiv erinnert werden. Die einen versuchen es mit origineller Werbung..., die anderen mit Penetranz. Letzteres klappt auch: Wenn sie dem Zuschauer so richtig auf den Geist gegangen sind, kann er sich zumindest an sie erinnern..."[100]

Die TV-Werbung wurde, so Frido Hütter in der Grazer „Kleinen Zeitung", zum Geschäft des Jahrhunderts. Er schreibt: „Selbst wer es darauf anlegt, kann ihm (dem Werbefernsehen) nicht entgehen. Bei den öffentlich-rechtlichen Anstalten sind die Spots klug rund um die massenwirksamsten Sendungen gruppiert, sodaß sie einen mindestens streifen. Und bei den privaten brechen sie unvermutet mitten im Programm hervor wie buntgeschmückte Wegelagerer, die sich direkt in unserem Emotionsdepot bedienen: Eine halbwegs seriöse Schätzung beziffert die Summe (die für Fernsehwerbung ausgegeben wird) mit 71 Milliarden US-Dollar. Das sind umgerechnet rund 850 Milliarden Schilling. Das ist nur etwas weniger als Österreichs Staatshaushalt"; und Hütter vergleicht: „Würden Sie sich aus dieser Summe ein Monatsgehalt von einer Million Schilling genehmigen, wären Ihre Einkünfte 71.000 Jahre gesichert."[101]

Durch die Massenkommunikation sah Emil Breisach schon vor einem Jahrzehnt eine Zukunft voraus, in der „wir uns neben der atomaren Bedrohung und der materiellen Schädigung unserer Umwelt zunehmend mit Aldous Huxley werden beschäftigen müssen, mit seiner Vision von der 'Schönen neuen Welt'." Sie scheint Breisach bereits partiell hereingebrochen zu sein, ohne daß wir es richtig bemerkten, in Form von visuellen und auditiven Psychopharmaka, die uns zu unserem Glücksempfinden unentbehrlich geworden sind. Die explosive Entfaltung von Radio und Fernsehen, die wir seit dem Fall der Monopole in fast allen europäischen Staaten zu verzeichnen haben, die neuen Verbreitungswege über Satellit, Kabelnetz und Videocassetten haben einen gewaltigen Markt eröffnet, der die Menschen mit seinen genußreichen Gaben zu überschwemmen beginnt.

Die TV-Werbung bedingt einen Kampf um die Einschaltquoten.

Dieser Kampf hat für Emil Breisach verhängnisvolle Konsequenzen in der Programmgestaltung der öffentlich-rechtlichen Anstalten zur Folge. Die neuen „privaten" Konkurrenten absorbieren zunehmend einen Teil der Kunden. Der Prozentsatz wird laufend durch demoskopische Untersuchungen gemessen. Deren Ergebnisse bleiben natürlich auch der Werbewirtschaft nicht unbekannt. Da auch die meisten europäischen öffentlich-rechtlichen Anstalten - wie auch der ORF - ihre Programme nicht nur aus Gebühren, sondern auch unter Verwendung der Werbeeinnahmen finanzieren, geraten sie dadurch in eine Zwangslage. Die Abendprogramme im Fernsehen müssen höheren Popularitätswert erhalten. Schwierige Inhalte werden in die Nachtstunden verdrängt, und das Fernsehen wird zunehmend zum „Füllhorn zwischen den Werbesendungen", wie es Silvio Berlusconi einmal formulierte, ja und nicht nur das, denn manche Sender leben ausschließlich von der „commercial presentation".[102]

## *Printmedien*

Trotz der Fernsehwerbung hat das Plakat seine Funktion behalten, denn es unterscheidet sich nach wie vor von den anderen Medien.

Das Medium des Plakates ist die Außenwelt, die Stelle, an der es steht respektive hängt. Plakate werden woanders aufgenommen als alle anderen Medien. Sie werden deshalb auch anders aufgenommen als alle anderen Medien. Fernsehfilme werden einzeln gesehen. Ein Werbefilm folgt auf den anderen. Jeden kann man in Ruhe aufnehmen, wenn man will. Beim Funkspot ist es entsprechend. Bei den meisten Plakaten nicht. Einzelne Plakate sind selten. Oft stehen mehrere nebeneinander,

Plakatkonkurrenz

was dazu führen kann, daß man vor lauter Plakaten das Plakat nicht mehr sieht. Die Konkurrenz des Plakates ist also das Plakat daneben.[103]

Für das gedruckte Werbewort, für die Anzeige, bleibt die Zeitschrift und die Zeitung das Medium, das durch die Gratiszeitung ein weiteres Standbein erhielt. Die Gratiszeitung entstand vorerst in sublokalen Räumen als Ergänzung bzw. Alternative zur Lokalzeitung. Sie wurde anfangs als „etwas schmuddelige, unseriöse Konkurrenz angesehen. Sie (die Gratiszeitungen) haben keine Verkaufserlöse, leben also ausschließlich von Anzeigen. Redaktioneller Anspruch und Qualität sind, von Ausnahmen abgesehen, gering, aber sie bieten den Anzeigenkunden die 'Vollauslastung', das heißt, sie werden auch in die Briefkästen der Haushalte geschickt, die keine Zeitung abonniert haben."[104]

## *In der Werbung „surfen"*

Mit dem Einzug neuer Techniken der Speicherung und Medialisierung überschwemmt uns eine nie zuvor gekannte Welle von Reizen. Nichts steht mehr fest, alles wird flüchtig und gerät in Bewegung. Nichts haftet mehr in den Tiefen des Gedächtnisses, alles ist im Fluß, im Motor der Gegenwärtigkeit.[105]

Der Computer hat die Werbung voll erfaßt, und immer mehr surfen im Internet; ein Spaß für Kinder mit „Mouse-Klick", „Snap", „Crackle" und „Pop": Da gibt es das „Kellogs-Clubhouse" als „den verrücktesten Ort im ganzen Internet", die kleinen Netzsurfer können dort malen, per E-Mail Grußkarten an ihre

Freunde verschicken oder sich Weltgeschichte mit „Frühstücksflockentouch" erzählen lassen. Ein weiteres „Klick, Klick", und schon ist man in der „Colgate Kids World", wo der tapfere „Toothman" gegen die bösen „Plaquemonster" kämpft, und dann geht es ins „McDonaldsland", wo die Milchshakes u.a. an den Bäumen hängen.

Die Werbung ist verstärkt auf jüngere Menschen ausgerichtet, da ältere ihren Lebens- und Konsumstil in der Regel schon gefunden haben.[106)]

## *Werbung für Kinder*

Die Werbung richtet sich aus diesem Grund zum guten Teil auch an Kinder, und wenn Didi Hallervordens Spruch, die Kinder würden im Zoo nach der WC-Ente fragen, ein Lächeln auslöst, so ist es doch bedenklich, weil wahr.

Im Sportverein, im Kinderzimmer, beim Spielen mit Markenfabrikaten, beim Frühstück auf der bunten Cornflakes-Packung, auf dem Schulweg an den haushohen Plakaten und jetzt im Computer – die Industrie buhlt um die Kleinen, und Carol K. Herman von der amerikanischen Werbeagentur Grey predigt ihren Kunden eindringlich: „Du mußt die Kids den ganzen Tag lang erreichen. Du mußt zu einem festen Bestandteil ihres alltäglichen Lebens werden."

Die Kinder sind dadurch - so die Ergebnisse von Studien - einem wachsenden kommerziellen Druck ausgesetzt. Zum einen sei die Werbung heute allgegenwärtig. Zum anderen hätten die Firmen noch nie zuvor so viele verschiedene Formen der Verführung kombiniert, um Kinder zu ködern. Darüber hinaus steige die Tendenz, Werbebotschaften gezielt mit Unterhaltung zu vermischen, so daß die Kinder nicht mehr das eine vom anderen trennen können.

Eine schwedische Verbraucherstudie ergab, daß Kinder erst mit sechs Jahren in der Lage sind, Werbespots im Fernsehen vom Unterhaltungsprogramm zu unterscheiden. Bei Comics oder Spielen, so ergaben Tests in den Niederlanden, fällt es noch den Zehnjährigen schwer, die Werbung dahinter zu erkennen. Und erst mit zwölf Jahren, so meinen die Experten, können Kinder den Sinn und Zweck von Werbung vollständig begreifen oder gar kritisch hinterfragen.

Die Verbraucherschützer schlagen Alarm, endlich soll ein gesetzlicher Rahmen geschaffen werden, der Kinder gegenüber den Formen des modernen Marketings schützt.

„Noch mangelt es an konkreten Vorschlägen", schreibt Judith Reicherzer. „Schuld daran ist das Thema, das äußerst komplex ist. Denn mit neuen Regeln fürs Fernsehen ist es ja längst nicht getan. Zwar gehört der klassische Werbespot nach wie vor zu jeder ordentlichen Kampagne. Weit über eine Million Filmchen flimmern Jahr für Jahr in deutsche Wohnzimmer, und großzügig geschätzt richtet sich die Hälfte dieser Spots an Kinder und Jugendliche. Nicht immer erfolgreich übrigens: Drei Saftspots in Folge, und die Kleinen stumpfen ab. Genau deshalb heißt die neue Strategie, mit der die Industrie heute Kinderherzen erobern will, Marketing-Mix. Zum Standard jeder modernen Werbeaktion gehören heute neben dem Fernsehspot nach der Sesamstraße und der Anzeige in 'Bravo' oder 'Mickey Mouse' auch das altersgerechte Preisrätsel, ein Puzzle, Comics oder Computerspiele, die die Werbebotschaften in den Kinderalltag transportieren. Daneben gibt es noch eine Reihe von verführerischen Extras, mit denen die Werber die Kleinen ködern – die Spiele im Internet oder, besonders wirkungsvoll, die sogenannten Kids-Clubs, mit denen Firmen wie Swatch, Levi's, Nintendo oder Barbie versuchen, eine dauerhafte, emotionale Beziehung zu den jungen Kunden aufzubauen."[107)]

## *Die Frau und die / in der Werbung*

Die meisten Kaufentscheidungen treffen aber die Frauen, mit ihrer faktischen Kaufkraft bestimmen sie nach neueren Schätzungen zwei Drittel des Marktes. Schon in den 20er Jahren wurde beklagt: Wenn man bedenkt, daß ein Großteil aller Waren durch Frauen eingekauft wird, so kann man leicht ersehen, wie wichtig es ist, in einem Reklamebüro an leitender Stelle eine Frau zu haben. Dem war aber nicht so, dafür fand die Frau als Mo-

Kastner&Öhler Versandkatalog 1934

tiv früh Eingang in die Werbung. Karl Kraus siedelte die Frau in der modernen Gesellschaft zwischen „Arbeitstier" und „Lustobjekt" an. Dem entsprach und entspricht auch die Darstellung der Frau in der Werbung.

„Arbeitstier":

Sieht man von den allegoriehaften Frauenfiguren ab, die positive Werte wie Reinheit, Sicherheit, Geborgenheit und Wärme vermitteln, kocht sie den besten und gesündesten Kaffee, die schmackhaftesten Suppen, putzt die Wohnung spiegelblank, pflegt fürsorglich die Kinder und liest, wenn überhaupt, nur Kochbücher und Betriebsanleitungen für Haushaltsgeräte.

Das Frauenbild hat sich zwar im Laufe der Zeit gewandelt, doch wird immer wieder auf traditionelle Charakteristika zurückgegriffen. So hatten während des 2. Weltkrieges Frauen gezwungenermaßen Männerberufe in der Industrie übernommen und waren danach als sogenannte Trümmerfrauen maßgeblich am Wiederaufbau beteiligt. Dann jedoch sollten sie wieder zurück ins Heim und an den Herd.[108]

Die Frau, so sah es das soziale Rollenverhalten vor, hatte den Mann als überlegen anzusehen, er war der Mutige, der Erklärende, sie die schüchterne Zurückhaltende, die kühne Welt der Männer Bewundernde, die den Helden der Technik Verehrende.

„Lustobjekt":

1961 schrieb Michael Neumann über die Frau in der Werbung: „Frauenbeine schreiten auf Pfennigabsätzen über Spanntep-

Kastner&Öhler Versandkatalog 1955

Die Frau als Lustobjekt

piche, Frauen beugen sich glücklich über Waschmaschinen und Diamanten, stehen auf grünen Wiesen vor dem weißesten Weiß ihres Lebens, winken aus Oberbetten- und Matratzenlandschaften, lächeln neben Pfandbriefen und aus dem Eigenheim, dem neuen Wagen, schmiegen sich an Zigarrenraucher und Wodkatrinker, bis zu den Augen verschleiert einmal, dann, für französische Miederwaren werbend, bis zur Gürtellinie enthüllt..."[109]

Die Enthüllung, die bei den Plakaten zur Zeit Chérets zaghaft begann, kennt heute keine Tabus mehr, denn das Aufbegehren gegen das sogenannte Establishment in den 60er Jahren brachte nicht nur die Forderung nach politischer und sozialer Gleichberechtigung der Frau, sondern auch die „sexuelle Befreiung", die durch die Antibabypille auch von Frauen gelebt werden konnte. Was in zahllosen öffentlichen Diskussionen um „freie Liebe" von der Gesellschaft gefordert wurde, das erfüllte dann die Werbung der 70er nur allzu gern: Sie zeigte eine beispiellose „Offenheit" gegenüber sexuellen Primärmerkmalen, ausschließlich weiblicher Art. So häufig wie nie zuvor wurden übergroße Pos, Busen und Lippen zu Eyecatchern, die in trauter Eintracht unter die Gürtellinie zielten und die auch, als Novum, seriöse Institutionen wie Banken einsetzten.[110]

Die Darstellung der Frau in der Werbung war gerade in letzter Zeit ein heißumstrittenes Thema, mit dem sich vor allem die Frauenbewegung kritisch auseinandersetzte und sich gegen die Rolle der Frau als „Lustobjekt" wehrte.

Auch im Frühjahr 1997 war es wieder soweit: Die Plakate des österreichischen Strumpf- und Unterwäscheherstellers Palmers erheischten mehr Aufmerksamkeit als Stoppschilder oder Ampeln. Feministinnen fühlten sich diskriminiert, Palmers-Plakate wurden im Zusammenhang mit dem Volksbegehren zur Gleichberechtigung der Frauen in Österreich überklebt. Das Resultat: Der Verkauf von Palmers-Strümpfen stieg durch diese Werbekampagne um 42 Prozent![111]

Ein Blick in die Zeitschriften zeigt, daß Blätter, die sich ausschließlich an eine weibliche Leserschaft richten, Frauendarstellungen mit einer geringeren erotischen Konnotation bieten, während Zeitschriften, die überwiegend an ein männliches Publikum adressiert sind, meist Frauendarstellungen mit starken erotischen Konnotationen enthalten. Der nackte Männerkörper in der Werbung konzentriert sich auf Männer- und nicht auf Frauenprodukte, wobei zu berücksichtigen ist, daß ein Gutteil dieser Männerprodukte von Frauen gekauft wird.

Diese Asymmetrien sind weniger eine Verschwörung der Werbeindustrie gegen die Gebote der Gleichstellung, sondern spiegeln Bewußtseinslagen und Wahrnehmungsformen unserer Alltagskultur getreulich wider. Ein Teil dieser Asymmetrien hat für Julian Nida-Rümelin vermutlich einen genetischen Ursprung: „die stärkere visuelle Prägung männlicher Erotik, die größere Sorgfalt, die Frauen ihrem eigenen Körper widmen, die männliche Tendenz zur Objektivierung und Distanzierung gegenüber einer weiblichen Präferenz für Nähe und Vertrauen etc."[112]


## *Kritik ohne Folgen*

Bleiben wir noch in den 60er Jahren. Damals mobilisierte die Diskussion um die Macht der Werbung und Warenästhetik nicht nur die Studenten, um Strategien zu erörtern, wie dieser Macht beizukommen sei.

Die einen meinten, man müsse schon in der Schule anfangen, die Adressaten der Werbung gegen deren Verlockungen aufmerksam zu machen, indem man den Kunstunterricht zur Aufklärung über visuelle Kommunikation umfunktioniere und in sozialpolitisch wünschenswerte Bahnen lenke. Andere wollten dem teuflischen Verhexungswerk grundsätzlich abschwören und es durch eine Kultur der Unmittelbarkeit, der Reinheit und Wahrheit ersetzen. Sie verstanden den Vietnamkrieg und die Befreiungskriege der Dritten Welt als Versuche, sich vom werblichen Blendwerk des Kapitalismus freizuhalten. Es wurde empfohlen, den Vietnamesen nicht mit der Gewalt der Waffen, sondern mit flächendeckend abgeworfenen Werbebotschaften für Kosmetik und Coca-Cola, für Triumphmieder und Pizza-Taxis zu begegnen. Bazon Brock meint, die, die das sagten, haben recht behalten: Die Völkerwanderungen aus dem Osten und Süden, die seit 1989 verstärkt dem magischen Sog der televisionären Werbebilder folgten, beweisen es.[113]

Die Forderungen der 6oer Jahre erlangten zwar in der Folge eine Öffentlichkeit, jedoch nicht als kollektive Bewußtseinsveränderung, sondern in der Vermarktung. Das gilt nicht nur für die „sexuelle Befreiung", sondern auch für lange Haare, Flower-Power, Hippiekleidung, Happenings und Demos. Alles wurde von der Glitzerwelt des Konsums vereinnahmt. Auch die Kunst kam, als sie sich im amerikanischen Pop bunt, laut und schrill gerierte, zum Einsatz.

## *Kunst und Werbung*

Auch die Kunst hatte sich mit der Werbung auseinandergesetzt, sich gegen die geistestötende Wiederholung stereotyper Formen gewandt und diesen Protest zu einem der Hauptthemen der neuen Kunst des Reellen gemacht.

Weil Andy Warhol als Kind Tag für Tag die gleiche Dosensuppe löffeln mußte, malte er immer wieder die gleiche Suppendose. Wie im Supermarkt stapelte er Waschmittelschachteln auf und reihte Coca-Cola-Flaschen säuberlich nebeneinander.

Warhol und andere Künstler wie Roy Liechtenstein und Robert Rauschenberg thematisierten die Verbindung zwischen Kunst und

Andy Warhol, Campbell's Condensed Tomato Soup

Massenkultur, machten aber damit das Vokabular der Werbung kunstfähig.

Für zahlreiche namhafte Künstler des 20. Jahrhunderts gab es keine Berührungsängste mit kommerzieller Warenwerbung:

Wassily Kandinsky war für einen russischen Schokoladenhersteller tätig, Giorgio de Chirico für Fiat, Victor Vasarély für Air France, Fortunato Depero für Campari oder El Lissitzky für die Künstlerfarben-Firma Pelikan. Professionelle Grafikdesigner beziehen in ihre Werbekampagnen zeitgenössische Kunstwerke mit ein, wie in jüngerer Zeit die Installationen von Joseph Beuys oder den vom Ehepaar Christo verpackten Berliner Reichstag.[114]

Die Diskussion über das Verhältnis Kunst und Werbung existiert seit eh und je.

Einerseits war Kunst selbst schon immer Werbung, Werbung für die Mächtigen und die mächtigen Ideen dieser Welt. Das Kreuz etwa ist das unübertrefflich einfache und erfolgreiche Werbezeichen der Kirche, das sich in zahllosen Kunstwerken manifestiert.

Andererseits war für Persönlichkeiten wie Goethe die künstlerische Arbeit für die Zwecke des Handels ein Mißbrauch, unheimlich und erschreckend, und der österreichische Plakatgrafiker Victor Slama meinte: „Kunst, die sich nützlich macht, die im Dienst einer politischen Idee oder des Kommerz' steht, wird zur Gebrauchskunst abgewertet und tiefer eingestuft als Kunst, die ausschließlich die Botschaft des Künstlers vertritt."[115]

Das 20. Jahrhundert ist charakterisiert durch ein vielschichtiges, wechselvolles Zusammenspiel zwischen Kunst und Werbung. Es ist zum einen das Konzept von Kunst, „Alltagskunst" im Dienste der Gesellschaft zu gestalten und sich damit auch werbegrafischen Gestaltungsaufgaben zu widmen.

Doch beginnt zum anderen der Anspruch der Moderne, gegen Instrumentalisierungen künstlerischer Gestaltung, auch im Zeichen des Kommerzes, zu opponieren und zu rebellieren. Gerade aber dort, wo man wie im Expressionismus oder in der Dada-Bewegung nach neuer Freiheit und nach neuem Ausdruck suchte, fanden sich künstlerische Ausdrucksmöglichkeiten, die von der Werbung wieder rezipiert wurden.

Stetige Grenzüberschreitungen und wechselseitige Annäherungen und Divergenzen machten das reizvolle Zusammenspiel von Kunst und Werbung zu Beginn des Jahrhunderts aus. Sie bestehen bis in unsere Zeit.[116]

Viele Unternehmer interessierten die theoretischen Überlegungen der Kunstexperten nicht, auch nicht, daß die Kunst zum Werbeträger geworden ist und es umgekehrt eine Werbekultur gibt, die ihre Waren als Teile eines Gesamtkunstwerkes anbietet, sie interessiert in der Regel allein der Werbeerfolg. Viele erkannten, daß Qualität und Nützlichkeit ihrer Waren, verglichen mit ihrer geschickten Präsentation, geradezu nebensächlich und die Ökonomie weniger eine Wissenschaft als eine darstellende Kunst sei.[117)]

Andere Unternehmer sehen sich als Nachfolger der Adeligen und Kirchenfürsten, die als Mäzene die Künstler beauftragten. Und da, so Michael Schirner, die Taten der Fürsten heute ihre Produkte sind und ein Mittel, die Produkte auszudrücken, die Werbung, ist Werbung als Mittel der Selbstdarstellung der Wirtschaftsfürsten an die Stelle der Kunst getreten.[118)]

Als Förderer zeitgenössischer Kunst erwies sich die Grazer Industriellenfamilie Mayer-Rieckh. Ihre „Humanic Schuh Ges.m.b.H." wurde zum innovativen Vorreiter in bezug auf Kunst in der Werbung.

## *Humanic*

Die Humanic-Werbung trat an, die zeitgenössische Kunst als Code ihrer Werbebotschaften einzusetzen. Die Unternehmensphilosophie fußte darauf, daß ein Hersteller und Verteiler von

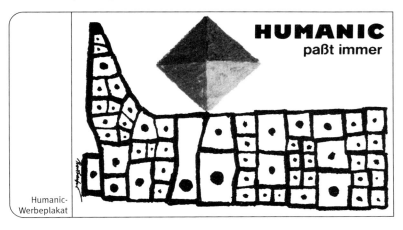

Humanic-Werbeplakat

Schuh-Mode die Gegenwartskunst als Ausgangspunkt des jeweiligen Zeitgeschmacks der Mode sehen muß. Kunst sei nicht das Mascherl am Produkt, Kunst sei vielmehr eine „unbequeme" Erscheinungsform der Zeit, sinnstiftend und motivierend.

Die Sprache der Kunst war für den Leiter der „humanic/abteilung zukunft und Art director der Humanic-Werbung" Horst Gerhard Haberl zwar eine künstliche, daher verschlüsselte=codierte, aber über die Summe aus Kopf und Bauch verfügt sie über ein Höchstmaß an Kommunikationswirkung. Die von der Werbung gebrauchten ästhetischen Sprachmittel sind in der Regel Derivate der Kunst, von Grafikern, Textern und Werbefilmgestaltern für den Gebrauch der Wirtschaft verdünnte Versatzstücke einer „großen Kunst".

Die Humanic-Werbung ging davon aus, daß Kunst und Werbung gleichermaßen Formen der Kommunikation sind - im Gegensatz zur Meinung, Werbung sei Information.

Der Motivforscher Ernest Dichter analysierte das Konzept der Humanic-Werbung und kam zum Resultat: „Diese Werbung ist ein Kompliment an den Kunden. Diese Werbung erwartet vom Konsumenten, daß er mündig ist. Diese Werbung läßt den Kunden sein Aha-Erlebnis selbst finden."

Humanic erhielt 1981 den Österreichischen Staatspreis für Werbung, wie aber zum Teil in der Öffentlichkeit reagiert wurde, verdeutlichen an die Firmenleitung gerichtete Briefe wie folgender aus dem Jahre 1971:

„Unser aufrichtigstes Beileid zu der derzeit gezeigten Fernseh- und Radioreklame!

Ihr Reklamechef oder Werbeleiter ist entweder aus der Klinik Hoff vorzeitig entsprungen oder als unheilbar in Ihre Firma entlassen worden.

Einen derartigen Blödsinn dem Kaufinteressenten vorzusetzen ist gelinde gesagt pervers!

Die hysterischen FRANZ-Schreie in allen Tonarten muten eher als schlechte pornographische Wiedergabe eines Sex-Filmes an, als Reklame für HUMANIC!

Ein Vergleich dazu: Frage:

Worin unterscheidet sich eine Irrenanstalt von der Fa. HUMANIC?

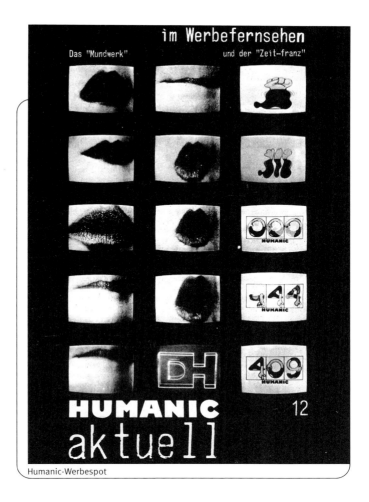

Humanic-Werbespot

Antwort: In der Irrenanstalt ist wenigstens die Leitung der Anstalt normal!

In aufrichtiger Anteilnahme

Ironi(e) – mus„[119])

## *Sponsoring*

Im Zusammenhang mit Werbung und Kunst gehört auch das Sponsoring erwähnt.

Sponsoring ist zunächst einmal die gezielte Unterstützung sportlicher, kultureller und anderer gesellschaftlicher Aktivitäten durch Unternehmen. Die Förderung von Kultur, Sport und des Sozialwesens blickt auf eine lange Tradition zurück, denn schon vor Jahrhunderten zeigten sich Fürsten, Päpste und Großbürger als engagierte Förderer und Mäzene. Dieser Name rührt her von Gaius Clinius Maecenas (70 – 8 v.Chr.), einem engen Vertrauten von Kaiser Augustus. Als vermögender Grundbesitzer konnte er es sich leisten, damals noch unbekannte Dichter wie beispielsweise Horaz und Vergil um sich zu versammeln und ihre Arbeit großzügig zu unterstützen.

Doch Mäzenatentum ist nicht identisch mit Sponsoring, denn:

„1. Ein Sponsor, der Personen und Organisationen im sportlichen, kulturellen oder sozialen Bereich unterstützt, erwartet von ihnen dafür einen Ausgleich (Prinzip von Leistung und Gegenleistung).

2. Dieser Ausgleich wird vorher genau definiert und vertraglich fixiert.

3. Die Zusammenarbeit ist für Dritte sichtbar.

Formel 1 Sport-Sponsoring

Formel 1 Sport-Sponsoring

4. Die Förderung dient bestimmten Zielen und folgt einer definierten Strategie.

5. Alle Schritte der Kooperation werden gemeinsam geplant.

6. Das Projekt wird von beiden Partnern anschließend bewertet.

Demnach agieren Sponsoren auf der einen und Künstler oder Sportler auf der anderen Seite als Partner. Das heißt, beide bemühen sich nun gemeinsam, das betreffende Produkt erfolgreich zu realisieren."[120]

Der Grazer Sportklub „Sturm" hatte schon sehr früh eine Art Sponsor. Bereits 1933 schloß Sturm eine Interessensgemeinschaft mit dem Sport- und Kunstverein Kastner & Öhler (später in FC Graz umbenannt) zum Ausbau des Sturm-Platzes ab. Großkaufmann Franz Öhler ermöglichte, neben anderen Förderern, den Ausbau des Platzes, insbesondere der gedeckten Sitzplatztribüne. Die Gegenleistung: „Kastner & Öhler" bestritt die Vorspiele auf dem Sturm-Platz. Außerdem tauschte man auch Spieler. Ein zaghafter Anfang in Richtung Fußball-Sponsoring.[121]

Augenscheinlich wird das Sponsoring im Motorsport, insbesondere in der Formel 1. Als der in Graz aufgewachsene Jochen Rindt seinen ersten Grand-Prix bestritt, da dominierte noch der Teamname bzw. die Teamfarbe, aber bald wurde Rindts Lotus zum „Gold Leaf" und nach seinem Unfalltod zum schwarz-goldenen „John Player Special", beides Zigarettenmarken.[122]

Rennautos, Fahreroveralls und Sportlerdressen ähneln heute Fleckerlteppichen, so vollbedruckt sind sie mit Sponsor-Etiketten. Wie sieht die Zukunft aus, wird auch der „Normalbürger" zum Werbeträger? Eine Vorstufe ist bereits erreicht, denn es bereitet so manchem ein Vergnügen, sich öffentlich durch die Firmennamen auf der Kleidung als ein Teil des Markennamens zu präsentieren.[123]

Möglichkeiten der werbemäßigen Vermarktung der Menschen scheint es genug zu geben.

Wolfgang Maget schreibt dazu in der Grazer „Neuen Zeit":

„Glatzenträger laufen meist mit spiegelblankem Haupt durch die Gegend – eine Werbeaufschrift (diese muß ja nicht gerade für ein Haarshampoo sein) könnte nicht nur die Kasse klingeln lassen, sondern auch optische Anreize bieten.

Socken werden meist uni oder mit Mustern getragen – Käsereien würden einander vielleicht auf die Zehen treten, um dieses (Körper-)Gebiet als Trendsetter mit Reklameschriften versehen zu dürfen.

Die derzeit wieder modernen Plateau-Schuhabsätze bieten Möglichkeiten für ganze Serien von Botschaften, die man den Beworbenen zukommen lassen könnte, um den eigenen Absatz zu heben. Leute, die viel und gern lachen, sollten ihre Zähne als Werbeflächen anbieten (schwarze Zähne müßte man eben mit weißer Aufschrift versehen).

Menschen als Litfaßsäulen – davon sind wir noch weit entfernt, wenden Sie jetzt ein? Dann sehen Sie sich einmal einen durchschnittlichen Bundesliga-Fußballer an..."[124]

## *Immer und überall*

Immer mehr Marktnischen werden gefüllt, und sind keine mehr da, werden neue geschaffen, alles mögliche und unmögliche wird (ver)kommerzialisiert, Feste wie das zu Weihnachten werden verfremdet und ihres Sinnes beraubt. Der Schriftsteller Peter Roos bemerkt dazu: „Wer im November Erdbeeren ißt und im August Ski fährt, der kann im Juli beruhigt seinen Christbaum schmücken. Das ist die Logik einer Zeit, die aus den Fugen geraten ist. Weihnachten steht nicht mehr vor der Tür. Das Christfest hat seinen festen Ort verloren, das Jahr ist um seinen Höhepunkt gebracht. Anfang November schon beginnt das Bombardement der Postwurfsendungen mit Weihnachtsangeboten, in den Schaufenstern grinsen, grüßen, glotzen die maschinellen Christkindls in Plastikkrippen, das einschlägige Sortiment in Kunstschnee und Glitterzeug profitorientiert drapiert. Egal ob Deutschland, Österreich, Schweiz – Armeen von Nikoläusen ziehen auf und in die Regale ein, uniformiert vom Stiefel bis zur Kapuze, palettenweise ausgerichtet drohen sie stumm ins Publikum 'Kauf mich!' und sind doch nur die umgeschmolzenen Schokohasen des eben erst vergangenen Osterfestes."[125]

Die Werbung wird nicht nur intensiver, sie dehnt sich auch räumlich immer mehr aus. Sie ist global geworden, ein Signum einer metropolitanen, nicht urbanen Kultur, und die Berücksichtigung der spezifischen kulturellen Regeln ihrer Adressaten ist für die multinationalen Firmen und ihre Werbeagenturen inzwischen selbstverständlich.[126]

Das ganzjährige Weihnachtsgeschäft, Inserat, San Francisco

## *Agenturen und Psychologie*

Die Werbeagenturen schoben sich seit den 50er Jahren verstärkt zwischen den Auftraggeber und den Konsumenten.

Sie wurden zu den potentesten Auftraggebern für Gestalter aller Disziplinen, „weit vor den anderen Medien der Öffentlichkeit, wie dem Journalismus in Zeitungen, in Zeitschriften, in Radio und im Fernsehen, und natürlich weit vor den Agenten des Kunstmarkts, denn diese Medien wurden selber von Werbeeinnahmen abhängig und übertrugen zudem entscheidende ästhetische Strategien der Werbung auf die Darstellung ihrer journalistischen Arbeit."[127]

In den Werbeagenturen wurde und wird aufgrund der Vorgaben des Auftraggebers eine exakte Feststellung des Inhaltes der Werbung entwickelt, daneben arbeitet man auch Zielgruppen heraus und erstellt Mediastrategien für den Einsatz der Kommunikationsmittel und Werbeträger.[128]

Aufgabe des persönlichen Geschmacks, der eigenen Interessen, Ansichten und Neigungen, aber auch Aufgabe des Geschmacks der Auftraggeber wurden für die Werbungsmacher, wie es Hans Domizlaff 1956 charakterisierte, notwendig, um ganz vorurteilslos in das Gehirn der Masse kriechen zu können, „auf die wir Einfluß gewinnen möchten."[129]

## *Wünsche beeinflussen*

Die Beeinflussung wurde immer wichtiger, je mehr die Lebensbedürfnisse befriedigt wurden, das Angebot die Nachfrage übertraf sowie immer mehr einander ähnliche Produkte um die Gunst des Käufers buhlten.

Zusehends verlor die Werbung ihre Rolle als Informationsvermittler, der hilft, Produkte bekannt zu machen.

Als reiner Informationsvermittler würde sie übersichtliche Listen nach Produktionsgruppen und Preiskategorien erstellen, objektive Bewertungsinstanzen zitieren und Händlerlisten publizieren. „All dies spielt durchaus eine Rolle in der kommerziellen Werbung, aber eine bemerkenswert untergeordnete."

Stattdessen nahmen die Erkenntnisse der Psychologie und damit auch das Wissen über die Wirkung von Werbemaßnahmen stark zu.

Psychologie, Soziologie und spezielle Themensegmente des Marketings überlagerten die empirischen Verfahrensweisen der Werbegestalter als theorielastige Hilfswissenschaften.

Die Werbungsmacher nutzten die Erkenntnisse der Psychologie, daß die meisten Wünsche der Menschen nicht unmittelbar sind, wie etwa der Wunsch, Hunger zu stillen, sondern mittelbar. Wir erstreben etwas, weil wir glauben, daß dieses Gut einen bestimmten Wunsch zufriedenstellen kann. Wenn wir darüber informiert werden, daß ein anderes Gut diesen Wunsch besser befriedigen würde, dann begehren wir dieses andere Gut. Es gibt zweifellos ein Gefälle fundamentalerer und weniger fundamentaler Wünsche und Bedürfnisse. Diese Begründung eines Bedürfnisses durch ein anderes erfolgt über den Umweg der Information. Allerdings ist die Struktur unserer Wünsche nicht in der Form einer schlichten linearen Mittel-Zweck-Relation aufgebaut. Die Struktur unserer Wünsche ist flexibel, und fundamentalere Wünsche können zugunsten weniger fundamentaler aufgegeben werden, wenn diese nur einen hinreichenden Druck auf jene ausüben.[130]

Der Druck allein aber genügt nicht, um das Kaufverhalten zu beeinflussen.

Daher versuchen die Werbetreibenden, das Kaufverhalten der Nachfrager zu beeinflussen. Dieses ist aber immer von einer Vielzahl von Faktoren, Rahmenbedingungen, abhängig – Qualität und Preis des Produkts, Vetriebsart, Aktivitäten der Konkurrenz, allgemeine ökonomische Situation, Empfehlungen von Bekannten usw. Das wichtigste Ziel der Werbung ist dabei die Beeinflussung der überdauernden Haltungen der Nachfrager gegenüber dem Produkt bzw. dem Unternehmer. Erreicht wird dies durch zwei Dinge, die als die wichtigsten Werbeziele gelten:

1. Erhöhen bzw. Erhalten der Bekanntheit des Produktes;

2. Vermittlung eines positiven Images, das gegenüber der Konkurrenz einen eigenständigen Wert darstellt.[131]

Zur Erreichung wurden verschiedene Strategien erarbeitet, so die, die mit der „permissible lie" agiert.

Diese Halbwahrheit ist geradezu als Essenz der Werbung anzusehen. Werbung sagt nur die halbe Wahrheit, sie verschweigt gewöhnlich die - objektiven - Probleme und Nachteile des beworbenen Produktes.

Um hier aber Grenzen zu setzen, gibt es im Verbraucherrecht das Gesetz gegen unlauteren Wettbewerb, das als konsumentenschützende Maßnahme die irreführende Werbung verbietet.[132)]

Trotzdem kann man sich oft des Eindrucks nicht erwehren, daß Seelenfänger und Blender am Werk sind, die mit allen Mitteln ihr Produkt anbieten wollen, denn die Wirkung ist nicht immer so offensichtlich, wie in folgendem Gedicht von Eugen Roth:

„Inserate

Selbst Blätter, die sonst ernst zu nehmen,
Sich nicht der ganzen Seiten schämen,
Darauf sie, dienstbar dem Gesindel,
Anpreisen jeden Heilungsschwindel.
Das aufgeklärte Publikum
Ist heut ja noch genauso dumm,
Wie in der Zeit der Wunderkuren,
Zahnbrecher und Geheimtinkturen.
Ja, es vertraut, so blind wie nie,
Dem Teufelsspuke der Chemie.
Muß man sich dem Erfolg nicht beugen,
Wenn Frauen schockweis ihn bezeugen,
Die alle, hergezeigt in Bildern,
Eingehendst die Verdauung schildern,
Die sie, durch das besagte Mittel,
Abmagern ließ um gut ein Drittel?
Der Gatte, Jugendglanz im Blicke,
nennt sie nun nicht mehr 'Meine Dicke'
Er sagt: 'Mein Mädchen!' Zu der Stolzen,
Bewundernd, wie sie hingeschmolzen.
Die Welt wird mager – nur die Blätter,
Die werden durch die Firma fetter,

Die weiter nichts braucht abzuführen,
Als ihre Inserat-Gebühren."[133]

„Die Werber wollen uns", schreibt Jörg Lau in der „Zeit", „immer noch manipulieren, aber sie machen jetzt kein Hehl mehr daraus. Sie arbeiten unaufrichtig und setzen dabei voraus, daß ebendies von uns vorausgesetzt wird. An die Stelle schlichter Täuschung ist die zeitgemäße Hilfe zur Selbsttäuschung getreten. Wir haben nämlich unsere Lektion in Warenästhetik gelernt und sind abgebrühte, coole Verbraucher geworden. Unsere Haltung zur Warenwelt und ihren Predigern ist der Generalverdacht, daß man uns blauen Dunst vormacht."[134]

Bei all dem, sagen manche, ist nach wie vor zu betonen, daß der Markt wie das Meer funktioniert. „Gute Marken schwimmen oben – schlechte gehen unter und werden ans Ufer gespült. 'Flops' nennt der Marketing-Experte die wirtschaftlichen Mißerfolge, die oft schneller vom Markt verschwinden als sie eingeführt worden sind. Solche Flops gibt es – trotz millionenschwerer Werbung – sehr viel häufiger als Langzeiterfolge. Das sollten alle wissen, die der Werbung kritisch gegenüberstehen oder gar die alte These von den 'geheimen Verführern' im Munde führen....Nicht nur durch Werbung allein aber können sich Produkte auf dem Markt längerfristig etablieren. Auch die Qualität muß halten, was der Werbetexter verspricht. Zwar ließe sich durch Werbung sogar Leitungswasser in der Dose als Delikateß-Suppe verkaufen – allerdings nur ein einziges Mal! Und dafür lohnt keine werbliche Investition, die in aller Regel von den Unternehmen auf Jahre hinaus geplant wird. Ergo: Werbung dient nur guten Marken. Ausnahmen bestätigen die Regel."[135]

Das schrieb Alfons Spießer 1981.

## *Gesättigte Märkte*

Heute ist der Markt noch gesättigter als damals und als solcher durch ausgereifte Produkte gekennzeichnet, wodurch die verschiedenen Angebote austauschbar werden. Die objektive und funktionale Qualität der Angebote gleicht sich mehr oder weniger an.

In einer solchen Situation kann ein Hersteller nicht mehr mit objektiven Produkt- und Leistungsvorteilen werben, da die Konsumenten unterstellen, daß alle Produkte aus diesen Bereichen - zum Beispiel Kompaktwagen, Kühlschränke, Zigaretten - qualitativ ausgereift und daher austauschbar sind. Ein Anbieter kann in dieser Situation seinen Marktanteil nur noch zu Lasten anderer Anbieter vergrößern, es bestehen verstärkte Konkurrenz und Verdrängungswettbewerb. Ein extremes Beispiel bietet der Zigarettenmarkt. Seit Jahren ist die Zahl der Raucher und der abgesetzten Zigaretten tendenziell rückläufig, daher kann heute der Marktanteil einer Zigarettenmarke nur zu Lasten anderer Marken erhöht werden.

Die einzige Möglichkeit, sich von der Konkurrenz zu differenzieren, besteht in der Vermittlung eines emotionalen erlebnismäßigen Nutzens des Produkts; und das wird durch sensuale Appelle erreicht.

Diese sensualen Appelle betonen die sinnlichen Qualitäten eines Produktes oder die Sinnlichkeit der Person bzw. des Umfeldes, in denen das beworbene Objekt präsentiert wird.

Diese Form der Werbung ist seit den 40er Jahren stetig im Vormarsch und beherrscht mittlerweile die Szene eindeutig. Es geht

Die Werbung ist immer und überall, New York; Foto: Seiichi Furuya

Die Werbung ist immer und überall, Tokio; Foto: Seiichi Furuya

um die emotionale Beziehung des Konsumenten zum Produkt. Dieser Trend kommt nicht von ungefähr - und damit sind wir wieder bei den Rahmenbedingungen - sondern läßt sich auf die konkrete sozialökonomische Situation zurückführen, die eine gesamtgesellschaftliche Entwicklung zur Erlebnisgesellschaft begründet.

Die Form solcher Appelle muß auch die zunehmende Informationsüberlastung der Konsumenten berücksichtigen. Tagtäglich werden wir von einer gigantischen Informationsflut überschwemmt, die unsere natürliche Kapazität zu deren Verarbeitung bei weitem übersteigt. Berechnungen zeigen, daß nur ca. 2% der insgesamt angebotenen Information verarbeitet werden oder umgekehrt: 98% aller Information ist Informationsmüll! Unter diesen Bedingungen hat es die Werbung besonders schwer, ihr Ziel zu erreichen, so zum Beispiel in Zeitungen und Zeitschriften. Die durchschnittliche Betrachtungsdauer von Anzeigen beläuft sich auf zwei Sekunden – um sämtliche in durchschnittlichen Anzeigen gebotene Informationen aufzunehmen, müßten die Leser aber zwischen 35 und 40 Sekunden für deren Studium aufwenden! Unter diesen Bedingungen orientiert sich Werbung immer mehr an einer psychologischen Gesetzmäßigkeit, die besagt, daß über Bilder vermittelte Informationen sehr viel schneller aufgenommen und verarbeitet werden als sprachliche/schriftliche. Das gilt in ganz besonderem Maße für Bilder, die starke Emotionen und Erlebnisse auslösen, d.h. sensuale Appelle in Bildform sind. Die Beweisführung („Reason why" oder „supporting evidence"), warum der Verbraucher das Produktversprechen glauben soll, wird nicht immer, aber immer öfter gar nicht explizit ausgedrückt und stattdessen nur ein Bild gezeigt.

Auch vor der emotionalen Verunsicherung des Konsumenten durch die Darstellung von Gewalt gegen die Kreatur schreckt die Werbung nicht zurück. Der Schock ist dabei ein effektvolles Werbemittel um aufzufallen, denn Auffallen ist die Grundvoraussetzung für den Erfolg jeder Werbung.[136]

Ein Beispiel:

Aus dem aufgeschlitzten Bauch eines erlegten Haifisches quillt neben mancherlei anderem ein skelettierter menschlicher Arm und ein Bekleidungsstück - mutmaßlich Boxershorts -, welche die Magensäure des Fisches offenbar unbeschadet überstanden haben. Auf dem 41. Werbefilmfestival in Cannes 1994 gewann diese australische Textilwerbung den Grand Prix im Bereich Printwerbung.

## *Wachsender Druck*

Die Werbung setzt zwar etwas in Bewegung, aber was daraus wird, entzieht sich ihrem Einfluß. Daher lastet auf der Werbebranche ein ständig wachsender Druck, zu belegen, daß sich ihre Erzeugnisse auszahlen.[137]

Als Folge dieses Druckes bedient sich die Werbung der Marktforschung und entwickelt ein umfangreiches Instrumentarium, zum Beispiel für den Test der Werbemittel:

Die entscheidende Frage zur Beurteilung einer neu entwickelten Werbung ist, ob die ökonomischen Ziele mit den präsentierten Entwürfen erreicht werden. Diese Frage können auch Spezialisten allein aufgrund der Betrachtung von Werbemitteln kaum schlüssig beantworten. Zwar gibt es eine Vielzahl psychologischer Erkenntnisse zur Gestaltung von Werbung, über den Erfolg einer konkreten Kampagne entscheidet aber letztlich die anvisierte Zielgruppe. Da menschliches Erleben und Verhalten nicht vollständig determiniert sind, kann auch die Wirkung von Werbung nicht zuverlässig prognostiziert werden.

Daher muß in einem Testlauf an einer möglichst repräsentativen Stichprobe der Zielgruppe untersucht werden, ob die Werbeziele erreicht werden. Dazu gibt es verschiedene Tests, so zum Beispiel der Einsatz des sogenannten Pupillometers zur Überprüfung der aktivierenden Wirkung: Eine Kamera erfaßt dabei die Pupille der Testperson vor, während und nach der Anzeigendarbietung, das Pupillometer mißt in Millimetern, wie stark sich die Pupille verändert. Hinter diesem Verfahren steht die theoretische Annahme, daß stark aktivierende Reize zu einer Pupillenvergrößerung führen, wenig aktivierende dagegen zu einer Pupillenverengung.[138]

Weiters werden mit mehr oder weniger wissenschaftlichen Methoden statistische Daten zu allen nur denkbaren Problemfeldern angekauft.

Wenn die statistisch ermittelte Wirkung auf die Zielgruppe zum Entscheidungskriterium wird, dann verkommen - so Friedemann W. Nerdinger - ästhetische und kreative Qualitäten zur Restgröße der Gestaltung. Die Folge ist der ästhetische „Einheitsbrei", der sich täglich über uns ergießt.

„Das muß nicht so bleiben. Die Formen der Werbung sind an die Bedingungen der Produktion und der Kommunikation gebunden. Werbung, wie wir sie heute kennen, ist Folge der industriellen Massenproduktion und der Massenmedien. In beiden Bereichen deuten sich gravierende Wandlungen an. Wurden bislang Waren produziert und dann Kunden dafür gesucht, so geht der Trend zur individualisierten Kundenansprache: Der Kundenwunsch wird analysiert und dann gemeinsam mit dem Kunden ein maßgeschneidertes Produkt hergestellt. Die Nachfrager werden immer mehr zu ‚Prosumenten' = Produktion konvergiert mit einem Trend zur individuellen Mediennutzung: Die rasante Entwicklung im Bereich der Kommunikationstechnologie, gekennzeichnet durch Schlagworte wie Multi- oder Hypermedia, Interaktivität, Datenautobahn und Virtualität, soll - so wird erwartet

- dazu führen, daß das Fernsehen als Massenmedium ebenso an Bedeutung verliert, wie die Druckmedien. Die durch die technischen Entwicklungen ermöglichte individualisierte Mediennutzung erfordert aber auch eine individuellere, auf die verwendeten Medien abgestimmte Ansprache durch die Werbung." Diese gibt es noch nicht, aber wie heißt es in der Werbung: „Nichts ist unmöglich."[139]

**Anmerkungen:**

1. Spießer 29; Gries-Ilgen-Schindelbeck 2ff.; Doering 190
2. Bäumler 9
3. Vgl. etwa die Festellung bei Celedin o.S. (1988!)
4. Zit. aus Schweiger 120
5. 1966 wurde die erste internationale Plakatbiennale in Warschau veranstaltet. Später kam Lahti in Finnland dazu. 1970 wurde das „Deutsche Plakat-Museum Essen" gegründet, 1973 die erste Plakattriennale durchgeführt, vgl. Friedl, Plakat 16, 19
6. Nerdinger 297; Schirner 15
7. Nida-Rümelin, Werbung 331ff.; Gries-Ilgen-Schindelbeck 8
8. Spießer 28; Wittkop 59; Nerdinger 297; Denscher, Kunst 5f.
9. Pieringer 25; Dienes, Bürger Xf.
10. Kriegeskorte 8
11. Jontes, Wanderhändler 268; Gries-Ilgen-Schindelbeck 53
12. Uhrig, Werbung 50; Filek-Wittinghausen 145
13. Jontes, Gasthaus 26f.
14. Denscher, Kunst 11
15. Deichsel 25; Ottomeyer, Qualität 18; Schweiger 59
16. Uhrig, Werbung 50; Kriegeskorte 8; Denscher, Kunst 8ff.; Schweiger 120; vgl. die niederdeutsche Ableitung des Wortes bei Mellinghoff 81; über den Buchmarkt als Markt der Gedanken vgl. Ribhegge 49
17. Dienes, Luftfahrtpioniere 221; Popelka 424
18. Zit. aus Mumford 507; Saunders 39
19. Schirner 117; Dienes, Revolution 147; Erzherzog Johann von Österreich. Landesausstellung 1982, Stainz, hrsg. von Grete Klingenstein unter Mitarbeit von Peter Cordes, Graz 1982, 174; das Geschäftsschild befindet sich heute im Besitz des Stadtmuseums Graz
20. Kriegeskorte 9; Schweiger 11; Nida-Rümelin, Werbung 333
21. Musil 432; vgl. auch Mumford 510
22. Zit. aus Buddensieg 221
23. Zit. aus Denscher, Kunst 43; vgl. auch Benevolo 834
24. Jüllig 65; Ottomeyer, Kommunikation 228
25. Requate 391; Nerdinger 298
26. Zit. aus Nida-Rümelin, Werbung 333

27 Nerdinger 298f.; Wittkop 60
28 Denscher, Kunst 68; Nerdinger 299
29 Hašek 249f.
30 Postman 78f.
31 Gries-Ilgen-Schindelbeck 119, 109
32 Schirner 54f., 34
33 Denscher, Kunst 12; Zitzenbacher 99
34 Seine Idee war allerdings nicht neu, denn schon 1660 werden in Dresden sogenannte „Klebesäulen" erwähnt, vgl. Uhrig, Werbung 53
35 Zit. aus Münzer 18
36 Neumann 64; Schweiger 165f.; Denscher, Kunst 27, 32, 41
37 Doering 191; Buddensieg 218; Wittkop 60; Mellinghoff 9; Schweiger 120
38 Denscher, Kunst 28; Neumann 64; vgl. auch Lothar-Günther Buchheim, Die Poster-Welle rollt, in: Westermann, Welt, Kunst, Kultur, 9/1968, 42-47
39 Zit. aus Celedin o. S.
40 Kriegeskorte 20, 22; Denscher, Kunst 22; Kranzfelder 250; Waissenberger 128f.
41 Schweiger 11, 14
42 Schweiger 172, 120f.; Denscher, Kunst 45f.
43 Zit. aus Denscher, Kunst 48
44 Duvigneau 287
45 Schweiger 11, 14; Mellinghoff 9f.
46 Zit. aus Schweiger 12
47 Ottomeyer, Lifestyle 345
48 Denscher, Kunst 44; über die Fahrradwerbung allgemein vgl. Sandgruber 58
49 Zit. aus Denscher, Kunst 31
50 Musil 864
51 Schirner 19
52 Bäumler 107; Denscher, Kunst 89; Schweiger 125; Uhrig, Werbung 50
53 Mandel 105f.
54 Mandel 102; Jüllig 68; Uhrig, Licht 76f.
55 Amerika 180, 52; Riha 177
56 Wittkop 59; Gries-Ilgen-Schindelbeck 82
57 Zit. aus Kranzfelder 252; über die Werbemethoden vgl. Sterk 54
58 Kranzfelder 252
59 Zit. aus Celedin o.S.
60 Neumann 74
61 Zit. aus Denscher, Kunst 73
62 Marjanović-Zoubek o. S.
63 Denscher, Kunst 91
64 Mellinghoff 11
65 Celedin o. S.
66 Jüllig 73
67 Graz 291f.
68 Ecker o. S.
69 Mandel 110; Breisach 63
70 Kriegeskorte 6, 70
71 Denscher, Kunst 77, 92; Nerdinger 303
72 Pulch 371f., 374f., 378
73 Schiffer-Ekhart o. S.
74 Kriegeskorte 106
76 Krause 361, 362, 366
77 Denscher, Schlote 36

78 Kriegeskorte 126
79 Seltmann 19
80 Friedl, Plakat 18f.; Nerdinger 304
81 Kranzfelder 250; Benjamin 11; Sterk 93
82 Postman 94f.
83 Zit. aus Denscher, Kunst 91f.
84 Kranzfelder 252
85 Zit. aus Neumann 63
86 Abelshauser 6; Gries-Ilgen-Schindelbeck 94
87 Vgl. Alfred Hirschhofer, 10 Jahre Lichtzeitung, in: Kleine Zeitung, Graz 25.12.1964,13
88 Zit. aus Kastner & Öhler Firmengeschichte, in: Steirische Wirtschaftschronik. Hrsg. Verlag GFW, Gesellschaft für Wirtschaftsdokumentation Ges.m.b.H., Wien 1992, II/15; über Sears vgl. Baroni 84
89 Schreyer 216; Seltmann 19
90 Pieringer 26; Amerika 33, Bandhauer-Schöffmann 95
91 Viethen-Votruba 144, 129f., 138
92 Tatsch 30
93 Vgl. Ehetreiber 256-260, 272f.
94 Portisch 514; Ergert 93
95 Hattinger 49; Seltmann 20
96 Lübbe 108f.
97 Pelzl 63; Pulch 381; Denscher, Kunst 128
98 Postman 160ff.
99 Kriegeskorte 7
100 Jean-Remy von Matt, in: „Wer arm ist, muß wenigstens mutig sein", Zeit-Gespräch, in: Die Zeit, Hamburg 21.3.1997, 31
101 Telefritz, 71.000 Jahre Lohn, in: Kleine Zeitung, Graz 13.4.1997, 60
102 Breisach 57, 62
103 Schirner 21
104 Nehls 28
105 Müller-Funk 96
106 Reicherzer 67; Nida-Rümelin, Werbung 332
107 Reicherzer 67
108 Denscher, Kunst 93ff.; Pulch 38
109 Neumann 63
110 Kriegeskorte 189, 191; Pleunig 159
111 Nida-Rümelin, Mensch 353
113 Brock 129
114 Doering 190; Denscher, Kunst 23; Reck 5
115 Schuster 265; Buddensieg 218, Zit. Slama aus Sterk 147
116 Doering 197
117 Schuster 274; Denscher, Kunst 21; Postman 13
118 Schirner 12
119 10 Jahre 'franz' im spiegel der öffentlichkeit 1971-1981, humanic/abteilung zukunft, dokumentation in auszügen zum österreichischen staatspreis für werbung, oktober 1981, o.S.
120 Loock 67, 69
121 Kämmerer 91
122 Vgl. Jochen Rindt. Report einer Karriere, hrsg. von Georg Lentz, Günther Effenberger und Günther K. Kodek, Wien-Heidelberg 1970
123 Schuster 274
124 Wolfgang Maget, „Klipp&Klar", Werbeflächen, in: Neue Zeit,

Graz 18.4.1997, 9
125 Roos 5
126 Nida-Rümelin, Werbung 332; Brock 14
127 Brock 12; Pulch 381
128 Nerdinger 298
129 Gries-Ilgen-Schindelbeck 1f.; Mellinghoff 11
130 Nida-Rümelin, Werbung 331
131 Nerdinger 297
132 Denscher, Kunst 154; Mellinghoff 11; Nerdinger 301; Cuber/Machazek 305
133 Roth 109
134 Lau 47
135 Spießer 135
136 Nerdinger 322;
137 Brock 11; Kriegeskorte 222
138 Nerdinger 306
139 Nerdinger 307

**Literaturverzeichnis:**

Abelshauser = Werner Abelshauser, Die langen Fünfziger. Wirtschaftswunder und Wohlfahrtsstaat, in: Praxis Geschichte, Jg.10, 1996/6, 4-9

Amerika = Gerhard M. Dienes, Franz Leitgeb, Max Aufischer, Hrsg., Hin & Zurück. Amerika, Folgen einer Entdeckung, Graz 1992

Bandhauer – Schöffmann = Irene Bandhauer–Schöffmann, Coca Cola im Kracherlland, in: Roman Sandgruber und Harry Kühnel, Hrsg., Genuß & Kunst. Kaffee. Tee. Schokolade. Tabak. Cola, Ausstellungskatalog (Schallaburg), Innsbruck 1994, 92-101

Baroni = Werner Baroni, Das Paradies des Kapitalismus, in: Merian Chicago, Jg. 39, Nr. 8, 1986, 84

Bäumler = Susanne Bäumler, Hrsg., Die Kunst zu werben. Das Jahrhundert der Reklame, München 1996

Benevolo = Leonardo Benevolo, Geschichte der Stadt. Aus dem Italienischen von Jürgen Humburg, Frankfurt/Main 1983

Benjamin = Walter Benjamin, Das Kunstwerk im Zeitalter seiner technischen Reproduzierbarkeit, Frankfurt/Main 1963

Breisach = Emil Breisach, Kritische Gedanken zur Medienkultur (Bildungsarbeit im Umfeld der Medienzukunft), in: Lichtungen. Zeitschrift für Literatur, Kunst und Zeitkritik, Jg. 34, IX/88, 57-64

Brock = Bazon Brock, Werbung und gesellschaftliche Kommunikation, in: Bäumler, 11-15

Buddensieg = Tilmann Buddensieg, Werbekunst und Warenästhetik. Zum Dialog zwischen entwerfenden Künstlern, ausführenden Handwerkern, produzierenden Unternehmern und werbenden Produzenten, in: Bäumler, 216-226

Celedin = Gertrude Celedin, Werbekunst – Grazer Gebrauchsgrafik zwischen den Kriegen, in: Indianer, o.S.

Cuber/Machazek = Anton Cuber/Beate Machazek, „Augen auf, Kauf ist Kauf", in: Menschen, 301-106

Daniels = Dieter Daniels, Kunst und neue Technologien – warum eigentlich, in: Objekt: Video, 33-40

Deichsel = Alexander Deichsel, Marke als schöne Gestalt – Vom Garantiezeichen zum Markenartikel, in: Bäumler, 25-28

Denscher, Kunst = Bernhard Denscher, Kunst & Kommerz. Zur Geschichte der
 Wirtschaftswerbung in Österreich, Wien 1985
Denscher, Schlote = Bernhard Denscher, Rauchende Schlote, zufriedene
 Menschen, in: Magie der Industrie. Leben und Arbeiten im Fabrikzeitalter,
 Ausstellungskatalog Pottenstein/Triesting, München 1989, 34-45
Dienes, Bürger = Gerhard Michael Dienes, Die Bürger von Graz. Örtliche und
 soziale Herkunft (Von den Anfängen bis 1500), (Dissertationen der
 Universität Graz 46), Graz 1979
Dienes, Luftfahrtpioniere = Gerhard M. Dienes, Grazer Luftfahrtpioniere.
 Ein Beitrag zur Luftfahrtgeschichte der Steiermark, in: Historisches
 Jahrbuch der Stadt Graz 16/17, 1986, 219-238
Dienes, Revolution = Gerhard M. Dienes, Zwischen Franzosenkriegen und
 Revolution, in: Steirische Wirtschaftschronik, Bd.I mit dem Großraum Graz,
 hrsg. Verlag GFW, Gesellschaft für Wirtschaftsdokumentation Ges.m.b.H.,
 Wien 1992
Doering = Birgit Doering, Frühe Warenwerbung im Spannungsfeld von
 Kunst und Kommerz, in: Bäumler, 190-197
Duvigneau = Volker Duvigneau, Künstlerplakate nur von.....,
 in: Bäumler, 187-188
Ecker = Dietrich Ecker, Die moderne Architektur der Zwanziger- und
 Dreißigerjahre in Graz, in: Indianer, o.S.
Ehetreiber = Christian Ehetreiber, Die touristische Mobilmachung der heimlichen
 Literaturhauptstadt, in: Melzer, 253-290
Ergert = Viktor Ergert, 50 Jahre Rundfunk in Österreich Bd.II: 1955-1967
 (Hrsg. vom Österreichischen Rundfunk), Salzburg 1977
Filek-Wittinghausen = Werner Filek-Wittinghausen, Die „Ladenschlange" oder
 Die Entmystifizierung eines merkantilen Requisits, in: Menschen, 145-148
Friedl, Künstlerplakate = Friedrich Friedl, Künstlerplakate für die Sparkassen, in:
 Pfennig, 39-59
Friedl, Plakat = Friedrich Friedl, Das Plakat - die Expansion eines Mediums im
 20. Jahrhundert, in: Pfennig, 15-37
Götz = Norbert Götz, Ausgezeichnet! Das System der Industrieausstellungen, in:
 Bäumler, 29-31
Graz 1928 = Die Stadt Graz, ihre kulturelle, bauliche, soziale und wirtschaftliche
 Entwicklung in den letzten sechzig Jahren nebst kurzen geschichtlichen
 Rückblicken, hrsg. aus Anlaß der Achthundert-Jahrfeier 1128-1928, Graz 1928
Gries/Ilgen/Schindelbeck = Rainer Gries, Volker Ilgen, Dirk Schindelbeck, „Ins
 Gehirn der Masse kriechen!" Werbung und Mentalitätsgeschichte,
 Darmstadt 1995
Hašek = Jaroslav Hašek, Die Abenteuer des braven Soldaten Schwejk.
 Eingeleitet von Alfred Polgar, Frankfurt/Main 1949
Hattinger = Gottfried Hattinger, Objekt: Video. Eine Bild-Störung, in: Objekt:
 Video, 49-58
Heinemann = Katinka Heinemann, Auffallen um jeden Preis?,
 in: Bäumler, 322-326
Indianer = Indianer. Kunst der Zwischenkriegszeit, Ausstellungskatalog Grazer
 Stadtmuseum, Graz 1988
Jontes, Gasthaus = Günther Jontes, Gasthaus, Wirte und Gäste in Alt-Graz vom
 16. bis zum 18. Jahrhundert, in: Grazer Gastlichkeit. Beiträge zur Geschichte
 des Beherbergungs- und Gastgewerbes in Graz. Wissenschaftliche Leitung
 Herwig Ebner, Redaktion Gerhard Dienes (Publikationsreihe des Grazer
 Stadtmuseums Bd. IV), Graz - Wien 1985, 21-33
Jontes, Wanderhändler = Günther Jontes, Wanderhändler in der Steiermark, in:

Menschen, 285-290
Jüllig = Carola Jüllig, „Wo nachts keine Lichter brennen, ist finstere Provinz".
  Neue Werbung in Berlin, in: Bäumler, 65-75
Kämmerer = Erwin Kämmerer, Ein Sturmwind über Jakomini, in: Gerhard M.
  Dienes u. Karl Albrecht Kubinzky, Jakomini. Geschichte und Alltag, Graz 1991
Kranzfelder = Ivo Kranzfelder, Die Welt ist schön. Anmerkungen zum
  Gebrauch der Fotografie in der Werbung, in: Bäumler, 250-257
Krause = Jürgen Krause, Werbung im Schatten-Deutschland 1939-1945,
  in: Bäumler, 163-167
Kriegeskorte = Michael Kriegeskorte, 100 Jahre Werbung im Wandel. Eine Reise
  durch die deutsche Vergangenheit, Köln 1995
Lau = Jörg Lau, Blauer Dunst, in: Die Zeit, 10, Hamburg, 28.2.1997, 47
Lichtjahre = Lichtjahre. 100 Jahre Strom in Österreich, Wien 1986
Loock = Friedrich Loock, Lufthansa als Sponsor, in: Lufthansa Jahrbuch '90,
  Köln 1991, 66-79
Lübbe = Hermann Lübbe, Mediennutzungsethik. Medienkonsum als moralische
  Herausforderung, in: Lichtungen. Zeitschrift für Literatur, Kunst und
  Zeitkritik, 58, XV. Jg., 1994, 107-110
Mandel = Ernest Mandel, Elektrotechnik- Antriebskraft der technologischen
  Revolution, in: Lichtjahre 95-113
Marjanović–Zoubek = Nicole Marjanović–Zoubek, Paul Schmidtbauer – eine
  Existenz zwischen künstlerischem Schaffen und öffentlichem Engagement,
  in: Paul Schmidtbauer, Ausstellungskatalog Neue Galerie am
  Landesmuseum Joanneum, Graz 1993, o. S.
Mellinghoff = Friedrich Mellinghoff, Markt-Korrespondenz mit
  Sparkassenplakaten, in: Pfennig, 8-13
Melzer = Gerhard Melzer, Hrsg., Stadtkultur-Kulturstadt. Eine Bestandsaufnahme
  aus Anlaß des „Europäischen Kulturmonats", Graz, Mai 1993, Graz 1993
Menschen = Menschen & Münzen & Märkte. (Steirische Landesausstellung 1989
  Judenburg), Katalog, hrsg. von Gerald Schöpfer, Fohnsdorf 1989
Müller-Funk = Wolfgang Müller-Funk, Museum und Metamorphose.
  Philosophische Rückblicke aus historischen Stadtansichten
  in: Melzer, 75-101
Mumford = Lewis Mumford, Die Stadt. Geschichte und Ausblick, (Bd.1),
  München 1984, 3.Aufl.
Münzer = Edith Münzer, Grazer Extrablatt. Unser Graz vor hundert Jahren,
  Graz 1989
Musil = Robert Musil, Der Mann ohne Eigenschaften, Roman, Bd. 1. Neu
  durchgesehene und verbesserte Ausgabe, Frankfurt/Main – Wien 1978
Nehls = Hans-Joachim Nehls, Lust und Last der Werbung, in: Westermanns
  Monatshefte. Das Kulturmagazin, 1985/1, 86 – 90
Nerdinger = Friedemann W. Nerdinger, Strategien der Werbung.
  Vom Auftrag über die Gestaltung zur Entscheidung, in: Bäumler, 297-307
Neumann = Michael Neumann, Mit Schönheit werben. Aus der Jugend der
  Plakate, in: Westermanns Monatshefte, Jg.105, 1961, 63-74
Nida-Rümelin, Mensch = Julian Nida-Rümelin, Der schöne Mensch – Ideal seiner
  Zeit, in: Bäumler, 352-256
Nida-Rümelin, Werbung = Julian Nida-Rümelin, Werbung und Ethik,
  in: Bäumler, 327-335
Objekt: Video = Objekt: Video, Oberösterreichische Landesgalerie,
  Ausstellungskatalog, Linz 1996
Ottomeyer, Kommunikation = Hans Ottomeyer, Kommunikation durch Design,
  in: Bäumler, 228-230

Ottomeyer, Lifestyle = Hans Ottomeyer, Lifestyle - Der Traum vom Glück, in: Bäumler, 345-347

Ottomeyer, Qualität = Hans Ottomeyer, Garantiert Qualität, in: Bäumler, 16-18

Pelzl = Bernhard Pelzl, Massenmedien – Massenbildung. Acht Gründe für ihre Unvereinbarkeit, in: Lichtungen, Zeitschrift für Literatur, Kunst und Zeitkritik, 48, XII Jg./91, 62-69

Pfennig = Wer den Pfennig nicht ehrt...Plakate werben für das Sparen, Hrsg. Deutscher Sparkassenverlag, Stuttgart 1992

Pieringer = Walter Pieringer, Der Mensch auf der Suche nach dem Lebensglück, in: Menschen, 19-26

Popelka = Fritz Popelka, Geschichte der Stadt Graz. Bd II. mit dem Häuser und Gassenbuch der Vorstädte am rechten Murufer von Hans Pirchegger, Graz 1935, Neudrucke 1959, 1984

Portisch = Hugo Portisch, Österreich II. Der lange Weg zur Freiheit, Wien 1986

Postman = Neil Postman, Wir amüsieren uns zu Tode. Urteilsbildung im Zeitalter der Unterhaltungsindustrie, Frankfurt/Main 1985

Pulch = Harald Pulch, Werbefilm im Wandel. Zur Geschichte des deutschen Werbefilms, in: Bäumler, 371-382.

Reck = Hans Ulrich Reck, Werbung als Anspruchsmodell, in: Schirner, 3-11

Reicherzer = Judith Reicherzer, Anmache total. Werbung für Kinder hat ein bisher unvorstellbares Ausmaß erreicht. Der Verbraucherschutz ist hilflos, in: Die Zeit, 9, Hamburg, 21.2.1997, 67

Requate = Jörg Requate, Kommunikation. Neuzeit, in: Peter Dinzelbacher, Hrsg., Europäische Mentalitätsgeschichte. Hauptthemen in Einzeldarstellungen (Kröners Taschenbuchausgabe, Bd.469), Stuttgart 1993, 390-399

Ribhegge = Wilhelm Ribhegge, Europa - Nation - Region. Perspektiven der Stadt- und Regionalgeschichte, Darmstadt 1991

Riha = Karl Riha, Großstadt-Wahrnehmung. Fünf Autoren, fünf Städte – als Beispiel, in: Melzer, 159-182

Roos = Peter Roos, Das verkaufte Christkind, in: Die Presse. Schaufenster 50/6.12.1996, 5-7

Roth = Eugen Roth, Von Mensch zu Mensch, Frankfurt/Main – Wien 1969

Sandgruber = Roman Sandgruber, Das Fahrrad, in: Beiträge zur historischen Sozialkunde 2/1987, 57-63

Saunders = Peter Saunders, Soziologie der Stadt. Mit einem Vorwort von Walter Siebel (Campus Studien Bd.565), Frankfurt/New York 1987

Scherpe = Klaus R.Scherpe, Stadt als Erzählung. Großstadtdarstellungen in der deutschen Literatur der Moderne, in: Melzer, 135-157

Schiffer-Ekhart = Armgard Schiffer-Ekhart, Die Fähigkeit, von allen Seiten zu sehen. Fotografie und Film in Graz 1918-1939, in: Indianer, o.S.

Schirner = Michael Schirner, Werbung ist Kunst, München 1991

Schreiner = Gustav Schreiner, Grätz. Ein naturhistorisch - statistisch - topographisches Gemälde der Stadt und ihrer Umgebung, Graz 1843

Schreyer = Hans-Jörg Schreyer, Vom Greißler zum Schopping-Center. Entwicklung und Struktur des steirischen Handels seit den fünfziger Jahren, in: Menschen, 215-222

Schuster = Peter Klaus Schuster, Zur Ästhetik des Alltags. Über Kunst, Werbung und Geschmack, in: Bäumler, 256-275

Schweiger = Werner J. Schweiger, Aufbruch und Erfüllung, Gebrauchsgraphik der Wiener Moderne.1897-1918, Wien-München 1988

Seltmann = Ingeborg Seltmann, Vom lange Entbehrten zum sehnsüchtig Begehrten. Wirtschaftswunder und Lebenswelten, in: Praxis Geschichte, Jg.10,1996/6, 18-23

Spießer = Alfons Spießer, Werbung dient nur guten Marken, in: Westermanns Monatshefte. Jubiläumsausgabe 1856-1981, 1981/10, 28-29
Tatsch = Claudia Tatsch, Wenn bei Capri die rote Sonne im Meer versinkt..... Reisen in den Fünfzigern, in: Praxis Geschichte, Jg.10, 1996/6, 30-33
Uhrig, Lichter = Sandra Uhrig, Lichter der Großstadt, in: Bäumler, 76-79
Uhrig, Werbung = Sandra Uhrig, Werbung im Stadtbild, in: Bäumler, 50-56
Viethen-Vobruba = Eva Viethen-Vobruba, Mother's little helper – Entwicklung und Nutzen der Haushaltstechnik, in: Lichtjahre, 129-147
Waissenberger = Robert Waissenberger, Die Wiener Secession, Wien 1971
Wittkop = Justus Franz Wittkop, Europa im Gaslicht. Die hohe Zeit des Bürgertums. 1848 bis 1914, Zürich 1979
Zitzenbacher = Walter Zitzenbacher, Schauspiel in Graz, in: Das Grazer Schauspielhaus, hrsg. von den Vereinigten Bühnen, Stadt Graz – Land Steiermark, anläßlich der Wiedereröffnung des Grazer Schauspielhauses, o.O., o.J., 77-170

Horst Gerhard Haberl

# Die Kunst des Banalen

*Kein Warhol muß mehr aus dem Fundus der Moderne geholt werden, um den Anspruch der Werbung auf Kunst zu reklamieren. Inzwischen reflektiert und reproduziert die gesellschaftspolitische Direktheit der Gegenwartskunst in unzähligen Beispielen die Produkte unserer Massenkommunikation.*
*Philosophen unserer Zeit wie Paul Virilio oder Jean Baudrillard diskutieren das Ende einer von der Technik und Warenwelt absorbierten Kunst.*
*Catherine Davids documenta X verstörte die internationale Kritik und das Publikum mit ihrer radikalen Abkehr von den konsumistischen Markenartikeln der Kunst. Sie proklamierte eine Kunst des Politischen, eine Kunst der Software in einem global-politischen Kommunikationsnetz: Ein Rettungsversuch für die Kunst vor ihrem totalen „Verschwinden" in die Konsumwelt!?*
*Bedeutet das Ende der Kunst als Hardware eine neue Kunst der gesellschaftlichen Dienstleistung? Sind daher auch die ganzheitlichen Kommunikationsstrategien der Marktwirtschaft Kunst?*

*„Heutige Kunst ist banale Kunst"*
*(Pierre Restany)* [1]

Der französische Kunstkritiker Pierre Restany analysierte kürzlich am sogenannten Disney-Syndrom den Hang der Gegenwartskunst zum Banalen. Für ihn haben sich über die Ahnenreihe Marcel Duchamp – Andy Warhol – Jeff Koons die industriell vermarkteten Gebrauchs- und Kommunikationsobjekte in der Kunst etabliert. Er zitiert Oldenburgs „totemic value" von Gebrauchsgegenständen oder Mendinis Gleichung „Möbel ist gleich Skulptur". Restany geht dabei nicht auf die politische Dimension dieser Entwicklung ein. Er bleibt am Objekt und untermauert gewissermaßen die Marktstrategie der Handelsware Kunst.

Er ortet den Zeitgeist der Kunst in der Rolle eines „Übersetzers" von konsumistischen Verhaltensmustern. Kurz: Restany sieht die gegenwärtige Kunst als Produkt der nachindustriellen Medienkultur. Im Kontext der angewandten Künste bleibt diese Perspektive einer Verdinglichung alltäglicher Erlebniskultur unbestritten. Architektur, Produkt- und Kommunikationsdesign sind als Derivate der „großen" Kunst evident. Neu ist für viele die Vorstellung einer Kunst jenseits der kunstimmanenten Problemstellungen, einer Kunst außerhalb ihrer tradierten ästhetischen Spielregeln. Im Kontext einer Kunst als Kunst hält letztlich nur der kulturelle Rahmen - die Galerie, das Museum, der Kunstmarkt - einen kategorischen Autonomieanspruch aufrecht. Die Frage nach Kunst oder Nicht-Kunst wäre so eine Frage ihrer medialen Existenz. Aber Kunst fragt nicht nach dem Ort ihres Auftritts. Kunst selbst ist eine immerwährende Fragestellung. Im Kon-Text des Ästhetischen agiert Kunst auf der Meta-Ebene der Kommunikation. Im Kon-Text der heutzutage postulierten political correctness wäre Kunst alles, was den herrschenden Gesellschaftssystemen widerspricht. Das sind mögliche Standpunkte, doch der Begriff Kunst ist komplexer.

Claes Oldenburg, Ice cream. Exhibition at the galerie Ileana Sonnabend, Paris, Herbst 1964

*„Kultur ist die Kunst, Oasen anzulegen."*
*(Peter Sloterdijk)* [2]

Aus dem Blickwinkel der modernen Marketingkommunikation erfahren begriffliche Zuordnungen wie Erkenntnisfunktion, Sinnstiftung, Wahrnehmungsveränderung oder Identität und Differenz eine funktionale Umdeutung. Die Ästhetik des Alltags, das Kommunikations-Design, die künstlerische Inszenierung einer Marke oder eines Markenherstellers sind Ausfluß einer Strategie der Ritualisierung von Verhaltensmustern bzw. von kaufauslösenden Impulsen: „Tokimeki" nennen die Japaner den erwünschten Adrenalinausstoß, der Menschen zu Konsumenten macht. Es geht um den G-Punkt der Marktwirtschaft, der die Konsumhormone zu stimulieren sucht. Die Tokimekisierung ist die Kunst, Oasen anzulegen, den Traum von der Flucht aus dem Alltag zu verstärken, Wünsche und Sehnsüchte nicht nur zu wecken, sondern möglichst auch zu befriedigen. Der Installateur als Seelenklempner offeriert Badekultur als Oase im Heim. Auf der ganz privaten Insel im Nirgendwo fließt Punica oder fallen Bountys von den Palmen: „Traumhaft exotisch." In der Werbung wird die Komplexität des Realen im Sinn des Wortes überflügelt und oft in eine Fantasy-Welt über-

Der *göttliche Funke* in der Berührung mit dem Wesen aus dem All. Filmplakat zu Steven Spielbergs E.T.
*Making movies is an illusion, a technical illusion that people fall for. My job is to take that never once you are taken out of your chair and reminded of where you are ...*(Steven Spielberg)

tragen, die Ersatz leistet für das, was das alltägliche Leben vorenthält: Ersatz des Realen durch Ersatzbefriedigung, durch Transformation des Irdischen in Überirdisches. Werbung vermittelt Glaubensgrundsätze. Das Wort wird Fleisch – und ist noch im Diesseits konsumierbar. Was die Kirchen wiederum veranlaßt hat, Marketingkommunikation in ihre Dienste zu stellen. Dabei waren es zuerst die Kirchen, die „ganzheitliche" Kommunikation als integralen Bestandteil ihrer Sinn- und Bandstiftungsrituale begriffen haben. Insbesondere die katholische Kirche verknüpft seit 2000 Jahren die Verkündigung ihrer dogmatisch fundierten Wahrheit mit dem körperlich erfahrbaren Akt der Kommunion. Sie kommuniziert (live!) über den Leib und das Blut Christi. Der Priester spendet die Kommunion in der metaphorisch abstrahierten Oblaten-Gestalt jenes von Jesus mit seinen Jüngern geteilten Brotes, das seine Empfänger zu Gliedern eben dieses Leibes und damit der Kirche macht. Die heilige Handlung des „Letzten Abendmahles" scheint inzwischen ihre ursprünglich bandstiftende Funktion und Bedeutung eingebüßt zu haben. Das Kommunikationsdefizit der Kirchen illustriert beispielhaft den für unsere Zeit offensichtlichen Verlust an Glaubensfähigkeit und vor allem auch der Glaubwürdigkeit von Kommunikations-Inhalten: Ein Dilemma der heutigen Kommunikationspraxis schlechthin.

Befriedigung und Ersatz der Realität sind wohl die Schlüsselworte zum Verständnis einer Kultur durch Marketing. Lange bevor die ersten Surfer die Highways des Internets durchkämmten, öffnete die Werbung ihre Fenster in die virtuelle Realität. Die Werbung versucht seit ihren Anfängen, aus Zeichen und Symbolen ein Migrationsmuster zu stricken, das ähnlich der Kunst des Barock die „erhöhten Momente des Daseins" (Jacob Burckhardt) simuliert. Sie zeichnet heute unverkennbar ein virtuelles Gegenbild zu den realen Migrationsbewegungen vertriebener ethnischer Minderheiten oder der zahllosen Opfer einer ökonomischen Globalisierung. Das heißt, die Botschaften der Werbung entsetzen uns von der gesellschaftlichen Verantwortung und postulieren eine grenzenlose Freiheit durch Konsum.

*„Die dritte Revolution hat die Schrift
durch das Bild ersetzt."*
*(Paul Virilio)* [3)]

Erneut stellt sich die Frage, ob Kunst nur dann Kunst ist, wenn sie entdeckt, was die Infotainmentmaschine der Massenkommunikation ver-deckt ? Der französische Philosoph Paul Virilio hat darauf eine pragmatisch-politische Antwort gefunden: „ ...aus wahr und falsch ist heute virtuell und real geworden." Die politische Komponente dieser Aussage erinnert an die political correctness in der Kunstauffassung der Neunziger, macht aber auch bewußt, daß den „neuen" Medien ihre ursprüngliche Authentizität und Wahrheit längst abhanden gekommen ist. „Wahrheit" existiert für die Kunst auf allen Ebenen der Kommunikation von und mit Wirklichkeiten. Unsere Gesellschaft hat mit den „anderen" Wahrheiten leben gelernt. Jean Baudrillards Begeisterung für die Simulation als Ersatz der Realität bedeutet für Virilio eine Tragödie, „die Tragödie des Verschwindens". Ein mediales teatro immagine hat mit seiner Flut von Bildern und Medienstars das politische Bewußtsein der Gesellschaft zumindest weichgespült: „Der Bildschirm ist alles, was man sofort vergißt, alles, was blendet und fasziniert, aber keine Spuren hinterläßt. Der Bildschirm transportiert das Vergessen, er ist das industrialisierte Vergessen." Der Kulturphilosoph Vilém Flusser hingegen hoffte nach dem „Ende der Schrift" auf die Revolution der Bilder und sprach wiederholt von der Möglichkeit, ausschließlich mit und in Bildern zu philosophieren. Jüngste Beispiele der Marketingkommunikation zeigen jedoch den merkwürdigen Trend zum Sprachmix. Diese kommunizieren zunehmend mit einer gewissermaßen neurologisch orientierten Doppelstrategie aus visuell gestaltetem Text und (!) Bildern. Fast vorzeitlich anmutende typografische Schriftbilder, die den alten Gestaltbegriff vom Charakter der Schrift wieder aufleben lassen, wechseln in musikalischen Schnitten mit filmischen Bilderzählungen. Hier finden wir einen signifikanten Schnittpunkt zur konzeptionellen und kontextuellen Kunst der Gegenwart, die Schriftbild und Textinhalt als Kunstobjekte imaginiert. Das hat nichts mehr mit den ästhetischen Visionen der Bauhauskünstler (Kunst der Typografie als

> DA WO FRAUEN
> STERBEN
> BIN ICH HELLWACH

Jenny Holzer, Covergestaltung Magazin der Süddeutschen Zeitung Nr.46 v. 19. 11. 1993

Gestaltung des Lebens) zu tun, vielmehr erfahren wir hier eine Invariante der Medienkunst. Die amerikanische Medienkünstlerin Jenny Holzer etwa übt so Kritik an unseren gesellschaftlichen Defiziten. Im November 1993 schrieb sie ihre feministische Botschaft wider die bestialischen Folgen zeitgenössischer Kriege mit dem Blut vergewaltigter bosnischer Frauen auf die Titelseite ei-

Benetton Kampagne Frühjahr/Sommer 1994; Foto und Konzept O. Toscani
Die Hose des Tarnanzuges und blutbeflecktes T-Shirt (mit Einschußloch) von
Marinko Gagro, der als Soldat im Bosnienkrieg gefallen ist.

nes Magazins der Süddeutschen Zeitung: „Da, wo Frauen sterben, bin ich hellwach." [4)]

Die Kunst hat viele Gesichter, die Unterscheidungsmerkmale ihres öffentlichen Auftritts liegen in der Botschaft. Sie ist einmal politisch korrekt oder unterstützt die politische Unkorrektheit ausschließlich konsumistischer Ziele. Catherine David nennt dieses Phänomen den „Benetton-Effekt". In ihrem Katalogvorwort zur documenta X verurteilte sie die wachsende Instrumentalisierung und Vermarktung der zeitgenössischen Kunst sowie deren „Zurichtung zum Spektakel", denn durch die Ästhetisierung von Information oder durch Pseudodebatten werde jegliche Urteilskraft in der Unmittelbarkeit von Verführung oder undifferenzierten Gefühlen erstickt:[5)] Eine Schwarzweiß-Zeichnung, die wohl ebenso wenig funktioniert wie die Differenzierung von real-wahr und virtuell-falsch. Der Umgang mit den Massenmedien erzeugt unscharfe Bilder, erst die Rezeption der Ausstrahlung schafft neue, unterscheidbare Wirklichkeiten aus der Kommunikation mit ihnen.

## *„Sind wir eine Gesellschaft der Ichlinge?"*
*(Ulrich Beck)* [6]

Aus der Unschärfe der post-postmodernen „informationellen Revolution" kristallisiert sich neuerdings die Vorstellung einer Zweiten Moderne heraus. Kulturtheoretisch wird sie als „Moderne des Scheins" (H. Klotz) von der digitalen Medienkunstentwicklung eingefordert,[7] sozio-politisch steht die Behauptung einer Zweiten Moderne für den akuten Handlungsbedarf nach gesellschaftlicher Innovation (U. Beck). Eine Moderne des (schönen) Scheins könnte eine die gesellschaftliche Wirklichkeit ignorierende Kunst der Fluchtbewegung in virtuelle Gegenwirklichkeiten sein; eine Bildschirmschoner-Kunst, die zu den Konflikten der Gegenwart und Zukunft auf Distanz geht. Doch viele der neuen MedienkünstlerInnen nutzen inzwischen das digitale Kommunikationsnetz auch als dialogisches Material, arbeiten zum Teil an sogenannten interaktiven Kunstprojekten, deren oft gesellschaftsrelevante Inhalte einen Paradigmenwechsel in der zeitgenössischen Kunstpraxis ankündigen. Der Begründer des Medienkunstzentrums (ZKM) in Karlsruhe, Heinrich Klotz, will in der neuen Medienkunst sogar eine ästhetische Korrektur bzw. Innovation des in der digitalen Massenkommunikation vorherrschenden „Bildekels" erkennen und geißelt die „Privaten": „Dem Kommerzfernsehen der privaten Sender ist es gelungen, einen allgemeinen Ekel am bewegten Bild entstehen zu lassen. Dieser um sich greifende Bildekel ist auf dem besten Wege, das Medium an sich zu diskreditieren…Wir können kaum noch abschalten."

Die schon erwähnte documenta X in Kassel thematisierte die Krise der Kunst als Synonym für die Krise der Gesellschaft. Diese „letzte Weltkunstausstellung" des 20. Jahrhunderts wollte den aktuellen Ist-Zustand beschreiben und sichtbar machen, wohin sich die neue (oder zweite) Moderne einer „Risikogesellschaft" bewegt: „ …eine Welt traditionaler Sicherheit geht unter, und an ihre Stelle tritt - wenn es gutgeht - die demokratische Kultur eines rechtlich sanktionierten Individualismus für alle." Das vielzitierte Ende der Kunst ist vielleicht der panische Reflex einer Gesellschaft auf ihren ebenso oft beklagten „Werteverfall". Das

„Verschwinden der Kunst" wie auch das Disney-Syndrom und dessen Readymade-Versatzstücke in Galerien und Museen oder der „Benetton-Effekt" sind m. E. die logischen Entwicklungsstadien einer ins Leben entgrenzten Kunsttheorie und -praxis. Kunst als Kunst und Kunst als Werbung haben Kultur- und Kunstgeschichte geschrieben. Jetzt haben die „Ichlinge" die demokratische Herrschaft angetreten. Demografische und demoskopische Daten über konsumistische Verhaltensmuster der Gesellschaft sind irrelevant geworden, die totale Individualisierung ist los. Das Ende der Kunst ist gleichzeitig ein Ende der Marken. Ist es auch das Ende der Kommunikation?

Ein Leitsatz der modernen Kommunikationstheorie sagt: Sender senden, was Empfänger NICHT empfangen! Daraus resultiert sowohl ein immenser Streuverlust - die Expertenmeinungen liegen nach wie vor bei 98 Prozent - als auch die Notwendigkeit, immer wieder entsprechend neue Kommunikationsmodelle zu entwickeln. Begriffe wie Corporate Identity, Corporate Behavior oder Corporate Human Relations waren in Europa erst in den späten siebziger Jahren Ausgangspunkte neuer Kommunikationsstrategien. Bis dahin war man überzeugt, daß durch bloße verbale und visuelle Reduktion der Informationsgestaltung die Lernfähigkeit der Konsumenten stimuliert werden kann. Erst die relativ späte Auseinandersetzung der professionellen Werber mit den Wechselbeziehungen von Identität und Verhalten bzw. Information und Emotion führte zu vergleichenden Analysen der äußeren und inneren Positionierung einer Marke im Markt wie auch in der eigenen Firma. Die Identität eines Unternehmens ist die Summe seiner humanen und industriellen Ressourcen, sie ist der Ausgangspunkt für die Entwicklung einer speziellen Philosophie des Unternehmens. Das daraus resultierende Credo (Glaubensbekenntnis) formt das Image (Persönlichkeitsbild) der Marke; Motiv-, Markt- und Meinungsforschung bilden hiefür die Basis.

Was die Marketing- und Kommunikationsstrategen gegenwärtig beschäftigt, beschäftigen muß, ist der galoppierende Verlust der Marken- und Dienstleistungsangebote an Eigenständigkeit und Unverwechselbarkeit. Wenn die Massenhypnose nicht mehr funktioniert, müssen individuelle Bedürfnisse mit individuellen Kommunikationsmethoden beworben werden. Abgesehen von den kaum noch zu verifizierenden Streuverlusten sind die heutigen „Kinder der Freiheit" (U. Beck) maßlos verwöhnt. Sie erwarten laufend neue Produkte und Dienstleistungen für ihre unstillbare Lustbefriedigung. Ein Horrorszenario für die Schöpfer immer neuer („ganzheitlicher") Kommunikationsmodelle, die jetzt auf ihre „Väter" pfeifen können. Die „Elf Regeln" des US-Alten David Ogilvy halten bestenfalls noch mit ihrer ersten Regel, „Der Inhalt ist wichtiger als die Ausführung", der vorliegenden Entwicklung stand. Aber welche nicht-austauschbaren Inhalte können über austauschbare Produkte und Dienstleistungen kommunizieren? Welchen Stellenwert haben noch ästhetische und humane Werte? Die Marken sind kurzlebig(er) geworden, der Konsument zum Spaßverderber.

*„Erst der Mensch, dann die Maschine."*
*(Honda-Werbung 1997)*

Die amerikanischen Mäuse sind in die Jahrzehnte, Calvin Klein ist in die Monate gekommen und die Barbie-Mütter und Lego-Väter zwischen fünf und fünfzig Jahren erliegen eben weltweit „Tamagotchi", dem japanischen Kulturschock des Jahres. Ihre Aufmerksamkeit und ungeteilte Fürsorge gilt den elektronischen Energieschüben eines digitalen Haustierchens. Es ist ein Alien aus den unendlichen Weiten der Telekommunikation, lebt und stirbt - inklusive Wiederauferstehung auf Knopfdruck - im rechteckigen Miniatur-Bildschirm eines schlüsselanhängergroßen Flacheis oder -herzens aus Plastik, manchmal mit Ohren. Es piepst, bellt oder maunzt, wenn es sich von seinem Besitzer (=Betreuer und Versorger) vernachlässigt fühlt (!), wächst sich zum zähnefletschenden Minimonster aus oder stirbt vorübergehend - solange der Energievorrat reicht. Im Internet vermehren sie sich unkontrollierbar als eine Art positiver Viren. Dieses interaktive Mini-Computerspiel ist eine perfekte Kommunikationsmaschine: so perfekt, daß es alle bisher bekannten Kommunikationsprodukte in den Schatten stellt. Sie simulieren die Arterhaltung in der Hosentasche.

Plakat „Ich bin wahnsinnig zart"
Auftraggeber: Suchard, Lörrach. Gestalter: Young & Rubicam, Frankfurt: Hartmut Bauer, Manfred Dittrich, Maria-Christa Sennefelder. Format: 18/1 Bogen

Die von den Japanern schon Ende der siebziger Jahre vorgetragene Idee einer „Biologisierung der Technik" hat in den Tamagotchis Kinder bekommen. Oswald Wieners Konzept für den „Bio-Adapter"[8] verfolgte noch das Ziel einer absoluten Bewußtseinserweiterung des Menschen in das unendliche Wissen digitaler Vernetzung durch die schrittweise Amputation und in der Folge bio-elektronische Prothetik sämtlicher Körperteile und Organe, inklusive Gehirn. Tamagotchi lenkt scheinbar die künstliche Intelligenz auf das reale Menschsein zurück. Wer das Ei bebrütet, füttert, saubermacht, kurz: das ausgeschlüpfte bzw. neugeborene Chiptierchen ausreichend bemuttert, erfährt das Glück des Alleinerziehers: Kommunikation pur durch systematischen Abbau der existentiellen Realität zugunsten einer elektronischen Liebebeziehung. Ein millionenfach vermarktetes Meisterwerk der interaktiven Medienkunst. Tamagotchi ist der wirklich neue Weg in die Ganzheitlichkeit der Kommunikation zwischen Mensch und Maschine. Als Paradebeispiel unserer Simulationsphobie verkehrt Tamagotchi das Leben zum Spiel und verwandelt die Spieler in menschliche Laborratten, die vom Computer trainiert werden, gut zu den Maschinen zu sein.

## *„Don't imitate, innovate!"*
*(Grey Düsseldorf)* ⁹⁾

Sie geben Marken Charakter, sagen die Kreativen der Werbeagenturen. Sie reden von einer mobilen Markenarchitektur für den raschen Return on Investment. Sie „verkörpern" ihre Markenbilder in Produkten aus Glaubensgrundsätzen. Sie inszenieren den Mythos von Produkten.

Sie rekreieren, - nicht imitieren, wie sie meinen - damit die (Er-)Findungsmethoden der Kunst. Indem sie das vorhandene ästhetische Erinnerungsmaterial zerlegen und daraus das Bild einer charakteristischen Markenphilosophie neu gestalten, innovieren sie Nach-Bilder der Kunst und verwandeln so das banale Image eines Massenprodukts in eine mythische Ikone. Oscar Wildes spöttische Bemerkung, „Die Natur ahmt die Kunst nach", erinnert an die berühmte blaue Milka-Kuh von Young & Rubicam: ein Nach-Bildwerk jenes legendenumwobenen Standbildes aus dem 5. Jh. v. Chr., einer Kuh aus Erz, das seinem Schöpfer, dem böotischen Bildhauer Myron, den Ruf eines Meisters der „Natürlichkeit" einbrachte. Myrons Kuh war für Goethe Anlaß, das Wesen der Kunst exemplarisch zu analysieren. Er verfolgte die Spuren dieser nie aufgefundenen mystischen Skulptur in den Beschreibungen antiker Dichter: „Die sämtlichen Epigramme preisen durchaus an ihr Wahrheit und Natürlichkeit und wissen die mögliche Verwechslung mit dem Wirklichen nicht genug hervorzuheben. Ein Löwe will die Kuh zerreißen, ein Stier sie bespringen, ein Kalb an ihr saugen... ja Myron selbst verwechselte sie mit den übrigen Kühen seiner Herde." Goethe wandte sich entschieden gegen diesen „Kunstsinn" mit der Feststellung, daß Myron als unmittelbarer Nachfolger von Phidias und Polyklet gewiß in einem „höheren Sinne" verfuhr und seine Plastik von der Natur abzusondern wußte: „Man kann es als ausgemacht annehmen, daß im Altertum kein Werk berühmt worden, das nicht von vorzüglicher Erfindung gewesen wäre: denn diese ist's doch, die am Ende den Kenner wie die Menge entzückt." [10]

Werbung ist ein Akt der Travestie. Auch die Kunst verfährt nach dem Prinzip der Metamorphose, sie gestaltet, indem sie verwandelt. Das Plakat zur Ausstellung versucht dieser Behauptung ein „sprechendes" Bild zu geben. Ober der klassisch-typografischen Markenarchitektur des Titels liegt ein irritierendes Bild der Verwandlung im Kontext des menschlichen Rollenverhaltens. Es stammt aus dem Nachlaß des 1978 verstorbenen Grazer Medienkünstlers Karl Neubacher. Als hervorragender Kommunikationsdesigner arbeitete er zeitlebens im hier reflektierten Spannungsfeld zwischen Kunst und Design. Vor allem in den letzten Jahren seiner künstlerischen Auseinandersetzungen mit den Wahrnehmungsphänomenen der Körpererfahrung, die er über die Medien der Foto-, Film-, Video- und Performance-Kunst auszudrücken suchte, entstanden Plakatsujets wie dieses: Bilder, die

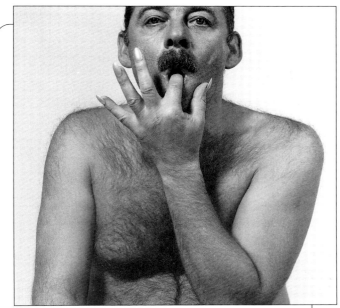

Karl Neubacher

unter die Haut gehen und mit einfachsten Mitteln unsere konsumistische und medialisierte Ersatz-Kultur entlarven, sie aber zugleich in ihrer Existenz bestätigen.

**Anmerkungen:**

1) Pierre Restany, L'arte del banale, in: domus 787, Mailand Nov. 1996, 84 ff. (s. a. d. nf. Zit.)
2) Peter Sloterdijk, Eurotaoismus, Zur Kritik der politischen Kinetik, edition suhrkamp, Frankfurt/Main 1989, 244
3) Paul Virilio, Die Avantgarde des Vergessens (Interview von Iris Radisch zum Aufstieg Berlusconis als Medienpolitiker), in: Die Zeit Nr. 16 v. 15. 04. 1994, 53/54 (s. a. d. nf. Zit.)
4) Jenny Holzer, Covergestaltung Magazin der Süddeutschen Zeitung Nr.46 v. 19. 11. 1993
5) Catherine David, Vorwort, in: Kurzführer documenta X, Cantz Verlag, Kassel 1997, 7
6) Ulrich Beck, Kinder der Freiheit: Wider das Lamento über den Werteverfall, in: Edition Zweite Moderne, Hsg. U. Beck, Suhrkamp Verlag Frankfurt/Main 1997, 9 ff. (s. a. d. nf. Zit.)
7) Vgl. Heinrich Klotz, Medienkunst als Zweite Moderne, in: H. Klotz, Eine neue Hochschule (für neue Künste), Schriftenreihe der HfG Karlsruhe, Cantz Verlag, Ostfildern b. Stuttgart 1995, 43 ff. (s. a. d. nf. Zit.)
8) Vgl. Oswald Wiener, Notizen zum Konzept des Bio-Adapters, Essay, in: die verbesserung von mitteleuropa, roman, Reinbeck: Rowohlt 1969 (Neuauflage 1985)
9) Werbeslogan für Hugo (Boss) Eau de toilette, in: Kreativbericht der Werbeagentur Grey Düsseldorf, „Wir geben Marken Charakter", Düsseldorf 1997 (s. a. d. nf. Zit.)
10) Vgl. Goethes Schriften zur Kunst. Der Aufsatz erschien 1819 im ersten Heft des 2. Bandes von „Kunst und Altertum", 295

Leopold Dungl

# Das Netz wird dichter
Die Verführungskünste der Werbung und ihre Wirkung auf Stadtraum und Architektur

## *1. Das langsame Verschwinden der Architektur*

Victor Hugo hat den Anfang vom Ende als erster thematisiert. Die Erfindung des Buchdrucks, so 1831 seine These, habe die Baukunst als Massenmedium vom 15.Jahrhundert an langsam zu Tode gebracht.[1] Die Ablöse des „großen Buchs der Menschheit" (Hugo) durch das Buch im eigentlichen Sinn hatte begonnen: Fortan war es nicht mehr die Architektur, die Botschaften unters Volk brachte, sondern die Literatur.

Mittlerweile erwächst auch dem Buchdruck schon ernsthafte Gefahr: Als jüngste der umwälzenden Errungenschaften unserer Zeit hat die elektronische Datenverarbeitung neue Möglichkeiten der großflächigen Informationsvermittlung eröffnet. Selbst wenn das Medium Buch damit keinesfalls automatisch verschwindet, ist sein Ende damit doch in den Bereich des Vorstellbaren gerückt. Vom Computer ins Internet – die Entwicklungen neuer Informationsvermittlung stehen gerade erst am Beginn.

Und wieder ist auch die Architektur von der Umwälzung betroffen: Die EDV hat bekanntlich auch die Möglichkeit eröffnet, vierdimensionale Wirklichkeiten zu simulieren. Noch reicht die Illusionswelt des „Cyberspace" - der virtuelle Raum, der in Echtzeit zu konsumieren ist - nicht ernsthaft an das Potential traditioneller Raum- und Baukunst heran: Die Entwicklung der entsprechenden Hard- und Software aber ist relativ jung. Und mit jedem technologischen Quantensprung gewinnt das künstliche Raumerlebnis an Faszination. Nach dem Verlust der „Informations-Kompetenz" verliert die Baukunst vielleicht bald auch ihre Rolle als wichtigste Raum-Vermittlerin.

## 2. Vom architektonischen zum literarischen Raum

Nirgendwo sonst gibt der stille Rückzug der Architektur sich so deutlich zu erkennen wie in den Bereichen, wo Baukunst mit den Verführungskünsten der Werbung in Berührung kommt. Man könnte sogar behaupten: Im Verhältnis zwischen Werbung und Architektur - überall dort also, wo Werbung im Stadtraum in Erscheinung tritt - vollzieht das langsame Verschwinden der Architektur sich in geradezu beispielhafter Form.

„Sämtliche Gebäude sind dermaßen durch Reklame für jedes denkbare Industrieprodukt überwuchert, daß man vor Buchstaben und Bildern keine Mauern, keine Bauformen mehr sieht".[2)] Hier beklagt nicht ein Zeitgenosse die Auswüchse moderner Werbetechnik, sondern ein Journalist aus dem viktorianischen England. Nahezu eineinhalb Jahrhunderte sind seither vergangen. Und Großbritannien hatte damals schon die zweite Werbewelle hinter sich.

1666, beim Großen Feuer von London, waren nicht nur unzählige Häuser, sondern auch ein Großteil des damals schon ziemlich dichten Schilderwalds vernichtet worden. Der König hatte daraufhin verfügt, daß die Reklametafeln aus Holz, Metall oder

London, Oxford Street: Doppeldeckerbusse als mobile Plakatwand

gerahmter Leinwand flach an die Fassade zu befestigen seien. Doch diese Anordnung überdauerte das darauffolgende Jahrhundert nicht. Ein paar Jahrzehnte später wuchsen die Schilder wieder derart weit von den Gebäuden in den Straßenraum hinein, daß bald ein regelrechter Wettbewerb darüber im Gang war, wer den größten Ausleger der Stadt zu fertigen imstande sei. Bis so ein riesenhaftes Werbeelement in der London Bridge Street 1718 aus der Verankerung riß, samt Teilen des Mauerwerks in die Tiefe stürzte und vier Menschen unter sich begrub. Von da an sorgte eine eigene Überwachungskommission für die strenge Einhaltung der Reklamebeschränkungen in der Themsestadt.[3]

Seit langem also drückt die Außenwerbung dem urbanen Raum bereits ihren Stempel auf. Nicht nur die Fassaden waren davon betroffen, auch Gehsteige und Straßen - ja sogar der Himmel wurde als Werbefläche entdeckt. Die menschliche Erfindungsgabe ist fast grenzenlos. Und so waren dem Aktionsradius der Werbetreibenden immer weniger Grenzen gesetzt: Der Boden wurde per Straßendruckerei beschriftet,[4] Flugzeuge setzten gigantische Buchstaben in die Luft.

Natürlich waren die Werbebotschaften nicht selten auch mit Bildern illustriert. Das geschriebene Wort aber stand fast immer im Vordergrund. Und während der von Viktor Hugo angesprochene Wechsel von der Bau- zur Buchdruckerkunst mit der Ablöse des sinnlich wahrnehmbaren Raums durch die Fläche des Blatts Papier verbunden war, blieb der Raum im Zusammenhang mit der Außenwerbung erhalten.

Die Schrift ersetzte den Raum nicht, sie wuchs förmlich in ihn hinein. Verändert hat sie ihn allerdings auch so ganz beträchtlich. „Viele Stadtzentren sind gleichsam zu literarischen Räumen geworden."[5] Wie die weißen Blätter Papier, die zwischen Buchdeckeln oder Zeitschriftencovers gepreßt sind, nehmen die Fassaden nun Texte und Bilder der Werbung auf. Dem Bauwerk zugeordnete Dekorations- und Strukturelemente treten in den Hintergrund. Die den Stadtraum begrenzende Architektur wird vor allem als Projektionsfläche genutzt.

Als Walter Benjamins Bild von der Straße als „Wohnung des Kollektivs" noch Gültigkeit hatte, konnte dieser Schriftsteller und Philosoph die Werbung zurecht noch als Wandschmuck bezeichnen. Doch das ist lange her. Die Zeiten, in denen „die glänzenden emaillierten Firmenschilder so gut und besser ein Wandschmuck (waren) wie im Salon des Bürger ein Ölgemälde",[6] sind unwiederbringlich vorbei.

In völlig schmuckloser Form trat Werbung freilich auch damals schon in Erscheinung. Neue Technologien der Papierherstellung und des Drucks hatten dem Plakat am Beginn des 19. Jahrhunderts zum Durchbruch verholfen.[7] Die weitgehend nüchterne Plakatwand war das diesem Werbeträger entsprechende Funktionselement.

Sehr früh hat Werbung die Auflösung architektonisch mehr oder weniger geschlossener Gebäudevolumina betrieben. Das begann mit den historischen Auslegeschildern, deren älteste Exemplare aus rechteckigen Holztafeln bestanden.[8] Diese ragten bereits von den Fassaden weg in den Stadtraum hinein und blieben in erster Linie konstruktiv, aber nicht flächig mit den Fassaden verbunden. Ihre formale Eigenständigkeit als waagrechte, seltener auch senkrechte Elemente im Stadtraum war damit schon sehr deutlich ausgeprägt.

Auch eine autonome Form der Werbung - weil standortungebunden - begann sich bald im Stadtraum zu etablieren. Den Anfang machten die Sandwichmen, die ab dem Ende des 18. Jahrhunderts mit Papptafeln an Rücken und Bauch ihre Runden durch die Großstädte zogen. London war der Ausgangspunkt der ziellosen, aber stadtbild-prägenden Wanderungen,[9] mit denen einige der Ärmsten ihren Lebensunterhalt mehr

Salzburg, Getreidegasse: „Werbeträger"

schlecht als recht verdienten. Von da an dauerte es nicht mehr lange, bis sich eigene Werbedroschken und entsprechend ausgestattete Fahrräder in den beginnenden Großstadtverkehr mischten.

Die Urform der Litfaßsäule, ein achteckiger Aufbau aus Holz und Metall, war ursprünglich ebenfalls mobil und wurde von einem Pferdefuhrwerk durch die Stadt gezogen.[10] Erst mit dem Patent von Ernst Litfaß mutierte diese flächensparende, aber raumgreifende Form des Plakatanschlags zum stationären Element. Das freistehende, primär der Werbung dienende Bauwerk konnte zur Umhüllung von Toiletten- und Brunnenanlagen genutzt werden.[11] In Wien waren sogar Kioske in den mit Plakaten zu beklebenden Zylindern untergebracht.[12]

### *3. Mit Lichtwerbung zur neuen Stadt*

Bis zum Ende des 19. Jahrhunderts hat Außenwerbung den Stadtraum geprägt, beeinflußt, akzentuiert - in seinen Raumdimensionen grundlegend verändert hat sie ihn aber nicht. Das blieb der Lichtreklame vorbehalten. Stärker noch als die Straßenbeleuchtung machte sie die Nacht zum Tag. Sie verwandelte Straßen wie Plätze im Zentrum der Städte in Räume, wie die Welt sie zuvor noch nicht gesehen hatte: Da wurden Grenzen aufgelöst, dort neue gezogen; was bei Tag weit weg war, war nachts ganz nah - die Perspektiven, die sich auf diese Weise eröffneten, waren tatsächlich völlig neu.

Erste Vorläufer der Lichtwerbung gab es schon im antiken Rom, dessen Tavernen abends durch Öllampen und Leuchttransparente illuminiert wurden.[13] Noch in der ersten Hälfte des 19. Jahrhunderts war die Entwicklung dieses Bereichs der Werbung aber nicht sonderlich weit gediehen: Damals wurde Gaslicht für Transparentreklame - etwa in Form von Schriften auf den Glasschirmen von Straßenlaternen - genutzt.[14]

Der Lichtwerbung zum Durchbruch verholfen hat die Elektrizität, sobald sie allgemein verfügbar war. Piccadilly Circus, Friedrichstraße, Potsdamer Platz, Pigalle - in den Jahren vor dem Ersten Weltkrieg waren das die vielbestaunten Lichterzentren des

Berlin, Breitscheidplatz: Vom Stadtraum zum literarischen Raum

europäischen Kontinents. „Zuerst beschränkte das elektrische Licht sich darauf, beschriebene und bemalte Reklametafeln anzustrahlen. Später brachte es transparente Flächen von innen zum Leuchten. Schließlich trat es selbst als Schreiber und Zeichner auf. Text- und Bildfiguren entstanden, zunächst starr, später in Bewegung geratend."[15] Kein denkmöglicher Effekt wurde dabei ausgelassen: Schreibende Hände, rollende Räder, zwinkernde Augen - alles pulsierte und drehte sich.

Mit den Augen zwinkern mußte freilich auch, wer die faszinierenden Lichtspiele näher betrachtete. Denn die Tausenden Glühbirnen, aus denen die ganze Pracht bestand, waren so hell, daß die Werbebotschaften eher schmerzten, als die Augen zu erfreuen. Die Neonröhre machte diesem unerwünschten Nebeneffekt ein Ende: „Ihre Lichtstärke war groß, ohne zu blenden. Sie konnte in allen gewünschten Farben aufleuchten. Und was das Wichtigste war: Die Linien die sie zog, waren nicht mehr nur gepunktete Markierungen, sondern wirkliche Linien. (...) Die Neonröhre war die Licht-Version der Stromlinie."[16]

Die Erfolg von Werbung mit künstlichem Licht war gewaltig. So gewaltig, daß es bald keine Geschäftsstraße und kein Vergnügungsviertel gab, das nicht in den Sog der neuen Technologie geriet und ihr Aussehen fundamental änderte. Bei Nacht natürlich stärker als am Tag, wo in einer Art Negativ-Effekt all das störend in den Vordergrund rückte, was zur Energieversorgung und Montage der Leuchtelemente vonnöten war.

Doch nicht nur neue Viertel, ganze Städte brachte die neue Lichtwerbung hervor. An der Westküste der USA wurde ein neuer Siedlungstyp geboren, der mit der historischen Stadt Europas nur noch entfernte Verwandtschaft hatte. In einer Stadt wie Los Angeles verlief die Einführung der Lichtwerbung nämlich gerade umgekehrt als anderswo: „Bevor die Häuser errichtet wurden, entstanden Reklamefronten. Die Dimensionen und die Formen der Reklamegebilde waren darauf berechnet, vom fahrenden Auto aus betrachtet zu werden. (...) In Las Vegas fand die Umkehrung des Abhängigkeitsverhältnisses von Architektur und Lichtreklame ihren Höhepunkt."[17] Die Architektur in ihrer klassischen Form war also endgültig verschwunden - das Zeitalter künstlich generierten Raums, des Cyberspace warf seine ersten Schatten voraus.

## *4. Werbung und Architektur*

Die beiden Amerikaner Robert Venturi und Denise Scott Brown waren nicht die ersten, die das Spannungsverhältnis zwischen Architektur und Werbung reflektierten. An Radikalität übertrafen ihre Schlußfolgerungen aber alles, was bisher dagewesen war – und das auf einer theoretischen Basis, wie sie noch niemand vor ihnen so präzise formuliert hatte. Der Titel der 1968 durchgeführten Untersuchung[18] „zur Ikonographie und Architektursymbolik der Geschäftsstadt" war Programm und Handlungsanleitung zugleich: „Lernen von Las Vegas" stand dabei im Vordergrund. Fast alles in der aus dem Wüstensand von Nevada gestampften Vergnügungsstadt war und ist auf die Botschaften der Werbung gegründet; und auf die Bedingungen ihrer Wahrnehmung.

Das Studium dieser Zusammenhänge brachte neue Erkenntnisse über Architektur als Raum und Architektur als Symbol. Die Namen der beiden Bau-Typen, die Venturi und Scott Brown aus der vorgefundenen Neon-Wirklichkeit herausdestilliert hatten, wurden rasch zu Standards der architekturtheoretischen Diskussion.

Als „Enten" wurden jene zur Skulptur gewordenen Gebäude bezeichnet, bei denen „die architektonischen Dimensionen von Raum, Konstruktion und Nutzung durch eine alles zudeckende symbolische Gestalt in ihrer Eigenständigkeit aufgelöst und bis zur Unkenntlichkeit verändert werden". Die Bezeichnung dafür hatten die Autoren „zu Ehren des entenförmigen Auto-Restaurants The Long Island Duckling"[19] geprägt.

Von einem „dekorierten Schuppen" dagegen sprachen Venturi/Scott Brown dort, „wo Raum und Struktur direkt in den Dienst der Nutzung gestellt und Verzierungen ganz unabhängig davon nur noch äußerlich angefügt werden". Wer die vielen, hinter ihrem eindrucksvollen Glitzerwerk beinahe schäbigen Baracken von Las Vegas schon bei Tag gesehen hat, weiß, wovon die Rede ist.

Der zentralen These der Architekten Venturi und Scott Brown, daß die ohne Architekten entstandenen Geschäftsstraßen „beinahe in Ordnung" seien, folgten deren europäische Kollegen eher

London, Piccadilly Circus: Das Haus als „Dekorierte Hütte"

nicht. Besser gesagt: Sie gingen den beiden Amerikanern nicht auf diesem Weg voran. Die ersten fundierten Stellungnahmen, die zu dem Thema auf europäischem Boden fielen, gehen nämlich bis zur Zwischenkriegszeit zurück.

Da war etwa Ernst May, einer der wichtigsten Vertreter des Neuen Bauens, seines Zeichens auch Stadtbaurat in Frankfurt am Main: „Einer Lösung des Reklameproblems werden wir erst dann näherkommen, wenn die Lichtreklame beim Entwurf des Einzelbauwerkes, wie ganzer Straßen und Plätze, von vornherein berücksichtigt wird, wenn nicht wie heute noch zumeist nachträglich auf fertige Bauten (...) allerlei Flickwerk aufgekleistert wird", schrieb er 1928.[20] Städtebauliche Gestaltung, so May, „muß danach streben, die Lichtmassen zu ordnen und die Wirkung der beleuchteten Fenster, Schrifttafeln, Hauswände u. dergl. dadurch zu steigern, daß sie in Kontrast gesetzt werden zu unbeleuchteten oder schwachbeleuchteten Teilen des Stadtbildes."[21]

Nicht in erster Linie die Architekten haben also von der Werbung zu lernen, wie Venturi und Scott Brown das fordern - folgt man Ernst May, dann geht es in erster Linie darum, die ungestüme Kraft der Werbung mit den Mitteln der Architektur zu domestizieren.

Freilich waren auch Standpunkte wie dieser mit durchaus radikalen Architekturentwürfen zu verbinden: „Beim Umbau zahlreicher Geschäftsbauten haben die Brüder Luckhardt nach und nach Maßnahmen erfunden, die bewußt dazu dienten, einen Gegenstand auf zwei Bildwirkungen einzustellen: auf die Tagesansicht und auf eine irrealere Nachtsicht." „Exemplarisch in dieser Hinsicht ist der Umbau des Telschow-Hauses am Potsdamer Patz (1926 - 1928) in Berlin: die Fassade, die ohne jede architektonische Gliederung und gleichmäßig mit ultramarinblauem Opakglas überzogen und dazu noch überhöht ist, um die Installation der Reklamelichtanlage aufzunehmen, ist hier nur noch Reklameträger."[22]

Erstaunlich geradlinig verläuft der Weg, der von den Brüdern Luckhardt in die Gegenwart führt. Die Fassade als Bildschirm und Reklameträger – das ist eines der Themen, mit denen der Franzose Jean Nouvel sich ebenfalls immer wieder beschäftigt. Die

Berlin, Friedrichstraße: „Medienfassade" Kaufhaus „Galeries Lafayette" (Arch. Jean Nouvel)

technischen Mittel unserer Zeit eröffnen ihm dabei wesentlich bessere Möglichkeiten, als dies vor mehr als einem halben Jahrhundert der Fall war. Und Nouvel nützt das in virtuoser Weise: Bei den Galeries Lafayette z.B., einem 1996 in der Berliner Friedrichstraße eröffneten Kaufhaus, löst Nouvel „die Baukörper in transparente, hinterleuchtete Schichten auf. Auf die Oberfläche projizierte Werbeschriften kommentieren gleichsam das Geschehen im Inneren, das sich schemenhaft nach außen hin abzeichnet. Das ‚Greifbare' der Architektur geht (...) mehr und mehr auf in einer Welt flüchtiger Bilder, zerschnittener Perspektiven, farbiger Projektionen."[23]

Ist damit, diese Frage drängt sich geradezu auf, das endgültige Verschwinden der Architektur auch auf dem europäischen Kontinent vollzogen? - Keineswegs: Der Gestalter, der da am Werk ist, gibt die Mittel der Architektur nämlich keineswegs aus der Hand. Im Gegenteil: Indem er den komplexen Aufbau des sinnlich erfahrbaren Stadtraums zur Kenntnis nimmt, und das schließt eben auch die Außenwerbung mit ein, gibt er der Baukunst überhaupt erst die Chance, sich in zeitgemäßer und unverfälschter Form zu entfalten.

## 5. Die offene Herausforderung

Werbung altert schnell. Keine der vielen Ebenen im Stadtbild ändert sich so rasch wie diese visuell so dominante Schicht. Entsprechend rasant ist auch der technische Wandel, dem diese Elemente unterliegen. So ist, was früher großformatig gemalt werden mußte, heute problemlos auf Großbildschirme zu projizieren. Prisma-Visionsanlagen, Dia-Projektionen, Großflächenvitrinen - immer größer wird der Variantenreichtum, in dem Werbung im Stadtraum sichtbar wird. Selbst die holographische, also dreidimensionale Projektion von Schriften und Bildern ist in fast greifbare Nähe gerückt.

Dabei geht so gut wie keine der traditionellen Werbeformen verloren. Ob Fahne, Transparent, schmiedeeiserner Ausleger oder Litfaßsäule: Die Inhalte ändern sich - Form und Bauart aber bleiben oft erhalten. Neues kommt zu Altem, die formale Vielfalt wächst, das Netz an Informationen wird dichter. Daß die Werbung in unseren Breiten die Architektur nicht schon völlig überwuchert hat, ist kein Grund zur Beruhigung. Dennoch hat man die Entwicklung keineswegs im Griff: Noch haben sich nur wenige Architekten und Stadtplaner dieser Herausforderung wirklich tatkräftig gestellt. Noch wurde die Geschichte über das Verhältnis der Werbung zur europäischen Stadt nicht geschrieben, noch sind Regeln für den Umgang mit Werbung im Stadtraum nicht allgemeingültig formuliert.

Die Zeit drängt: Verbieten

Brüssel, Grand Place: Zunftzeichen als historisches Werbeelement

kann man Werbung im öffentlichen Raum nur selten. Es kommt also darauf an, sie in vernünftige Bahnen zu lenken. Damit die Architektur und der Stadtraum rundherum nicht endgültig in ihrem Schatten verschwinden.


**Anmerkungen:**

1) Victor Hugo, Notre Dame de Paris; Zürich 1979 (Neuauflage)
2) Theda Behme, Reklame und Heimatbild; Neudamm 1931
3) Eberhard Hölscher, Firmenschilder aus zwei Jahrtausenden; München 1965
4) Hanns Buchli, 600 Jahre Werbung; Berlin 1962
5) Christoph Bignens: Schrift am Bau: Rivalität zweier Medien?; in: archithese 1/95
6) Walter Benjamin: Das Passagen-Werk; Frankfurt a.M. 1982
7) Dietmar Kreutzer: Werbung im Stadtraum, Berlin 1995
8) Kreutzer 1995, a.a.O.
9) Erwin Paneth: Die Entwicklung der Reklame vom Altertum bis zur Gegenwart; München 1926
10) Buchli 1962, a.a.O.
11) Kreutzer 1995; a.a.O
12) Paneth 1926; a.a.O
13) Gerhard Gut: Lichtwerbung - Ein traditionsreiches Werbemittel; in: „Format" Nr. 4, Karlsruhe 1974
14) Kreutzer 1995; a.a.O
15) Wolfgang Schivelbusch: Licht Schein und Wahn; Berlin 1992
16) Schivelbusch, 1992; a.a.O.
17) Schivelbusch, 1992; a.a.O.
18) Robert Venturi, Denise Scott Brown, Steven Izenour: Lernen von Las Vegas. Zur Ikonographie und Architektursymbolik der Geschäftsstadt; Braunschweig 1979
19) Venturi et. Al. 1979, a.a.O
20) Ernst May: Städtebau und Lichtreklame; Erstveröffentlichung in „Licht und Beleuchtung", Berlin 1928; Nachdruck in „archithese" Nr. 1, Zürich 1995
21) Ernst May, 1928; a.a.O.
22) Bruno Reichlin: Schrift - Raum - Architektur; in: „archithese" Nr. 1, Zürich 1995
23) Dieter Hoffmann-Axthelm: Bildschirmarchitektur; in: Werk, Bauen + Wohnen Nr. 10, Zürich 1991

# Werbe/Dämm/Fassade

*Situation:* Wohnhochhäuser an stark frequentierten Straßen niedrige Wohnqualität durch Lage und Baumängel

*Ziel:* Wohlbefinden und Gerechtigkeit für jeden

*Konzept:* Die Gestaltung durch Werbung finanziert bauliche Maßnahmen wie Wärmedämmfassade, Schallschutzfenster etc.

Die Intervention muß über das Ästhetische hinausgehen, muß von Nutzen sein

Konzept: Arch. DI Konrad Frey, DI arch. Peter Kilian, Graz
Grafik: X-Ray DI arch. Martin Steinthaler, Graz

# WERBE/DÄMM/FASSADE

Konzept: DI arch. Peter Kilian, Arch. DI Konrad Frey, Graz; Grafik: X-Ray DI arch. Martin Steinthaler, Graz

Walter Leustik

# Der Stein im Druck
Die Lithographie als Drucktechnik

## 1. Einleitung

Wie Steine aussehen, kann sich jeder vorstellen. Die Vorstellung, mit Steinen zu drucken, daß auf Papier dauerhaft Bilder von Schrift und Zeichnungen bleiben, bleibt nur wenigen vorbehalten. Welcher Laie kann sich vorstellen, daß ein qualitativ hochwertiges grafisches Werk vom spiegelverkehrten Abbild eines Bildes aus Fettspuren herrührt, die sich auf einer plangeschliffenen Steinfläche eingesaugt haben?

Die Rede ist hier von der Lithographie, dem sogenannten Steindruck.

Vereinfacht sind es fünf wesentliche Faktoren, die in ihrer Kombination die technische Grundlage für das lithographische Druckwerk ergeben:
- die Vorlage des Entwerfers
- der Stein aus Kalk
- die chemischen Substanzen
- Druckfarbe und Druckpapier
- die Druckmaschinen

Dies ist die Basis für den eigentlichen Arbeitsprozeß.

## 2. Verfahrensüberblick

Folgende Chemikalien sind am Präparieren, d. h. „Druckfertigmachen" des Steins u.a. beteiligt: Salpetersäure, Gummiarabikum, Kolophonium, Talk, Essigsäure, Kleesalz, Alaun ...

Diese in der notwendigen Prozentstärke (Mischung) zum passenden Zeitpunkt für den richtigen Zweck eingesetzt, ergibt in der Regel das gewünschte Resultat.

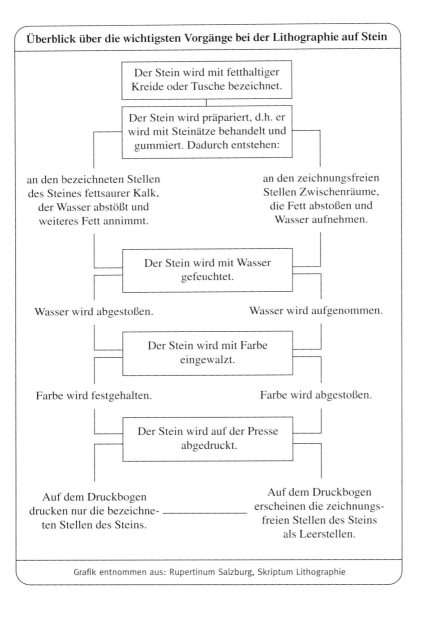

Der Arbeitsablauf beim lithographischen Druckvorgang - aufgenommen in der eigenen Druckwerkstätte - von oben nach unten:
1) Die Rakel wird auf den Stein gepreßt.
2) Der Stein wird unter der Rakel durchgeführt.
3) Der fertige Druck wird vom Lithostein abgenommen.

## 3. Entwicklungsgeschichte

### 3. 1. Erfindung

Der chemische Steindruck wurde 1797 von Aloys Senefelder durch Zufall erfunden. Ihr Ursprungszweck war dabei die kostengünstige und schnelle Vervielfältigung von Partituren. 1803 konnte Aloys Senefelder die „K. K. privilegierte chemische Druckerei" eröffnen. Dies zeigt, in welch kurzem Zeitraum die Erfindung praktische Anwendung fand.

Im Jahre 1818 gab Senefelder das „Vollständige Lehrbuch der Steindruckerey" heraus, in welchem er die chemische Druckart - wie er sie nannte - beschrieb. Darin veröffentlichte er auch Konstruktionszeichnungen von ihm entwickelter hölzerner Handpressen. Auf seiner Suche nach einem Steinersatz testete Senefelder sämtliche Metalle auf ihre Brauchbarkeit und fand diese im Zink.

### 3.2. Technische Entwicklung

Gedruckt wurde mit flachen Kalksteinplatten Solnhofener Provenienz – Solnhofener Plattenkalk ($CaCO_3$).

Diese zeichnen sich durch Großflächigkeit, passende Schichtdicke und Materialhomogenität sowie ausreichende Verfügbarkeit aus. Andere als Solnhofener Steine weisen diese Faktoren nicht auf, daher werden von Beginn der Lithographie bis heute bevorzugt diese Steine verwendet.

Die Entwicklung der Druckmaschinen paßte sich den jeweiligen technischen Möglichkeiten an. Senefelders Pressen waren noch großteils aus Holz. Eine anfangs von ihm verwendete Kupferdruckpresse (Zylinderdruck), bei welcher die spröden Steine dem Druck oft nicht standhielten, ließ ihn nach neuen Möglichkeiten suchen. Er fand diese in einer relativ einfachen Holzkonstruktion, bei der ein Reiber (Rakel) über den fix liegenden Stein gezogen wurde. Der nächste Schritt war die Entwicklung der bis heute gültigen Variante der Reiberpresse: Dabei wird der Stein auf eine Unterlage (Schlitten bzw. Karren) gelegt, die über einen darunter befindlichen Zylinder mittels Kurbel bewegt wird. Die Rakel wird von oben durch einen Hebel nach unten auf den Stein gedrückt.

1822 gab es bereits kleinformatige Handpressen aus Eisen. Um 1895 erreichten die Handpressen bereits ihren höchsten Entwicklungsstand. Der bedeutendste Hersteller war die Leipziger Firma Karl Krause, die sich in erster Linie mit der Produktion von Druckpressen beschäftigte. Die Qualität dieser Pressen ist derart exzellent, daß diese Maschinen hundert Jahre nach ihrer Herstellung noch ohne Reparaturen wie beim ersten Benützen funktionieren.

Durch die Notwendigkeit der Einführung industrieller Produktionsmethoden zur Outputmaximierung bei gleichzeitiger Kostenminimierung wurden Schnellpressen entwickelt, die die vormals händischen Tätigkeiten automatisiert durchführten.

Die erste Schnellpresse mit einer Maximalkapazität von 800 Drucken je Stunde baute der Wiener G. Sigl 1852. Um 1880 gab es alleine in Deutschland bereits 5 Steindruckschnellpressenfabriken, die für Größen bis zu 120 x 170 cm ausgelegt waren.

### 3.3. Bedeutung für Graz

In Graz entstanden ab dem 2. Jahrzehnt des 19. Jahrhunderts Steindruckereien. Ihre Urheber lassen sich zwei Interessensgruppen zuordnen: den Privatdruckereien und den Amtsdruckereien.

Entsprechend war die Gewichtung ihrer Aufgabengebiete unterschiedlich gelagert. Hatten die Amtsdruckereien die Herstellung von Formularen und Amtsblättern zur Aufgabe, so deckten die privaten sämtliche anderen Bereiche ab. Ihr Tätigkeitsbereich gliederte sich in drei Gebiete:

- kommerzieller Werbebereich
- Mitteilungswesen
- Kunstbereich

Ohne Anspruch auf Vollständigkeit zu erheben, soll hier eine Auflistung von einigen charakteristischen Druckereien in Graz gegeben werden, die sich entweder ganz oder teilweise mit Steindruck beschäftigten:

**Josef Kaiser** (1817 – 1859), **erste Steindruckerei in Graz**

**Heribert Lampel** (1837 – etwa 1885)

Die **„Fa. Leykam AG"** verfügte im Jahre 1876 über 2 Schnell- und 15 Handpressen für Steindruck.

**„Pappermann"** (ab 1864) hießen einige Firmen, die die sich verzweigende Entwicklung eines Familienbetriebes durchmachten.

Der Schweizer **August Matthey** gründete 1868 eine Steindruckerei. Sein Betrieb produzierte Kunstdrucke und Etiketten in erster Linie für den Export. Geliefert wurde bis nach Südamerika und China. Mit 35 Beschäftigten und einem gutausgestatteten Maschinenpark war dies ein Grazer Leitbetrieb. Betrieben wurde sie zeitweise als „chromolithographische Kunstanstalt".

Nachfolgebetrieb ist die **Firma Alfred Wall AG**, eine der führenden Verpackungsdruckereien Europas!

Verantwortlicher Leiter ist Herr **Mag. Alfred Wall**.

Auch August Mattheys Bruder **Ernst Matthey-Gunet** errichtete einen eigenen Steindruckbetrieb und hatte im Jahre 1907 30 Mitarbeiter. Er beschäftigte sich nur mit Akzidenz- und Plakatdruck.

Die Druckerei **„Johann Hansl"** bestand ab 1871 20 Jahre lang und verfügte über 4 Pressen.

**„Josef Agath"** (sen.) druckte ab 1880 Verpackungsmaterial mit farbigen Bilddrucken, Kunstdrucke und Akzidenzen.

Die Firma **„Lithographische Anstalt Oskar Rohr"** (ab 1889) spezialisierte sich auf mehrfärbigen Plakatdruck. Zu Beginn des Ersten Weltkrieges beschäftigte sie etwa 30 Mitarbeiter.

**„Senefelder, Josef Potobsky & Co"** bestand zwischen 1893 und 1949 als Lithographisch-artistische Anstalt und Druckerei.

Die wichtigste Amtsdruckerei war die **„K. K. Steiermärkische Gubernial-** (ab 1831 bzw. ab 1850 **„Statthalterei-) lithographie"**.

Sie verfügte über 3 - 4 Pressen und stellte die Druckwerke für die Regierungsämter her.

Sogar der Grazer Gemeinderat beschloß 1862, eine eigene **„Grazer Städtische Steindruckerei"** einzurichten. Grund dazu war der ständig steigende Formularbedarf. 1911 und 1912 wurde je eine weitere Maschine dazugekauft.

Diesem Beispiel folgte auch der Steirische Landtag, der 1875 die **„Steiermärkische Landeslithographie"** gründete und im Landhaus eine Steindruckpresse aufstellte. Ein Jahr später wurde eine zweite Presse angekauft, bis 1907 wuchs der Personalstand auf 7 Mitarbeiter.

Die Firma **Fischer-Presuhn** existierte von 1852 bis 1964.

**Ferdinand Hanel** (1871-1890) verfügte über 3 Hand- und eine Schnellpresse.

**Josef Pock**, ein Buchdrucker, betrieb die erste Steindruck-Schnellpresse in der Steiermark (bis 1870). Danach wurde der Betrieb an die Leykam-AG verkauft.

Weiters gab es folgende Firmen: **„Frank, Jossek & Co"**, **„Franz Decrinis"**, **„August Rohleder"**, **„Johann Leitner"**, **„Josef Wild"**, **„Albert Fraiss"**.

## *4. Kulturelle Relevanz*

### 4.1. Wirtschaftliche Bedeutung

Was Gutenberg für die Vervielfältigung und Verbreitung der Druckschrift (Letterndruck) ist, ist Senefelder für die Vervielfältigung von Bildern. Letterndruck ermöglichte hohe Auflagen von Schrift, Steindruck hohe Auflagen von Bildern und Schrift. Bilder zeichnen sich im Vergleich zur Schrift durch eine viel höhere Anzahl von Informationspunkten aus, daher besitzen sie eine höhere Aussagekraft. Ein anschaulicher und einfacher Vergleich:

1 Seite Schrift am Computer ergibt etwa 4.000 bit

1 Seite Bild am Computer ergibt bis zu 1,200.000 bit,

das ist um den Faktor 300 höher. Einen solchen Faktor an Qualitätsverbesserung hatte Senefelder im übertragenen Sinn mit einer einzigen Erfindung bewirkt.

Jedoch, außer, daß sich die Technik geändert hat und man

automationsunterstützt fast jede beliebige Form generieren kann, hat sich nur die Produktionsgeschwindigkeit wesentlich verändert; von einer Qualitätsverbesserung kann insofern nicht gesprochen werden, da der grafische Eigencharakter einer Lithographie ein gänzlich anderer ist als jener auf modernen Reprogeräten hergestellter Produkte.

Während Gutenbergs bewegliche Lettern nach dem bekannten Prinzip des Hochdrucks funktionierten, entwickelte Senefelder den Steindruck, die Ursprungstechnik des Flachdrucks. Die Implementierung der Lithographie in den Produktionsprozeß stellte den Beginn einer neuen technologischen Ära dar, wobei die Auswirkungen in der Entwicklung der Druckindustrie revolutionierend waren. Die Erfindung deckte ein wesentliches, bereits bestehendes Bedürfnis ab, das mit weiteren technischen Neuerungen den gewünschten Nutzen erzielen konnte. Dies war das Bedürfnis des Menschen nach Bildeindrücken.

Der Vorteil dieser neuen Drucktechnik war, daß ohne Einschränkung Zeichnungen mit Tusche, Kreide oder Feder direkt auf Stein – allerdings spiegelverkehrt – gearbeitet werden konnte. Bald war es auch möglich, seitenrichtig auf Umdruckpapier zu arbeiten und dieses dann auf den Stein ohne wesentlichen Qualitätsverlust des Werkes umzudrucken.

Die Entwicklung der Chromolithographie (Mehrfarbendruck) durch Senefelders Schüler Engelmann (1835 patentiert) bewirkte eine Bilderflut. Waren bis zu diesem Zeitpunkt alle gedruckten Bilder, ob von der Metallplatte oder vom Stein abgezogen, mit der Hand koloriert worden, so wurde nun damit durch Übereinanderdrucken Mehrfarbigkeit erreicht. Dafür war jedoch für jede Farbe ein eigener Stein erforderlich. Ab 1860 entwickelte man die Fotolithographie. Ab etwa 1876 breitete sich ein neuer Produktionszweig aus, jener der chromolithographischen Ansichtskarten, der allerdings nur 30 Jahre währen sollte.

Ab der Mitte des 19. bis in die 50er Jahre des 20. Jahrhunderts war der chemische Steindruck die vorherrschende Technik im Druckgewerbe zur Herstellung von ein- und mehrfärbigen Druckwerken.

Noch heute existente, zum Teil recht anschauliche Motive auf gebrauchten Lithosteinen ermöglichen eine gute Vorstellung von der breiten Palette von Anwendungsgebieten. Diese schienen schier grenzenlos. Das Repertoire reichte vom Plakat-, Etiketten-, Verpackungs-, Postkarten- und Buchdruck (Illustrationen, Grafiken) bis zum Merkantildruck (Formulare, Preislisten). Die Qualität hatte dabei längst den Grad höchster Perfektion erreicht.

### 4.2. Einsatz in der Werbung. Bildersteine – Steinbilder

Die zur Jahrhundertwende einsetzende großflächige Plakatbildwerbung wäre ohne Einsatz dieser Flachdrucktechnik nicht möglich gewesen. Die Plakate erreichten Größen von 120 x 170 cm, entsprechend den größten lieferbaren Steinformaten und den dafür ausgestatteten Druckmaschinen.

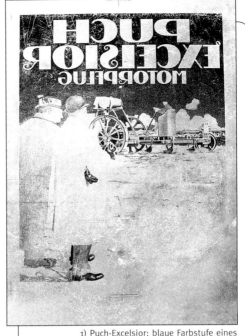

1) Puch-Excelsior: blaue Farbstufe eines mehrfärbigen Werbeplakats, 36 x 50 cm

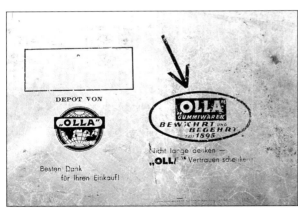

2) Olla: Farbstufe einer Verpackung, 10 x 14 cm

3) Firn: Farbstufe einer Werbebroschüre, 32 x 17 cm

4) Gritzner: Farbstufe eines mehrfärbigen Werbeplakates, 50 x 75 cm

Die in der Ausstellung vorgestellten, gebrauchten Drucksteine mit Motiven stellen eine kleine Auswahl aus meiner Sammlung der in den ersten Jahrzehnten verwendeten Werbung dar. Es handelt sich um Drucksteine für Farbplakate, Etiketten u.a.m.

Siehe nachfolgende Auflistung zu allen gezeigten Abbildungen (alles Originalabbildungen auf Stein):
1) Puch-Excelsior
2) Olla
3) Firn
4) Gritzner
5) Beethoven
6) Festung Hohensalzburg
7) Franck
8) Gösser

## 4.3. Einsatz in der Kunst

In der bildenden Kunst war der Steindruck trotz seiner vielseitigen Anwendungsmöglichkeiten anfangs in seiner Bedeutung verkannt, und nur wenige Künstler wendeten ihn an. Erste Illustrationen wurden 1803 in England gedruckt. In Frankreich waren es Géricault und Delacroix, die sich schon sehr früh der Lithographie widmeten. Die ersten künstlerisch herausragenden Beispiele stammen jedoch vom Spanier Goya. Es zeigen sich große regionale Unterschiede in der Verbreitung der Lithographie. In Frankreich hatte die Lithographie im 19. Jahrhundert eine bedeutende Rolle gespielt: „ ... ähnlich wie seinerzeit der deutsche Holzschnitt und der Kupferstich die Verbreitung reformatorischen Gedankengutes gefördert haben, wird nun auch der Steindruck in Frankreich Mittel im politischen Kampf; er tritt in ein derartig lebendiges Verhältnis zu den Tagesereignissen, daß man die Behauptung aufgestellt hat, einige Künstler hätten mit ihren Lithographien die Juli-Revolution vorbereitet."

Honore Daumier spielte dabei eine führende Rolle.

Hatte die Lithographie somit dort auch höchste gesellschaftspolitische Relevanz, so blieb ihre Bedeutung in Deutschland und Österreich zu jener Zeit (Mitte 19. Jahrhundert) auf traditionelle Gebiete beschränkt: Porträt - Landschaft - Reproduktion.

Einige Namen von bedeutenden in der Habsburgermonarchie wirkenden Künstlern seien genannt: Jakob Alt (Donau-Ansichten), Ferdinand Olivier (7 Gegenden aus Salzburg und Berchtesgaden), Josef Lanzedelli (Jahrmarkt

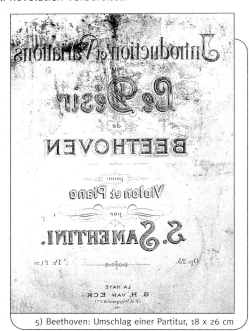

5) Beethoven: Umschlag einer Partitur, 18 x 26 cm

6) Fotolithographie Festung Hohensalzburg, 14 x 9 cm

in Siebenbürgen), Ferdinand Schnorr von Carolsfeld. Die zeitweilige Popularität dieser Technik war vor allem auch auf den Geist der Romantik zurückzuführen.

Gegen Ende des 19. Jahrhunderts war es jedoch wiederum Frankreich, welches im Bereich Steindruck erneut eine führende Rolle übernahm. Toulouse-Lautrec machte mit Tusche, Feder und Spritztechnik das lithographische Plakat populär. Seine Werke waren mehrfärbig und hatten bis dahin nicht gekannte Riesenformate.

Künstler aus unterschiedlichen Kunstströmungen zu Beginn des 20. Jahrhunderts z.B. Picasso, Munch, Beckmann, Kollwitz, Kubin, Kokoschka … bedienten sich dieser Technik, wobei die Anwendungspalette (Bearbeitungstechniken) stets erweitert wurde. Experiment und Zufall wurden auch in dieser Technik Teil des Gestaltungsprozesses.

Zu keinem Zeitpunkt braucht die Lithographie den Vergleich der Qualität ihrer Produkte mit jener anderer Drucktechniken zu scheuen, auch wenn der Weg vom Beginn zum Ergebnis sowohl hinsichtlich des zeitlichen als auch des technischen Aufwandes

7) Franck-Kaffee: Werbeplakat, 40 x 13 cm

aus heutiger Sicht als aufwendig erscheint. Zu ihrer Entstehungszeit und über einen langen Zeitraum hinweg war sie unschlagbar in Produktionsgeschwindigkeit und Qualität.

Die Lithographie als Drucktechnik wird stets konkurrenzlos sein in ihrer Eigenwilligkeit, in ihrer Subtilität, Widerborstigkeit sowie in ihrer unendlich vielseitigen Anwendungsmöglichkeit, auch wenn sie sich auf den Bereich der Kunst zurückgezogen hat.

## 5. Bewußtsein für die Technik und pädagogische Folgerungen

Betrachtet man die rasante Entwicklung neuer Technologien im Bereich Drucktechnik alleine in unserem Jahrzehnt, erkennt man, daß die komplizierten Funktionen und Prozesse für den einzelnen nicht mehr nachvollziehbar sind und so dem Menschen die Grundlage zur Vorstellung von Ursache und Wirkung technischer Produktionsabläufe entzogen ist.

Das persönliche Bedürfnis, der Lithographie in der Wissensvermittlung ihren verdienten Stellenwert zuzuweisen, heißt nicht, den Wissensstand zur Zeit Senefelders hochzuloben und wiederanzustreben.

Es kann auch nicht Ziel sein, die althergebrachten Techniken, die vor Senefelder bekannt waren - Holzstich und Kupferdruck

8) Gösser Bier, drei Etiketten, 22 x 10 cm

– in ihrer Bedeutung und Qualität zu verkennen. Auch die gewaltigen, bereits erwähnten Vorteile elektronischer Bearbeitungsprozesse haben ihre Relevanz. Bildkreative sollen von Datenspeichern Grunddaten abrufen können, aus denen sie ihre schöpferischen Leistungen – mit Taste und Maus – erbringen können.

Jedoch:

1.) Die Lithographie ist nach der Erfindung des Buchdrucks die bedeutendste Errungenschaft im Bereich unserer Schrift- und Bildkultur, somit ein unverzichtbarer Mosaikstein unserer Kulturgeschichte.

2.) Die lithographische Technik ist aus dem Bereich der Kunst nicht wegzudenken durch den reichen Fundus vergangener künstlerischer Leistungen und durch die Subtilität und Vielfältigkeit, die sie dem Anwender bietet.

## 6. Zur Ausstellung

In der Ausstellung „Die Kunst des Banalen" im Stadtmuseum Graz, die auch die Gebrauchsgrafik zum Inhalt hat, sind viele der ausgestellten Exponate in dieser Technik hergestellt. Dadurch war es nur naheliegend, die Lithographie in ihrer praktischen Anwendung in die Ausstellung miteinzubeziehen, umso mehr, da sie im kunstpädagogischen Bereich in den Schulen kaum praktische Anwendung findet.

In zwei eigens dafür adaptierten Räumen des Stadtmuseums wird während der Ausstellungsdauer der Herstellungsprozeß als solcher von mir dargestellt. Dabei wirken Schülergruppen und auch Erwachsene als aktiv Tätige mit eigenen praktischen Arbeiten mit.

Angefangen von den dafür verwendeten verschiedenen Steinqualitäten über das Steineschleifen, das Bezeichnen der Steine sowie das chemische Behandeln der Steinoberflächen bis zum Selbstaufwalzen der Druckfarben und dem Drucken wird der Entstehungsprozeß vom Beginn bis zum fertigen Druckwerk hautnah erlebt und mitgestaltet.

Dies ergibt einen geschlossenen Kreis von:
– Verstehen der Abläufe
– Kreativitätseinbringung
– Einbindung in den Arbeitsprozeß
– Ergebnisbeteiligung

Durch dieses Einbinden in das Geschehen werden die Grenzen zwischen dem Museum und der Museumsumwelt verwischt. Dies geschieht im Sinne einer zeitgemäßen Museumspädagogik.

**Literaturverzeichnis:**

1) H. A. Albey / E. Schutt-Kehm / R. Stumpel / A. Wild, Buchkultur in Mainz, Schrift Druck Buch, Im Gutenberg-Museum, Mainz am Rhein 1985
2) Anton Durstmüller d. J., 500 Jahre Druck in Österreich, Die Entwicklungsgeschichte der graphischen Gewerbe von den Anfängen bis zur Gegenwart, hg. v. Hauptverband der graphischen Unternehmen Österreichs, Band II: Die österreichischen graphischen Gewerbe zwischen Revolution und Weltkrieg 1848 bis 1919, Wien 1986, Band III: Die österreichischen graphischen Gewerbe zwischen 1918 und 1982, Wien 1988
3) Kurt P. Lohwasser, Lithographie für Künstler: Photolithographie; Lichtdruck, Heliogravure, Wiesbaden 1980
4) Rupertinum Salzburg, Skriptum: Die Lithographie in der modernen Kunst, 23 S., Salzburg, etwa 1980
5) Heinrich Schwarz, Die Anfänge der Lithographie in Österreich, Wien, 1988
6) Richard Witte, Praktikum des Stein- und Zinkdrucks, Leipzig 1926

Michaela Reichart, Volker Haman, Eberhard Schrempf

# Grazer Werbegrafiker – eine Auswahl

## *Hanns Wagula*

Geboren wurde der bedeutende Grafiker und Filmemacher als Sohn eines Liqueurfabrikanten am 13. Juli 1894 in Graz. Schon in der Volksschule machte sich sein zeichnerisches und malerisches Talent bemerkbar, dennoch sollte er auf Wunsch seiner Eltern einen bürgerlichen Beruf ergreifen und Ingenieur werden – oder zumindest in das väterliche Geschäft eintreten. Ihn allerdings interessierte die Kunst – vorerst die Musik – mehr. 1912 aber trat der junge Wagula in die Landeskunstschule ein, wo er bei Alfred Zoff und Anton Marussig eine erste Ausbildung in Malerei erhielt und mit seinem Mitschüler Wilhelm Thöny eine lebenslange Freundschaft schloß. Mit Zoff begab sich Wagula 1913 auf eine Studienreise nach Italien und im Sommer desselben Jahres verbrachte er einen mehrmonatigen Studienaufenthalt in den USA, wo er seine ersten Anregungen für die dort bereits eifrig betriebene Reklamekunst erhielt. Der Weltkrieg unterbrach die weitere Ausbildung. Von der Wiener Akademie wegen „mangelnder Mindestbegabung" abgelehnt, ging Wagula 1919 nach München, wo er bei Adolf Schinnerer und Carl Caspar Kurse belegte. 1922/1923 wechselte er nach Berlin, studierte dort beim berühmten Bildhauer Alexander Archipenko, von dem er das plastische Sehen und Gestalten lernte, und pflegte Kontakte zu Marc Chagall und Wassily Kandinsky. 1924 führte ihn eine Studienreise, die seine weitere Arbeit stark beeinflussen sollte, durch Südfrankreich, Tunesien, Algerien und Marokko. Bereits damals löste er sich von der „auf feinste atmosphärische Reize" eingestellten Sichtweise seines Lehrers Zoff, entwickelte einen vereinfachten, größergesehenen, flächigen Bildaufbau und wandte sich sanften und hellen Farbtönen zu.

1925 kehrte Wagula nach Graz zurück und wandte sich von diesem Zeitpunkt an (vor allen Dingen aus finanzieller Motivation, er mußte seine verarmte Familie unterstützen) verstärkt der Gebrauchsgrafik und der Plakatkunst zu. Die Malerei trat - obwohl er zu den markantesten Mitgliedern und Mitbegründern der Sezession Graz gehörte und als Maler ein eigenständiges künstlerisches Profil gefunden hatte - mehr und mehr in den Hintergrund. Gemeinsam mit Josef Binder wurde er zu den Begründern der Gebrauchsgrafik als eigene Kunstsparte gezählt. Tausende Entwürfe, davon unzählige mit Auszeichnungen bedacht, sind der Nachwelt erhalten geblieben. Zu den bekanntesten zählen die Tourismuswerbungen für Steiermark und Jugoslawien, die Plakate für „Hardtmuth-Budweis", für „Persil" (der Slogan „Persil bleibt Persil" stammt von ihm), die Grazer Messe oder seine Entwürfe für den Amerikadienst des Norddeutschen Lloyd. Auch seine Etiketten, Prospekte und Anzeigen aller Art sorgten immer wieder für Aufsehen. 3.500 grafische Entwürfe und 200 Plakate (von denen fast jedes dritte prämiert wurde) stammen von Hanns Wagula. Er war der erste, dessen Gebrauchsgrafik in der Wiener Albertina gesammelt wurde.

Ab 1932 beschäftigte sich Wagula schließlich mit dem Film. Schon 1937 wurde ihm für „besondere Leistungen" der Professorentitel verliehen, und im selben Jahr gründete er den „Schmalfilm-Klub Graz", aus dem etliche namhafte Kameraleute wie Hans Geßl und Richard Mostler hervorgingen. Wagula begann als reiner Amateur mit kurzen Familienfilmen. Der erste Streifen war seiner Tochter gewidmet, jedoch schon damals war die Kamera für ihn „Pinsel und Palette, jenes Hilfsmittel, das ihm gestattete, die Realität zu verfremden und zerstören, um eine neue künstlerische Realität zu schaffen". So waren seine Reisefilme, wie etwa der Farbfilm „Metamorphosen aus Ischia" oder seine „Salzburger Impressionen", viel mehr als nur bunte Reiseprospekte. Ihn interessierte die Bewegung der Farben, Linien und Flächen, und er überließ es dem Betrachter, diese Details aus einem gewaltigen Panorama wieder zu einem Gesamtbild zusammenzufügen. Es dauerte nicht lange, und Wagula befaßte sich mit dem künstlerischen Film. Mit „Regentropfen", „Der Wanderer", „Im Wandel der Zeit" oder „Wolken" nahm er gewöhnliche Ereignisse zum Ausgangspunkt einer handlungslosen Studie, in der er mit künstlerischen Eingriffen Alltägliches zum Be-

Hanns Wagula, Werbeplakat „Aeroput"

sonderen werden ließ. In „Mein Wiesenreich", zum Beispiel, nahm er sich Dürers Aquarell „Das große Wiesenstück" als Vorbild für eine feinsinnige Naturbetrachtung. Bei den nationalen Filmwettbewerben 1940 und 1941 in Berlin wurden gleich sechs der von ihm eingesandten Kurzfilme ausgezeichnet, wie überhaupt seine Naturfilme in der Zeit des Nationalsozialismus großen Anklang fanden. Aber auch außerhalb der deutschen Grenzen konnte Wagula mit seinen künstlerischen Filmen reüssieren. In Stockholm wurde sein Film „Kleiner See" prämiert, und auch in Budapest erhielt er eine Auszeichnung. Ab 1944 unterrichtete Wagula, der bis dahin nur freiberuflich tätig war, an der Meisterschule für das gestaltende Handwerk (dem Vorläufer der heutigen HTBLA Ortweinplatz) als Professor für Entwurf und figurales Zeichnen (Aktzeichnen).

Sein bekannter und ebenfalls ausgezeichneter Erzherzog-Johann -Film „Die Saat geht auf" stammt, wie viele Kurzfilme und ein Porträt seines Malerkollegen Herbert Boeckl, aus dem Jahr 1954, in dem er sich ausschließlich und hauptberuflich der Filmkunst zuwandte. Das letzte Plakat (aus dem Jahr 1954) für die „Grazer Sommerspiele" wurde jahrelang verwendet.

Am 25. Februar 1964 starb Professor Hanns Wagula an einer Lungenentzündung. Er hinterließ sowohl in der Gebrauchsgrafik wie auch im Schmalfilm ein wegweisendes Werk.

**Literaturverzeichnis:**
Indianer – Kunst der Zwischenkriegszeit in Graz; Katalog zur Ausstellung im
 Grazer Stadtmuseum; Graz 1988
Heribert Schwarzbauer, Gruß an Hanns Wagula, in: Kleine Zeitung, 11. 7. 1959
Peter Wiesler, Hanns Wagula. Sein Leben, seine Zeit und sein Werk
 (Diplomarbeit), 2 Bde., Graz 1996
Diverse Zeitungsberichte zum 50. Geburtstag am 15. 7. 1944, zum
 65. Geburtstag und Nachrufe.

## *Heinz Reichenfelser*

Der 1901 in Wien geborene Heinz Reichenfelser zählt gemeinsam mit Hanns Wagula zu den bedeutendsten Gebrauchsgrafikern der 30er und 40er Jahre in Österreich. Er erhielt seine Ausbildung bei Michael Powolny, Berthold Löffler und Rudolf von Larisch an der Kunstgewerbeschule am österreichischen Museum für Kunst und Industrie (der heutigen Akademie für angewandte Kunst) sowie an der Graphischen Lehr- und Versuchsanstalt in Wien und schloß mit der Lehrbefähigung für das Schriftfach ab. Sofort nach

Heinz Reichenfelser, Werbeplakat „MW Strumpf"

Beendigung seiner Studien erhielt der durch außergewöhnliches Talent auffallende junge Reichenfelser eine Anstellung bei der Firma Kastner & Öhler in Graz, wo er schon sehr bald zum Leiter der Werbeabteilung aufstieg. Unzählige Katalog-Titelbilder, Prospekte, Innenplakate und Plakate aus dieser Ära stammen aus seiner Feder. Auch die themenbezogenen Verkaufsausstellungen zu Weihnachten oder für die „Weißen Wochen", die das gesamte Geschäftslokal umfaßten, setzten Maßstäbe in der Werbebranche. Reichenfelser blieb bis 1937 bei Kastner & Öhler.

Bereits im Jahr 1929 gewann er seinen ersten Plakatwettbewerb für die „Steirische Milch". In diesem Zusammenhang lernte er den wohl bedeutendsten steirischen Künstler dieser Zeit, Wilhelm Thöny, kennen und kam durch ihn zur Grazer Sezession. Später trat er dem Steiermärkischen Werkbund bei und außerdem gehörte er zum Verband der Absolventen der Wiener Kunstgewerbeschule. Diese Mitgliedschaften wirkten sich freilich auch auf seine Arbeiten aus: Neben den Werbeaufträgen für Kastner & Öhler gestaltete Reichenfelser auch zahlreiche Plakate für kulturelle Themen. Die Werbung für Ausstellungen des Kunstgewerbevereins, des Landesmuseums Joanneum und der Grazer Sezession sowie das Layout der Zeitschrift der „Bau-, Wohn- und Kunstberatung" stammen ebenso von seiner markanten Hand wie diverse Werbe- und Bildprospekte.

Seinen Arbeiten gemeinsam ist die starke Verbindung zwischen einem meisterhaft stilisierten Sujet und der mit nicht weniger Akribie betriebenen Schriftgestaltung. Auf diese Vorliebe weisen auch zahlreiche Bucheinbände und Schriftarbeiten hin wie wohl auch die Vorträge zum Thema Schriftpflege, die er hielt. Der Künstler Reichenfelser verwirklichte sich auch als Keramiker, und er organisierte zahlreiche Ausstellungen im In- und Ausland für die Sezession und den Werkbund.

1936 bekam Heinz Reichenfelser den österreichischen Staatspreis für seine Gesamtleistung verliehen. 1937 gewann er mit strenger Stilisierung den Plakatwettbewerb der Wiener Donau-Dampfschiffahrt-Gesellschaft.

Im 2. Weltkrieg unter anderen bei der Waffen-SS, folgten nach 1945 Lager, Strafanstalt und schließlich Freispruch.

1953 wurde Reichenfelser Leiter der Werbeabteilung der Gebrüder Reininghaus Brauerei AG, zudem war er als Lehrer tätig. Heinz Reichenfelsers Wirken hat ganze Generationen österreichischer Gebrauchsgrafiker und Plakatkünstler stark beeinflußt. Er starb 1969 in Graz.

**Literaturverzeichnis:**
Indianer – Kunst der Zwischenkriegszeit in Graz; Katalog zur Ausstellung im Grazer Stadtmuseum; Graz 1988;
Rudolf List, Kunst und Künstler in der Steiermark. Ein Nachschlagewerk, Ried im Innkreis 1978, 834

## *Fritz Krainz*

Zur Riege der bedeutenden Gebrauchsgrafiker der Nachkriegszeit gehört auch der 1920 in Graz geborene Fritz Krainz. Noch vor dem Krieg wurde er zum Schriftenmaler ausgebildet, besuchte daneben auch die Grazer Kunstgewerbeschule und die Meisterschule für Malerei bei seinen Mentoren und späteren Freunden Fritz Silberbauer und Alfred Wickenburg. 1940 wurde er zur Wehrmacht einberufen, 1942/43 landete er als Grafiker beim Generalkommando in Salzburg und 1943 als Technischer Zeichner und Bauleiter bei den Wienerneustädter Flugzeugwerken (im Klagenfurter Zweigwerk). 1944 schließlich erhielt er eine Dienstverpflichtung für das Architekturbüro der Steyr-Daimler-Puch AG. Nach dem Krieg erfolgte sofort ein Lehrauftrag an der Technischen Hochschule in Graz, und zur gleichen Zeit wurde er auch als Lehrer an die Kunstgewerbeschule berufen. 1946 trat er der Sezession Graz bei, die damals von seinem ehemaligen Lehrer Alfred Wickenburg geleitet wurde. 1946 wurde er zum Leiter der Abteilung Gebrauchsgrafik an der Grazer Kunstgewerbeschule ernannt. Seit dieser Zeit arbeitete Krainz auch äußerst erfolgreich bei verschiedenen Unternehmen als Vertragsgrafiker, Werbeleiter, Werbetexter und quasi nebenbei als Bauberater bei großen steirischen Industrie- und Wirtschaftsunternehmen. Seine diesbezüglichen Arbeiten (etwa für die Grazer Messe) zählen heute zu den Klassikern der Gebrauchsgrafik. Er zeichnete sich außerdem durch Planungsarbeiten für ein Reparaturwerk, für Autosalons, Kaufhäuser, Wohnhäuser und Hotels aus. Erst ab dem Jahr 1973 wandte sich der renommierte Grafiker wieder der Malerei zu.

Im Jahr 1968 wurde Fritz Krainz zum Präsidenten der Sezession Graz ernannt, er folgte in dieser Position dem Grazer Künstler Gerhard Lojen nach. Unterstützt wurde er dabei von seinen Freunden und Kollegen Friedrich Aduatz und André Zechner. Dieses Amt hatte er dann bis zum Jahr 1983 inne, damals legte er aus gesundheitlichen Gründen seine Präsidentschaft zurück. In der Zeit seiner Leitung der Sezession pflegte er intensive Kontakte zu jugoslawischen Künstlern und Galerien. Zahlreiche Ausstellungen im In- und Ausland zeugten von der Popularität des Grazer Künstlers.

Fritz Krainz war oftmaliger Gewinner von Plakatwertungen und Wettbewerben. Zahlreiche Publikationen über Grafik und Architektur in österreichischen, deutschen und amerikanischen Fachbüchern und -zeitschriften zeugen auch von seiner intensiven theoretischen Auseinandersetzung mit dem Thema. 1974 erhielt Fritz Krainz die Kunstmedaille der Stadt Graz, im Jahr darauf wurde ihm der Professorentitel verliehen. Am 23. September 1992 starb der Künstler in Graz.

**Literaturverzeichnis:**
Fritz Krainz: Katalog anläßlich der Ausstellung „70 Jahre Grazer Sezession"
   im Künstlerhaus; Graz 1993
Festschrift „50 Jahre Grazer Sezession"; Graz 1973
Ausstellungskatalog: „Exposé '81"

## *Karl Neubacher*

Der am 16. Mai 1926 im oberösterreichischen Hattenberg geborene, an der Kunstgewerbeschule am Grazer Ortweinplatz ausgebildete Grafiker Karl Neubacher zählt zu den innovativsten Plakatkünstlern und Werbegrafikern der Steiermark. Seine Arbeiten - vor allem für den „steirischen herbst" - gehörten zu den richtungsweisenden Plakatwerken in der zweiten Hälfte des 20. Jahrhunderts. Mit seiner unverwechselbaren „Handschrift", dem Einbringen seiner eigenen künstlerischen Erfahrungen, drückte er jedem Katalog, jeder Ausstellung, jedem Plakat, jeder Broschüre, jedem Poster seinen ganz persönlichen Stempel auf und brachte so immer wieder neue künstlerische Aspekte in seine Arbeit ein. Eines der Hauptmedien für Karl Neubacher war die Fotografie – vor allem in Schwarz-Weiß. Wichtiger Ausgangspunkt sowohl für sein künstlerisches Schaffen als auch für seine Werbearbeit war sein eigener Körper, den er zur „öffentlichen Kunstfigur" stilisierte. „Der Gebrauchsgrafiker Neubacher stand zeit seines Lebens in einem unablässigen Kampf mit seinem Beruf. So empfand er einerseits die ‚Lüge' der Werbung wie andererseits die ‚Lüge' der Kunst."
Auftraggeber, die seiner künstlerischen Freiheit keine bis we-

Karl Neubacher, Werbeplakat „Coffo Selt"

nig Grenzen setzten, waren wie erwähnt der „steirische herbst", die Firma „Humanic" – aber auch die steirische Volkspartei unter Friedrich Niederl griff auf Neubachers unkonventionelle Arbeit zurück.

1969 schloß sich Neubacher der neugegründeten Kunstproduzentengruppe „pool" an, der unter anderem Roland Goeschl, Richard Kriesche, Horst Gerhard Haberl, Klaus Hoffer und andere angehörten; und für die er auch die Kunstzeitschrift „Pfirsich" mitgestaltete. Im Rahmen von „pool" begann er neben seiner ständigen künstlerischen Selbstsuche sich mit dem Medium Film auseinanderzusetzen. Seine avantgardistischen Kurzfilme liefen im Rahmen des gesamtösterreichischen Kurzfilmwettbewerbs im Forum Stadtpark 1975 (wo er auch die höchste Gesamtpunktezahl erhielt) und des „steirischen herbst" 1976. Auch seine Filmarbeiten sind ein grafisch dominierter Ausdruck seiner Suche, seines Findens und Verwerfens.

Neben zahlreichen Einzel- und Gruppenausstellungen im In- und Ausland konnte Neubacher auch eine Reihe von Plakatkunstpreisen erringen. Bereits 1963 bekam er die Auszeichnung für „Das beste Plakat Wiens". Nachdem er 1969 und 1970 jeweils den zweiten Platz im internationalen Plakatwettbewerb für den „steirischen herbst" belegte, konnte er ihn 1971 für sich entscheiden, und im gleichen Jahr gewann er auch den Plakatwettbewerb des Kuratoriums für Verkehrssicherheit in Wien. Zahlreiche Veröffentlichungen in internationalen Publikationen sowie Sendungen im österreichischen Fernsehen zeugen von der Bedeutung Karl Neubachers als Grafiker und Künstler. Er starb im Jahr 1978 in Graz.

**Literaturverzeichnis:**
Karl Neubacher/Öffentliche Kunstfigur; Konzept, Gestaltung
 und Herausgeber: Horst Gerhard Haberl, Graz 1979
Zeitungsberichte in Kleine Zeitung und Kronenzeitung anläßlich der
 Ausstellung im Grazer Stadtmuseum 1979 (24. September 1979)

## *Chris Scheuer*

Scheuer wurde 1952 in der Steiermark geboren. Als Junge von zwölf Jahren half er seinem Vater, einem Maler und Bildhauer, der seinen Lebensunterhalt mit Gemälderestauration verdiente, das erste Mal bei der Arbeit und der Instandsetzung eines „al-

Chris Scheuer, Werbeplakat „Buttermilch"

ten Schinkens von 1860". Diese ersten Erfahrungen und das auch früh durch die Eltern erkannte künstlerische Talent führten Chris Scheuer noch während seiner Schulzeit zu ersten Veröffentlichungen von Illustrationen in der Regionalpresse.

Nach „Überstehen der siebziger Jahre", in denen Chris Scheuer unter anderem auch für die Künstlergruppe –▲t tätig war, lernte er 1982 schließlich Raymond Martin kennen, der in seinem Magazin „Schwermetall" die ersten Bildergeschichten von ihm veröffentlichte. Auch das aus Österreich stammende Comic-Magazin „Comic Forum" publizierte bald seine Geschichten.

1984 wurde Chris Scheuer mit dem „Max und Moritz-Preis" als bester deutschsprachiger Comic-Künstler ausgezeichnet. Während er bis dahin nur einem kleinen Insiderkreis bekannt war, erreichte Chris Scheuer mit dieser Auszeichnung auch internationale Anerkennung.

Für das französische Comicmagazin „Charlie" zeichnete er nach Texten von Rodolphe die Geschichten um „Marie Jade". In den Zeichnungen zu dieser Serie erreichte der österreichische Künstler durch den Gebrauch von Farbe erstmals das zeichnerische Potential, das ihn heute zu einem der begehrtesten Illustratoren macht. Bereits damals wurden vereinzelt Leute auf sein Talent aufmerksam und nutzten die kunstvollen Zeichnungen für Werbeaufträge.

1988 zog Chris Scheuer von Österreich nach Hamburg, wo es für den neugierigen und arbeitswütigen Zeichner bessere Möglichkeiten gab, seine Kunst zu verkaufen. Neben einem neuen, diesmal für mehrere Alben angelegten Comic-Project („Sir Ballantine") häuften sich auch bald die Anfragen von Agenturen für die Gestaltung von Werbeträgern. Zu den aufsehenerregenden Arbeiten seiner „Hamburger Zeit" gehören die Ausführung der Milchprodukte-Anzeigen für CMA und die Gestaltung einer Mitarbeiteraktion für V.A.G.

Heute lebt Chris Scheuer mit seiner Familie wieder in seiner Heimat in der Nähe von Graz auf Schloß Freiberg bei Gleisdorf.

## *Egon Waltl*

Waltl wurde 1954 in Wolfsberg/Kärnten geboren, wo er auch die Volksschule besuchte. Von 1964 bis 1970 Schüler des Stiftsgymnasiums St. Paul, studierte Waltl anschließend bis 1974 an der Kunstgewerbeschule Graz bei Prof. Winkler (Abteilung Graphic-Design). Von 1975 bis 1977 war Waltl Geschäftsführer der

Werbeagentur „Pink Point". Von 1978 bis 1991 wirkte er als freischaffender Graphic-Designer, seither ist Waltl geschäftsführender Gesellschafter der Werbeagentur Waltl & Waltl. Seine Arbeiten wurden mit dem 1. Preis beim internationalen Plakatwettbewerb „Kulturszene Essen" in Deutschland und dem Förderungspreis für zeitgenössische Malerei des Bundesministeriums für Unterricht und Kunst sowie dem Orizont Publizistik-Preis ausgezeichnet.

Helmuth Rothmann

# Die Geschichte des Ankünder in Graz

Am 1. Jänner 1924 - knapp fünf Jahre nach Beendigung des Ersten Weltkrieges - wurde unter dem legendären Bürgermeister Vinzenz Muchitsch durch die Stadt Graz und die Firma „Kienreichs Anzeigen Vermittlungsgesellschaft m.b.H." die Firma Ankünder Steiermärkische Ankündigungs Ges.m.b.H. mit dem Sitz in Graz gegründet und unter der Firmennummer 55.293p eingetragen. Das Stammkapital wurde mit 20 Millionen Kronen festgelegt.

Die „Ankünder"-Belegschaft im Jahre 1924

Gegenstand des Unternehmens ist die Durchführung von Werbung in allen Formen der Marktkommunikation, die Werbemittlung, die Errichtung und der Betrieb von Werbeanlagen aller Art sowie der Betrieb von Werbegegenständen. Das Stammkapital der Gesellschaft beträgt heute öS 8 Millionen. Alleinige Eigentümerin ist die Grazer Stadtwerke AG. Das Unternehmen beschäftigt derzeit 19 Angestellte, 21 Arbeiter, einen Lehrling sowie 38 Mitarbeiter auf Werkvertragsbasis.

## 1. Das Produktangebot

Inserat 1928

In den ersten Jahren wurden vorwiegend Kleinplakate affichiert. Erst unter dem Einfluß amerikanischer Werbemethoden wurden Anfang der 50er Jahre Großformate auch hierzulande üblich und zur dominanten Form der österreichischen Außenwerbung. Derzeit verfügt das Unternehmen über 7.600 Plakatstellen in der Steiermark und im südlichen Burgenland, alleine 4.000 Plakatstellen befinden sich in der Landeshauptstadt. Das Angebot umfaßt jedes Plakatformat, von den insbesondere für die Kulturveranstaltungen wichtigen Dreieckständern bis hin zur imposanten 72-Bogen-Größe. Diese Quantität und Qualität des Plakatnetzes macht die Firma Ankünder zur unangefochtenen Nummer eins in der steirischen Plakatlandschaft.

Beleuchtete Top-Großplakatanlage

In den vergangenen zwei Jahren wurde das Sortiment durch ein Beleuchtungssystem für Plakattafeln auf gut frequentierten Standorten erweitert: In Graz stehen derzeit 150 dieser beleuchteten 24-Bogen-Flächen zur Verfügung. Aufgrund der großen Attraktivität dieses Werbeträgers ist die Nachfrage ausgezeichnet – der Mitbewerb verfügt bis dato über keine derartigen beleuchteten Top-Sonderstellen.

Ein traditionelles Geschäftsfeld ist die Kinowerbung (Dia-Werbeeinschaltungen vor Beginn des Filmes), deren Bedeutung freilich im Zuge der gesellschaftlichen Veränderungen zurückgegangen ist. Dazu hat auch die aggressive Expansionspolitik eines deutschen Unternehmens beigetragen. Als Folge hat etwa das Großkino Cineplexx in Graz-Puntigam die Exklusivrechte für Werbevorrichtungen für etwa öS 8 Millionen an dieses deutsche Unternehmen abgetreten.

Ein wichtiger Geschäftszweig ist die Anzeigenwerbung, die zur wesentlichen Umsatzbelebung beigetragen hat.

„Total-Look" auf 8-achsiger Straßenbahn

Eine weitere Unternehmenssparte, die neben der Außenwerbung zum wesentlichen Umsatzträger wurde, ist die Verkehrsmittelwerbung. Straßenbahnen und Autobusse (mit Folien-Sonderanfertigungen oder im „Total-Look" gestaltet) sind ein bedeutender Werbeträger – werden doch allein die Fahrzeuge der Grazer Verkehrsbetriebe im Jahr von etwa 100 Millionen Fahrgästen frequentiert. Dazu kommt die Möglichkeit, in den Fahrzeugen der Grazer und Mürztaler Verkehrsbetriebe Kleinplakate zu affichieren. Ausschließlichkeitsverträge bestehen mit den Grazer Verkehrsbetrieben, den Mürztaler Verkehrsbetrieben, den Leobner Verkehrsbetrieben und den Steiermärkischen Landesbahnen. Die Attraktivität der Verkehrsmittelwerbung wurde in einer Untersuchung der Gesellschaft für Marketing und Kommunikation m.b.H. (GMK) erhoben: Demnach finden 65,6 % die Verkehrsmittelwerbung interessant; 75,4 % der Befragten finden

Verkehrsmittelwerbung sympathisch und 82,4 % meinen, daß dieser Werbeträger die öffentlichen Verkehrsmittel lebendiger und bunter macht.

Ende der 80er Jahre wurde von der Firma Ankünder gemeinsam mit Technikern der Grazer Verkehrsbetriebe und der Grazer Firma Pandis die Laufschriftwerbung entwickelt: Europaweit wurde damit erstmalig ein Werbeträger in Form eines Ein-Meter-Laufschriftbalkens in öffentlichen Verkehrsmitteln der Grazer Verkehrsbetriebe und der Leobner Verkehrsbetriebe eingesetzt.

Eine weitere Produkt-Novität ist das gleichfalls gemeinsam mit den Technikern der Grazer Verkehrsbetriebe entwickelte Bussi-Light: Es ist dies eine mobile City-Light-Vitrine, die am Heck von insgesamt 25 Autobussen angebracht wurde und die große Nachfrage seitens der werbetreibenden Wirtschaft ausgelöst hat – wird damit doch die Werbebotschaft auch in Bereiche hineingetragen, in denen Außenwerbung üblicherweise nicht gestattet oder nicht möglich ist.

Ein weiteres wichtiges Segment im Leistungsangebot des Ankünder ist die Rundfunkwerbung: Der erfolgreiche Markteintritt der „Antenne Steiermark" in Konkurrenz zum ORF-Monopol stimuliert die Rundfunkwerbung und eröffnet auch für die Firma Ankünder neue Potentiale.

Eine spezifische Werbeform sind die Tondurchsagen auf der Grazer Messe: Diese Lautsprecherwerbung auf dem Messegelände und (dank technischer Verbesserungen) nunmehr auch in einzelnen Messehallen ist nicht nur ein traditioneller Werbeträger, sondern generiert auch interessante Einnahmen für das Unternehmen.

## *2. Die Marktforschung*

Werbung bestimmt den Pulsschlag des Kommunikationszeitalters. Aber sie muß sich den veränderten Herausforderungen anpassen. Das rapid wachsende Medienangebot sowie interaktive Networks lassen (zusammen mit der Segmentierung, Individualisierung und Dialogisierung des Medienkonsums) den „share of voice" immer stärker schrumpfen. Damit ist die

Frage nach der Effizienz des Werbens neu gestellt. Denn die Zukunft erfolgreicher Werbung liegt in der Gesamtinszenierung der Kommunikation, im Zusammenwirken von spezialisierten Einheiten, im geordneten Stimulieren von Kreativität, im Erzeugen von Synergien, in maßgeschneiderten Werbeauftritten. Dieser Trend zu zielgruppenorientierten Medien stärkt auch die Zukunftsbedeutung des Plakates: Plakatieren ist die Urform der öffentlichen Ankündigung. Das Plakat ist das demokratischste aller Medien – seine Botschaften richten sich an alle, sind „Werbung pur". Damit zwingt das Medium Plakat zur Konzentration auf das Wesentliche, zur klaren Formulierung. Als Teil des Stadtbildes definieren sie ein wesentliches Element der Stadtkultur – Plakate als Tagebücher der Straße und als Chronik öffentlicher Mitteilungen.

Die Überprüfung der Kommunikationsleistung und Werbewirksamkeit des Plakats stellt in der modernen Wettbewerbswirtschaft einen unverzichtbaren Servicefaktor dar und gibt der Außenwerbung auch die notwendigen Argumente in die Hand, sich im Wettstreit der Medien höchst erfolgreich zu positionieren.

Dieser Positionierung im Intermedia-Vergleich hat die Firma Ankünder auch unternehmensstrategisch Rechnung getragen und sich mit 51 % an der Gesellschaft für Marketing und Kommunikation m.b.H. (GMK) beteiligt. Die GMK ist ein Full-Service-Unternehmen im Bereich der Marktforschung und Marktkommunikation.

Für den Bereich Plakatforschung wurde gemeinsam mit der Internationalen Werbegesellschaft m.b.H. (IWG) aufgrund eines internationalen Methodenvergleiches ein Marktforschungsinstrument entwickelt, das eine signifikante Weiterentwicklung der bestehenden Meßinstrumente (Plakat-Monitor und Impact-Test) bedeutet: Der Plakat-Scanner und City-Light-Scanner (wie diese Untersuchungsmethoden genannt werden) versteht sich als wesentlicher Beitrag zur Professionalisierung des Plakat-Einsatzes. Die Kunden der Firma Ankünder erhalten die ausgewerteten Ergebnisse ihrer Plakatkampagne kostenlos – in Form eines ausführlichen Berichtsbandes.

## 3. Das Zukunftsmedium City-Light und andere neue Werbeträger

Eine spektakuläre Absicherung der Unternehmens-Zukunft gelang mit der Übernahme der Firma „Wall City-Design GmbH" (im Firmenbuch registriert unter FN 39723t). Dadurch wurde die Firma Ankünder alleinige Gesellschafterin dieses Unternehmens – der City-Light „Ankünder" GmbH mit Sitz in Graz. Gegenstand des Unternehmens ist die Entwicklung, die Produktion, die Errichtung und der Betrieb von Stadtverkehrsanlagen, insbesondere von Fahrgastunterständen für Verkehrsmittel aller Art, City-Lights, hinterleuchteten Werbevitrinen und Litfaßsäulen sowie Werbeanlagen jeder Art und deren werbliche Vermarktung. Das Stammkapital der Gesellschaft beträgt öS 2 Millionen.

Die Gesellschaft bewirtschaftet österreichweit 1.013 City-Light-Flächen (die sich auf insgesamt 413 Fahrgastunterständen, 59 freistehenden City-Lights – Stadtinformationsanlagen, 34 Wandvitrinen, 17 beleuchteten Litfaßsäulen und 3 Fahrradüberdachungen befinden).

Im Sinne der von vielen Stadtplanern geforderten „Stadtmöblierung" entsprechen diese Vitrinen in vielen Städten auf der ganzen Welt den zunehmend stringenten Anforderungen zur Stadtbildgestaltung. Hier hat die Firma Ankünder sehr frühzeitig die „Zeichen der Zeit" erkannt und sich eine gleichermaßen unanfechtbare wie uneinholbare Position in der zukünftigen Außenwerbungs-Landschaft gesichert.

Zu den zahlreichen weiteren Innovationen des Unternehmens zählt der Sonderwerbeträger „Mega-Light", der gemeinsam mit der Firma Neon Industries in Toulouse entwickelt wurde. Dabei handelt es sich um eine Werbevitrine (2,40 m hoch und 5,10 m breit), die auf einen Stahlfuß montiert ist, wobei die Vitrinen-Unterkante einen Bodenabstand von 2,90 m aufweist. In dieser doppelseitig nutzbaren „Mega-Light-Vitrine" können herkömmliche Papierplakate im 24-Bogen-Format befestigt und von hinten beleuchtet werden. In Graz selbst ist an den Einfahrtsstraßen und an den Autobahnabfahrten die Aufstellung von derzeit fünf dieser Sonderobjekte geplant.

In Zusammenarbeit mit der oberösterreichischen Firma Fill und

Hinterleuchtete City Light-Litfaßsäule

mit dem Grazer Architekten Jörg Mayr wurde eine hinterleuchtete Litfaßsäule entwickelt: Auch dieser Werbeträger ist eine Produkt-Innovation, für das beim Patentamt in Wien Musterschutz angemeldet wurde.

## 4. Die Marktexpansion über die österreichischen Grenzen hinaus

Eine bedeutende unternehmensstrategische Entscheidung der Firma Ankünder erfolgte in den 90er Jahren durch die Gründung von Tochterunternehmen mit Ausdehnung der Unternehmens-Präsenz bis nach Dubrovnik und später nach Istrien. Am 5. Juni 1991 wurde im damals noch ungeteilten Jugoslawien eine „Gesellschaft mit beschränkter Verantwortlichkeit" beim Registergericht OPS Zagreb unter der Einlagezahl 1-14778 als „Firma Proreklam d.o.o. Unternehmen für Werbung" mit Sitz in Zagreb eingetragen. Diese Gesellschaft bewirtschaftet Werbeflächen im nunmehrigen Staatsgebiet von Kroatien und, nach der politischen Neuordnung, auch im heutigen Slowenien. Nach der Errichtung der Staaten Slowenien und Kroatien mußte auch in Ljubljana ein Außenwerbungsunternehmen unter der Firma „Proreklam d.o.o." gegründet werden.

Damit war die Firma Ankünder bzw. die Firma „Proreklam" das erste Werbeunternehmen, das auf dem Gebiet des damaligen Jugoslawien Außenwerbung betrieb und damit „groß-städtisches Flair" brachte. Seitens der Zagreber Stadtregierung wurde es dem Ankünder hoch angerechnet, in dieser bereits äußerst kritischen Phase erhebliche Investitionen im kroatischen und slowenischen Raum vorzunehmen.

In Kroatien verfügt das Unternehmen derzeit über 1.700 Tafeln im 24-Bogen-Format – wobei das Plakatstellennetz als qualitativ hochwertig bezeichnet werden kann. Die Werbeflächen von Zagreb bis Dubrovnik sind zum Teil auch mit der bereits beschriebenen Beleuchtung ausgerüstet. Mit der Stadt Zagreb konnte ein Ausschließlichkeitsvertrag über die Errichtung von Fahrgastunterständen mit City-Light-Vitrinen sowie für freistehende City-Light-Vitrinen abgeschlossen werden (derzeit stehen 223 City-Light-Flächen zur Verfügung). Im Juli 1997 wurde ein Ausschließlichkeitsvertrag für City-Lights mit der dalmatinischen Hauptstadt Split abgeschlossen – diese Flächen befinden sich derzeit in Bau. Auch in Varazdin und in Cakovec bestehen bereits City-Light-Objekte. Es ist auch daran gedacht, diese Werbeträger in Rijeka auszubauen. In Kroatien ist die Firma Ankünder respektive die Firma „Europlakat-Proreklam" absoluter Marktführer – und dies nicht nur am Großplakatsektor, sondern auch beim Medium City-Light (obwohl sich mittlerweile auch Mitbewerber in Kroatien etablieren konnten). Für das Jahr 1997 ist in Kroatien mit einem Jahresumsatz von öS 40 Millionen zu rechnen.

In Slowenien werden derzeit 1.500 Plakattafeln im 24-Bogen-Format bewirtschaftet. Die Firma Ankünder bzw. „Proreklam-Europlakat" ist die Nummer zwei im Großplakatierungsgeschäft, da ein Mitbewerber entsprechende Marktanteile erwerben konnte. Was den City-Light-Markt betrifft, liegen beide Unternehmen „Kopf an Kopf". Für 1997 ist in Slowenien mit einem Jahresumsatz von öS 30 Millionen zu rechnen.

## 5. Das Unternehmen in seiner gesellschaftlichen Verantwortung

Als Teil seiner gesellschaftlichen Verantwortung fördert die Firma Ankünder unter dem Titel Kultursponsoring Theateraufführungen und Veranstaltungen und stellt auch - in Zusammenarbeit mit dem Kulturamt der Stadt Graz - unter dem Titel „Künstlergruppe 77" seit vielen Jahren unentgeltlich Plakatwände und Litfaßsäulen zur künstlerischen Gestaltung zur Verfügung.

Im Jahr 1982 hat der Bundespräsident dem Unternehmen in

Anerkennung seiner Verdienste das Recht zur Führung des Staatswappens zuerkannt.

## 6. Schlußfolgerung und Ausblick

Das Plakat hat in Österreich seit Jahren einen stabilen Marktanteil von 6,5 bis 7 % am Gesamtwerbevolumen. Im internationalen Vergleich ist dies sehr gut, Österreich liegt damit im ersten Drittel der „plakataffinen" Länder. Österreich ist aber gleichzeitig auch eine Ausnahme. Nirgendwo in Europa ist die Plakatdichte derart hoch (etwa 16 Plakate pro 1.000 Einwohner), zudem herrschen in den meisten anderen europäischen Ländern kürzere Aushangzeiten (im Schnitt zwei Wochen statt vier Wochen wie in Österreich).

Innerhalb der Plakatlandschaft haben sich in Österreich in den vergangenen Jahren zwei Trends abgezeichnet: Forcierter Ausbau des City-Lights als zweites Standbein der Außenwerbung (mit dem City-Light werden heuer erstmals über öS 100 Millionen umgesetzt). Gleichzeitig ist eine Konzentration innerhalb der Plakatunternehmen feststellbar (Aufkauf der Progress durch die Gewista; Pachtung der Krapfenbauer-Tafeln durch den Ankünder), wobei dieser Prozeß noch weitergehen wird.

Nach Ansicht von Dr. Helmut Strutzmann (Chefredakteur der Fachzeitschrift „Das Plakat") richtet sich die Kritik der werbetreibenden Wirtschaft vor allem gegen zu viele Standorte mit schlechter Qualität; mangelnde Transparenz in der Stellenbewertung inklusive Auspreisung; mangelnde Service-Flexibilität sowie mangelnde Kontrollmöglichkeiten seitens der Kunden. Als Gegenmaßnahmen fordert Dr. Strutzmann eine Reduktion und Desinvestition bei den Flächen und Standorten; eine valide Bewertung der Flächen und, daraus resultierend, eine neue Preisstruktur und eine neue Transparenz des Mediums sowie eine Verbesserung des Services in Richtung Geo-Marketing, einheitliches Wirkungsmeßinstrument, raschere Klebung etc.

Generell kann festgestellt werden, daß im Osten Österreichs (vor allem aber in der Steiermark) ein Überangebot an großflächigen Plakattafeln besteht und die Geschäftspolitik nur darauf abzielen kann, eine Zunahme an Plakatierungsflächen zu unterbinden und qualitativ hochwertige beleuchtete Werbeträger an frequentierten Standorten zu errichten.

Im Hinblick auf die geforderte Stadtbildgestaltung sind großflächige Werbeanlagen nach Möglichkeit in Stadtzentren zu entfernen bzw. in Einzelflächen aufzugliedern – dadurch würde der Aufmerksamkeitswert der Plakate entschieden gehoben werden. Künftig zu errichtende Werbeanlagen müßten aus Aluminium gefertigt werden und sollten als Einrahmungsgliederung Trapezbleche aufweisen.

Das bestehende City-Light-Netz muß - trotz höherer Zusatzinvestitionen - durch die Aufstellung von hinterleuchteten City-Light-Säulen ergänzt werden. Im Stadtzentrum von Graz selbst (etwa Marburger Kai, Tummelplatz, Eisernes Tor) bestehen keine Fahrgastunterstände, da diese Standorte nicht in das öffentliche Verkehrsnetz eingebunden sind. Diese „weißen Flecken" im City-Light-Netz müssen durch die Errichtung von aufwendigen und qualitativ hochwertigen Litfaßsäulen (Herstellung rund öS 200.000,- pro Stück) ergänzt werden.

Trotz der kritischen Anmerkungen zur Plakat-Situation ist festzustellen, daß angesichts der zunehmenden Fragmentarisierung der Medienwelt (special interest Medien, Spartenkanäle im TV, Privatisierung im Radiobereich etc.) das Plakat als großes, qualitatives Massenmedium herausragende Chancen besitzt. Zudem ist das Plakat als „Medium der Außenwelt" in einer immer mobileren und immer stärker freizeitorientierten Gesellschaft ein idealer Werbeträger. Mit dem City-Light hat die Außenwerbewirtschaft zudem ein neues Qualitätsmedium mit hohen Zuwachsraten geschaffen, das sowohl additiv das Plakat ergänzt als auch alleinstehend als eigenes Medium äußerst erfolgreich ist.

Arnold Jaritz

# Radiowerbung gehört gehört![1]

*„Werbung ist Teil eines kommunikativen Prozesses, bei dem der Sender (Werbungstreibender) mit dem Empfänger (Werbegemeinter) mittels eines Kommuniques (Botschaft) in Verbindung tritt ... ." [Peter Trauth, Werbeleiterhandbuch, München 1973, S.15]*

Mit dem Stichtag 1.1.1995 waren in Österreich 2,781.069 Personen als zahlende Teilnehmer am Österreichischen Hörfunk registriert (davon verfügten übrigens 320.000 Personen oder 11,52% über eine Entgeltbefreiung). Eine wahrlich imponierende Zahl! Doch gebe ich zu bedenken, daß wohl jeder Haushalt über mehrere Radiogeräte verfügt, d.h. die Anzahl der in Österreich vorhandenen „Radios" noch wesentlich größer sein muß. Einer steht zumeist in der Küche, ein anderer - oft in einen Stereoturm integriert - im Wohnzimmer; viele vertrauen im Schlafzimmer auf einen Radiowecker. Die Kinder oder Großeltern haben vielfach eigene Geräte, um die unterschiedlichen musikalischen Vorlieben nicht zum Ausgangspunkt für einen Familienstreit werden zu lassen. Im Auto darf natürlich ein Radio - am besten mit Verkehrsfunk - nicht fehlen. Verläßt man den heimatlichen Herd und tritt in die weite Welt hinaus, stößt man auf ein ähnliches Bild. Es ist nahezu unmöglich, sich der „Radio-Umklammerung" zu entziehen. Beim Friseur, im Kaufhaus, an der Tankstelle, ja sogar in vielen öffentlichen Ämtern und Büros trifft man unweigerlich auf sie. Zur Kenntnis nimmt man sie oft erst dann, wenn der Besitzer des jeweiligen Gerätes mit dem eigenen, subjektiven (Musik-)Geschmack nicht konform geht. („Würde es Ihnen etwas ausmachen, etwas leiser oder abzuschalten...") Genauso wenig wie man dem Radio entfliehen kann, ist es möglich, sich der „Radiowerbung" zu entziehen. Auch wenn viele nun behaupten werden, sie würden bei der Werbung ohnedies nicht zuhören, so ist ihnen zu entgegnen: Dies ist ja gar nicht nötig

– es genügt schon, sie „beiläufig" zu hören! Man denke nur an das weithin bekannte Phänomen, daß man in der Früh einen einprägsamen „Slogan" oder Musik-Jingle hört, der einem dann den ganzen Tag nicht aus dem Kopf gehen will. Man trällert noch in Bus oder Straßenbahn „This is the way of Ho-onda" oder „Wenn der Teekessel singt, hat man's gut", man ruft dem Nachbarn melodisch „Red Bull verleiht Flügel" oder affenähnlich „Toy- Toy- Toy- Toyota" ins Ohr, weiß seit Generationen, „der Seidl in Anger hat die Schönsten (Trachten!) im Land" und flüstert abends beim Zu-Bette-Gehen „Anna, den Kredit hamma!"

Die Gelegenheit, Radio und damit auch Radiowerbung (§ 5 Abs. 3 des Rundfunkgesetzes besagt ausdrücklich, daß der Österreichische Rundfunk im Rahmen seiner Hörfunk- und Fernsehprogramme Sendezeiten gegen Bezahlung für kommerzielle Werbung vergeben darf) zu hören, gibt es selbst in einem Land, das - was seinen öffentlichen Rundfunk betrifft - kritische Stimmen an „Albanien" erinnert, auf alle Fälle mehr als genug! 1995 strahlte allein das ORF-Radio insgesamt 3,714.527 Sendeminuten für seine Hörer aus. Davon kamen 1,538.221 Sendeminuten aus dem Bereich der Hörfunkintendanz und 2,176.306 Sendeminuten aus dem Bereich der Landesstudios. Allein im Landesstudio Steiermark umfaßten die Programmleistungen „Radio" laut Hörfunkstatistik (exkl. Übernahmen) 1994 3.653 Stunden oder 219.180 Minuten.

Dafür stand dem ORF-Radio ein Budget von insgesamt 468,311.000 Schilling zur Verfügung, wovon die Hörfunkintendanz für die Programme Österreich 1, Ö3, Blue Danube Radio und für einen Teil von Österreich 2 301,379.000 Schilling und die neun Landesstudios ein Gesamtbudget von 166,932.000 Schilling erhielten.

Doch woher kam das Geld zur Finanzierung der notwendigen Gesamtaufwendungen?

Eine Tabelle des ORF zeigt die Entwicklung des Umsatzes von 1968 bis 1994, getrennt nach den fünf wichtigsten Ertragsarten. Wie rasch ersichtlich wird, sind die beiden wesentlichen Erlöskomponenten die Teilnehmerentgelte („Rundfunkgebühren") und die Werbeeinnahmen. Sie betragen zusammen zw. 85% und 98% des Umsatzes, wobei der Anteil der Teilnehmerentgelte von

**Entwicklung der Erträge in Millionen Schilling**

| Jahre 1968 - 1974 | 1968 | 1969 | 1970 | 1971 | 1972 | 1973 | 1974 |
|---|---|---|---|---|---|---|---|
| I. Nettoerlöse aus Teilnehmerentgelten | 936 | 992 | 1.055 | 1.144 | 1.200 | 1.250 | 1.352 |
| II. Nettoerlöse aus Werbung | 424 | 509 | 564 | 630 | 662 | 694 | 847 |
| III. Erträge aus der Vergabe von Lizenzen | 7 | 27 | 64 | 120 | 95 | 49 | 66 |
| IV. Kostenvergütungen und Subventionen von Bund und Körperschaften | 10 | 25 | 33 | 31 | 31 | 34 | 40 |
| V. Sonstige Erträge | 14 | 13 | 24 | 27 | 39 | 50 | 47 |
| **Summen** | **1.391** | **1.566** | **1.740** | **1.952** | **2.027** | **2.077** | **2.352** |

| Jahre 1975 - 1981 | 1975 | 1976 | 1977 | 1978 | 1979 | 1980 | 1981 |
|---|---|---|---|---|---|---|---|
| I. Nettoerlöse aus Teilnehmerentgelten | 1.666 | 1.694 | 1.868 | 2.055 | 2.162 | 2.427 | 2.448 |
| II. Nettoerlöse aus Werbung | 922 | 958 | 1.190 | 1.265 | 1.405 | 1.549 | 1.595 |
| III. Erträge aus der Vergabe von Lizenzen | 75 | 139 | 101 | 103 | 134 | 148 | 122 |
| IV. Kostenvergütungen und Subventionen von Bund und Körperschaften | 41 | 149 | 49 | 53 | 62 | 80 | |
| V. Sonstige Erträge | 46 | 68 | 66 | 57 | 65 | 59 | |
| **Summen** | **2.750** | **3.008** | **3.274** | **3.533** | **3.828** | **4.263** | |

| Jahre 1982 - 1987 | 1982 | 1983 | 1984 | 1985 | 1986 | 1987 |
|---|---|---|---|---|---|---|
| I. Nettoerlöse aus Teilnehmerentgelten | 2.782 | 2.849 | 3.091 | 3.167 | 3.164 | 3.198 |
| II. Nettoerlöse aus Werbung | 1.726 | 1.900 | 1.949 | 2.074 | 2.367 | 2.650 |
| III. Erträge aus der Vergabe von Lizenzen | 192 | 183 | 183 | 193 | 197 | 192 |
| IV. Kostenvergütungen und Subventionen von Bund und Körperschaften | 113 | 112 | 119 | 119 | 114 | 124 |
| V. Sonstige Erträge | 75 | 67 | 85 | 102 | 142 | 264 |
| **Summen** | **4.888** | **5.111** | **5.427** | **5.655** | **5.984** | **6.432** |

| Jahre 1988 - 1994 | 1988 | 1989 | 1990 | 1991 | 1992 | 1993 | 1994 |
|---|---|---|---|---|---|---|---|
| I. Nettoerlöse aus Teilnehmerentgelten | 3.217 | 3.552 | 3.619 | 3.650 | 3.711 | 3.837 | 4.446 |
| II. Nettoerlöse aus Werbung | 2.842 | 3.214 | 3.356 | 3.474 | 4.337 | 4.242 | 4.510 |
| III. Erträge aus der Vergabe von Lizenzen | 242 | 268 | 265 | 677 | 278 | 338 | 626 |
| IV. Kostenvergütungen und Subventionen von Bund und Körperschaften | 121 | 120 | 125 | 136 | 143 | 142 | 147 |
| V. Sonstige Erträge | 285 | 323 | 334 | 365 | 362 | 386 | 455 |
| **Summen** | **1.391** | **1.566** | **1.740** | **1.952** | **2.027** | **2.077** | **2.352** |

ORF-Almanach 1995/1996, Wien 1996, S 272, 273

67,3% im Jahr 1968 auf 43,7% im Jahr 1994 gesunken ist, während gleichzeitig der Anteil der Werbeeinnahmen einen Anstieg von 30,5% (1968) auf 44,3% (1994) verzeichnete.

Die Ursachen für diese Zuwächse liegen u.a. in der ab 1986 eingeführten Sonntagswerbung sowie in der gestiegenen Auslastung der gesetzlich zugelassenen Werbezeit. Betrug die Auslastung der gesetzlich zulässigen Werbezeit 1968 im Hörfunk lediglich 33,3% so ergaben sich für 1991 im Hörfunk 99,0%. Aufgrund der 28%igen Tariferhöhung im Jahre 1992 sank die Auslastung bei steigenden Erlösen. Und die Einnahmen aus der Werbung blieben trotz gesamtwirtschaftlich schwieriger Situation 1993 die wichtigste Ertragskomponente des ORF und lagen 1994 bei 4.510 Millionen Schilling (Fernsehen und Hörfunk insgesamt). Allerdings machten die Einnahmen durch die Hörfunk-Werbung nur mehr zirka ein Drittel der Gesamtsumme aus, und ihr Anteil dürfte in Zukunft weiter zurückgehen, da es zu bedenken gilt, daß die Hörfunk-Werbung des ORF bislang noch weitgehend konkurrenzlos war und der erste Privatsender „Antenne Steiermark" erst im September 1995 auf Sendung ging, aber weitere noch folgen werden. 1998 wird daher eine noch verschärftere Konkurrenzsituation weitere finanzielle Um- und Einbrüche bringen.

Aber schon das Geschäftsjahr 1994 war dadurch gekennzeichnet, daß im Vergleich zum Vorjahr der Werbemarkt zwar stärker wuchs (10,43% 1994; 3,3% 1993; 13,7% 1992), sich aber sehr

**Werbemarktentwicklung 1993 - 1994 Umsätze in Millionen Schilling**

|  | 1994 | 1993 | Wachstum in% nominell | Marktanteile in% 1994 | Marktanteile in% 1993 |
|---|---|---|---|---|---|
| Tageszeitungen | 4.827 | 4.415 | 9,33 | 31,69 | 32,01 |
| Wochenzeitungen | 1.155 | 1.041 | 10,95 | 7,58 | 7,55 |
| Magazine | 2.486 | 2.121 | 17,21 | 16,32 | 15,38 |
| Fernsehen | 3.955 | 3.575 | 10,63 | 25,97 | 25,92 |
| Hörfunk | 1.783 | 1.740 | 2,47 | 11,71 | 12,62 |
| Plakat | 1.026 | 901 | 13,87 | 6,74 | 6,53 |
| **Summe** | **15.232** | **13.793** | **10,43** | **100,00** | **100,00** |

ORF-Almanach 1995/1996, Wien 1996, S 297

unterschiedlich entwickelte.

Während der Fernsehmarkt dabei mit +10,63% nominell wie real ein überdurchschnittlich gutes Wachstum vorweisen konnte, entwickelte sich damals die Hörfunkwerbung bereits - mit nominell wie real nur +2,47% - nur unterdurchschnittlich. Dennoch ist eine Summe von rund 1,8 Milliarden an Werbeeinnahmen und ein Werbemarktanteil von zirka 13% beachtlich.

Der überwiegende Anteil dieser Summe wurde (und wird) durch die Ausstrahlung von klassischen „Werbespots" eingenommen, die landläufig mit Radiowerbung gleichgesetzt werden, nur gelegentlich hört man noch den älteren Terminus „Werbefunk". Diese „Spots" sind Werbesendungen in einer Länge von 5 bis 30 Sekunden, die von Unternehmen bei Werbeagenturen/firmen in Auftrag gegeben, zumeist bei dafür spezialisierten Tonstudios aufgenommen werden und dann im Hörfunk als „werbliche Toneinblendungen" zu hören sind. Sie werden einzeln oder in Werbeblöcken im Programm untergebracht. Die Mindestlänge, die verrechnet wird, beträgt in Ö3, Ö2 / Ring, Blue Danube Radio, FM4 und „Antenne Steiermark": 20 Sekunden; bei Ö2 / Lokal: 10 Sekunden. Daneben gibt es aber auch noch andere, weniger auffällige Formen von Radiowerbung. So werden im österreichischen Funk und Fernsehen seit einigen Jahren vermehrt „Werberahmensendungen" oder „Special-Interest-Magazine" gesendet. (Darunter z.B. im Fernsehen: „Meister kochen"; im Radio seit 1994 „Das werden wir gleich haben", ein Gesundheitsmagazin mit Willi Dungl; 1995 startete „Über alle Berge", ein Magazin, das österreichische Fremdenverkehrsorte besucht und ihnen so eine etwas andere Werbemöglichkeit bietet.) Und unter der immer häufiger vorkommenden Bezeichnung „Patronanzsendung" sind Radiosendungen zu verstehen, die von der werbungstreibenden Wirtschaft den Hörern gewidmet werden können.

Dies ist vorläufig der Endpunkt einer werbewirtschaftlichen Entwicklung, die eng mit der Geschichte des Rundfunks verbunden ist. Denn beinahe so alt wie das Massenmedium Hörfunk - sprich „Radio" - ist auch die „Radiowerbung". Seit 1923 gab es in Wien private Rundfunksendungen („Radio Hekaphon"). Der offizielle Startschuß des Rundfunks in Österreich war jedoch

1924 mit der Gründung der „Radio - Verkehrs - AG", kurz RAVAG genannt, gegeben. Am 1. Oktober war der erste Sendetag. Die „Gründerzeit" der RAVAG war jedoch von Auseinandersetzungen um möglichst viel Einfluß auf das neue Medium durch politische Parteien, die österreichische Regierung, einige Privatpersonen sowie in- und ausländische Wirtschafts- und Kapitalinteressen (vertreten durch Banken und die Radioindustrie) gekennzeichnet. Der Radioempfang war zunächst nur im flachen Osten möglich, doch durch den zügigen Ausbau von Sendeanlagen und die Errichtung von Fernkabelleitungen erfolgte eine rasche Ausbreitung über das gesamte Bundesgebiet; Ende 1924 waren es bereits 83.000 Teilnehmer, 1927 schon 203.000 und 1932 an die 280.000 Hörer, die für die Wirtschaft dieses Medium immer interessanter erscheinen ließen.

Die neue Technik war die Sensation, die sich bald immer mehr Menschen leisten wollten und konnten. Am plumpen Reis-Mikrofon saßen und sprachen Musiker, Journalisten und Kabarettisten. Jeder, der von (s)einem Fach etwas verstand (oder glaubte zu verstehen), bot die Inhalte meist auch selbst sprecherisch an. Die Pioniere dieser Informations- und Unterhaltungsform hatten aber rasch erkannt, welches Potential als „Werbeträger" hier gegeben war. Zunächst werden es wohl „Werbungen in eigener Sache" gewesen sein, Hinweise auf die nächste Sendung, Programmvorschauen und dergleichen, die „über den Äther" gesendet wurden. Doch bald gesellten sich klassische, kommerzielle Werbeeinschaltungen dazu. Anfangs waren es einfache Werbetexte, vielfach im Stile von Verlautbarungen, die vom jeweiligen Sendungsmoderator vorgelesen wurden. Mit Hilfe anderer Werbeträger wurde für die Nutzung dieser neuen Werbemöglichkeit geworben. Mittels Plakaten und Werbeannoncen machte man Wirtschaftstreibende, Industrie und andere Interessenten darauf aufmerksam. Die technische Entwicklung ging indessen zügig voran. Schon im Jahre 1929 erfolgte die erste Direktübertragung aus einem Reportagewagen. Ein weiterer technischer Innovationsschub, der sich in weiterer Folge auch auf die Hörfunkwerbung nachhaltig auswirken sollte, erfolgte dann in den 30er Jahren mit dem Übergang von der Platten- zur Bandaufnahme. Mit wahren technischen Ungetümen wurde es erstmals möglich, die langwierige und kostspielige Plattenpressung teilweise zu ersetzen und Sendungen in eigenen Tonstudios aufzunehmen. Trotz anfänglich hoher Entstehungskosten und noch weitgehenden Fehlens von Mischpulten (mit Überblendungsmöglichkeiten etc.) war es nun z.B. möglich, Werbesendungen voraufzunehmen und sie weitgehend fehlerfrei, in gewünschtem Tempo und Sinne, mit der richtigen Betonung und Stimmlage zu senden und dies mehrmals zu wiederholen. Denn mit der rasch fortschreitenden technischen Entwicklung des Radios änderten sich auch die Ansprüche an den Standard der sprecherischen Qualität - insbesondere bei den Werbesendungen! Etwa Mitte der 30er Jahre begann sich im Radio der Sprecher als eigene Instanz zu etablieren. Gleichzeitig forcierte die Industrie die Entwicklung der Radio-Apparate hinsichtlich einer raschen Steigerung der Tonqualität, und Hand in Hand damit wurden von den Rundfunkanstalten die Programme und ihr Erscheinungsbild verbessert: Es wurde immer mehr Wert auf die Eigenart des akustischen Mediums gelegt. Der Beruf des Radiosprechers bildete sich aus. Auch für die Werbung wurden über Agenturen oder Mundpropaganda „Stimmen" vermittelt. Angehende Schauspieler, die eine Nebeneinnahme witterten, boten sich an.

Die Weltwirtschaftskrise und die Eskalation der innenpolitischen Spannungen stoppten jedoch den allgemeinen Aufbruch des österreichischen Rundfunks. Neben der Wirtschaftswerbung war das Radio auch für den Transport von politischer Propaganda besonders gut geeignet, und die trat nun immer mehr in den Vordergrund. Schon seit 1933 hatte das damals nationalsozialistische Deutschland begonnen, das noch unabhängige Österreich mit massiver Propaganda vom Reichssender München aus zu überstrahlen. Am Morgen des 12. März 1938, am Tag des Anschlusses, meldete sich die RAVAG bereits als „Deutsch-Österreichischer Rundfunk" und wurde noch am selben Tag der „Reichsrundfunkgesellschaft" (RRG) angeschlossen. Wien wurde „Reichssender" und bekam die Nebensender Graz, Klagenfurt und Linz zugeordnet. Wirtschaftswerbung spielte bald keine Rolle mehr im Reichsempfänger!

Der Wiederaufbau des Rundfunks gestaltete sich nach dem

2. Weltkrieg äußerst schwierig. Die Wiederaufnahme des Sendebetriebes erfolgte zwar bereits am 29. April 1945 mit einem Bericht über den Staatsakt - die Gründung der zweiten Republik -, als ehemaliges deutsches Eigentum war jedoch die gesamte technische Ausstattung von den Besatzungsmächten konfisziert worden. Diese versuchten, ihre eigenen Vorstellungen hinsichtlich Rundfunk zu verwirklichen und errichteten in den vier Besatzungszonen eigene Sendergruppen: in der britisch besetzten Steiermark war dies die „Sendergruppe Alpenland".

Die westlichen Besatzungsmächte produzierten mit Hilfe österreichischer Studio-Teams in ihren Besatzungszonen selbständige Programme. Die Übergabe der britischen „Sendergruppe Alpenland" mit ihren Stationen in Graz und Klagenfurt erfolgte im Frühjahr 1954.

In der Zwischenzeit war die Technik aber weiter fortgeschritten. 1950 wurde auf der deutschen Funkausstellung in Berlin der Öffentlichkeit der UKW - Empfang von Hörfunksendungen vorgestellt, 1961 verblüffte man ebenda mit der Stereophonie! In diese Phase der Neubegründung des Österreichischen Rundfunks fällt aber vor allem die Errichtung des Fernsehbetriebes in Österreich. 1954, im Rahmen einer Jubiläumsausstellung zum 30jährigen Sendebeginn des Radios, erfolgte erstmals eine Programmübertragung aus einem eigenen Fernsehstudio in Wien. Ab 1957 folgte ein regelmäßiger Fernsehsendebetrieb an sechs Tagen in der Woche. Im gleichen Jahr beschloß der Ministerrat der damaligen ÖVP-SPÖ-Koalitionsregierung die Gründung der „Österreichischen Rundfunk-Gesellschaft m.b.H" als neues Rechtssubjekt des gesamten Rundfunkwesens in Österreich. (Die Studios in den Bundesländern hatten nur sehr eingeschränkte Mitspracheglichkeiten.)

Das Fernsehen hatte sich spätestens bis Mitte der 60er Jahre einen festen Platz in den Mediengewohnheiten der Bevölkerung erobert und wurde auch für die Werbung immer bedeutender. Das Radio hatte somit seinen Stellenwert als interessantes elektronisches Massenmedium verloren und mußte sich zwangsläufig um ein neues Selbstverständnis bemühen. Das Angebot wurde diversifiziert, neue Programmformate wurden entwickelt: mit Erfolg! Das Radio konnte aber seinen Platz in der

Publikumsgunst und somit auch bei der Werbewirtschaft behaupten und sogar noch ausbauen: durch mehr Begleitcharakter der Programme, durch eine stärkere Formatierung (vor allem in bezug auf die Musikrichtungen), durch schnellere, aktuellere Berichterstattung, Einbindung des Hörers in die Programme und nicht zuletzt durch die Einführung von Lokalradios, die Radiowerbung nun auch auf lokaler Ebene, für kleinere Unternehmen und Wirtschaftstreibende sinnvoll erscheinen ließen. In Österreich fiel diese Umbruchsphase zusammen mit dem massiven Kampf einiger Tageszeitungen gegen den sogenannten „Proporzrundfunk", was schließlich 1964 im ersten Volksbegehren der zweiten Republik mündete (830.000 Personen gaben ihre Unterschrift!). Dadurch ausgelöst, kam es 1966 zur ersten Rundfunkreform. Das Rundfunkgesetz trat am 1. Jänner 1967 in Kraft und erfüllte viele Forderungen. Besonderes Merkmal dieses Gesetzes war die Schaffung von zwei eigenständigen Fernseh- und drei Hörfunkprogrammen - „Österreich 1" (werbefrei), „Ö3" und „Österreich Regional".

Dies war auch der Startschuß für einige kleinere, für den lokalen und regionalen Markt arbeitende Tonstudios. In der Steiermark war dies, abgesehen vom „Ankünder", der sich jedoch eher auf Werbeplakate spezialisierte, und dem ORF-Landesstudio selbst, das seine Einrichtungen unter der Leitung des rührigen Werbeleiters Günther Schrei immer wieder für Werbespotaufnahmen zur Verfügung stellte, vor allem die Firma Kindlhofer. (Der Firmengründer Paul Kindlhofer verstarb im Oktober 1997.) In ihrem Studio in der Elisabethstraße 18 wurden von 1968 bis 1992 Tausende Werbespots für zahlreiche steirische Firmen aufgenommen. Der erste Spot wurde bezeichnenderweise für den „Funkberater" gemacht, und auch sonst liest sich die Kundenkartei wie ein „Who is who" der steirischen Wirtschaft: Kastner & Öhler, Hornig, Moden Müller, Salis & Braunstein usw., um nur einige zu nennen. Mit einzelnen Werbekampagnen, wie für Humanic, konnte man sich auch österreichweit einen Namen machen. Ursprünglich wurden auch die meisten Werbetexte noch an Ort und Stelle - im Tonstudio - verfaßt. Hanna Moretti-Kindlhofer und Thomas Narath waren nicht nur vielbeschäftigte „Sprecher", sondern zeichneten auch für viele Slogans verantwortlich.

Erst in den 80er Jahren wurde es mehr und mehr üblich, daß der kundeneigene Marketing- und Werbeleiter mit fix und fertigen Texten und genauen Vorstellungen von Musik- und Geräuschkulisse ins Studio kam.

Ein weiterer Punkt, der für den vermehrten Einsatz von Radiowerbung sprach, war natürlich der Preis, der im Vergleich zur nun aufkommenden Fernsehwerbung relativ günstig war. Vor allem die Werbetarife für das „Regionalradio" (einst wurde „Radio Steiermark" als „Österreich 2" und davor als „Radio Regional" bezeichnet) waren schon für mittlere und kleinere Firmen erschwinglich. Auch die Produktionskosten hielten sich in Grenzen. Für einen Werbetext erhielt der Texter Anfang der 70er Jahre rund 1.000 Schilling, dies steigerte sich allmählich auf 2.000 Schilling. Die Sprecher, an denen es nie mangelte, denn viele - besonders junge Schauspieler - waren an einem Zubrot interessiert, erhielten ursprünglich 300 Schilling (1968). Ende der 70er Jahre durfte man sich schon über 1.500 Schilling pro Spot freuen. Doch auch damals gab es bereits einen Namens- bzw. Stimmenbonus. Bekannte Personen wie Gerd Balluch und Ute Radkohl, die z.B. des öfteren für Kastner&Öhler-Spots vor dem Mikrophon standen, erhielten natürlich mehr Honorar, ebenso wie Sepp Trummer und Otto Wanz für ihre legendäre Werbekampagne „Wirtschaft für alle" u.a. Und auch die Kosten für die Aufnahme im Tonstudio selbst waren vergleichsweise günstig.

Für die Radiowerbung wirkte es sich außerdem positiv aus, daß amerikanische Forscher bereits in den 50er Jahren festgestellt hatten, daß man sich Namen, die man hört, besser merkt, als jene, die man gedruckt liest. Diese stärkere suggestive Wirkung über das Gehör wird u.a. damit begründet, daß der Gehörsinn entwicklungsgeschichtlich älter und immer in Funktion ist, auch im Schlaf! Während das Gesichtsfeld eingeschränkt ist, können wir rundum hören, es ist daher nicht notwendig, aufmerksam zuzuhören, sondern man nimmt vieles unbewußt auf. Darum ist z.B. die deutsche Werbewirtschaft bereits in den 50er Jahren dazu übergegangen, den Werbefunk plakativ zu gestalten. Die „Tonplakate" kamen auf, bei denen der Text auf ein Minimum reduziert wurde und die wenigen Worte, wie etwa ein Slogan, melodisch und rhythmisch gefaßt gebracht wurden. Da dies aber eine häufige Wiederholung des gleichen „Plakates" voraussetzte, war eine gewisse Monotonie des Werbefunks in Kauf zu nehmen, mit der nicht alle Sender ursprünglich einverstanden waren. Vor allem Kinder und Jugendliche waren es, bei denen die auf Melodie gebrachten Slogans gut ankamen.

Man hat das Radio überdies seit Beginn der „Fernsehrevolution" gern als das „intelligentere" Medium bezeichnet. Radio macht nämlich keine Bilder, es regt dazu an, sich ein Bild zu machen! Es aktiviert den Menschen, Denkvorgänge in Gang zu setzen. Radio birgt in hohem Maße die Möglichkeit in sich, Phantasie in Schwung zu bringen. Die Intensität und Qualität dieses Einflusses auf Intellekt und Seele des Hörers werden entscheidend von Radiostimmen geprägt, was viele Werbetreibende dazu veranlaßt, „bekannte" Stimmen einzusetzen (z.B. Andreas Goldberger für „Gaulhofer - Fenster", Rainhard Fendrich für „A 1 - Telefone" usw.).

Der „Werbefunk" wurde aber vor allem für größere Unternehmungen als eine wertvolle Ergänzung einer Werbekampagne erkannt, schon deshalb, weil er den optischen Eindrücken akustische hinzufügt. So wird beispielsweise ein Markenname für den Käufer auch leichter aussprechbar, wenn er ihn gehört hat - besonders wichtig bei fremdsprachigen Namen, die neu auf dem „Markt" eingeführt werden. (Man denke etwa an „dove" -Seifen, die in Österreich sogar anders ausgesprochen werden als in Deutschland, oder an die asiatischen Autofirmen, die seit wenigen Jahren ihre Produkte in Österreich anbieten wie „Hyundai", „Daewoo" usw.)

Ein weiterer Vorteil für den Hörfunk, auch als Werbeträger: Ohne Zweifel ist das Radio das schnellste Medium. Eine Tatsache, die sich die Werbewirtschaft mehr und mehr zunutze macht! (Ein jüngstes Beispiel: Überschwemmung in Lieboch! Betroffen u.a. die Lagerhallen eines großen Möbelhauses. Während am nächsten Tag Presse und Fernsehen erste Bilder von der Katastrophe liefern, laufen auf „Antenne Steiermark" schon Werbespots, die den notwendig gewordenen Abverkauf beschädigter Möbelstücke ankündigen.)

Die Stärken des Radios können aber nur dann wirksam ausgespielt werden, wenn die Radio(werbungs)macher auf die besondere Hörsituation ihres Publikums Rücksicht nehmen: Radio wird vorwiegend während des Tages gehört, und zwar am meisten morgens und mittags. Radio wird heute außerdem vorwiegend als Nebenbeschäftigung gehört; das Radio ist kein Freizeitmedium mehr, auf das sich der Hörer voll konzentriert. Das Radio ist vielmehr ein Begleiter durch den Tag geworden. Es wird hin-gehört, aber weniger intensiv zu-gehört, und das alles außerdem noch von einer ständig wechselnden Zuhörerschaft. Für den Radio-Journalisten und den Werbefachmann heißt das: Informationen müssen so gebracht werden, daß sie trotz dieses Rezeptionsverhaltens dennoch ankommen. Die Konkurrenz kommerzieller Radios macht aber auch Formfragen immer wichtiger. Die Radio-Information soll nicht nur interessant, sondern auch angenehm konsumierbar sein; „easy listening" - Hörkomfort ist hier das gängige Schlagwort, an dem sich auch die Radiowerbung zu orientieren hat.

Die besondere Kunst des Hörfunks liegt aber darin: Egal, ob Interview, „gebauter Beitrag" (so nennt man einen recherchierten Text mit eingeführten Originaltönen), Analyse oder Werbespot - möglichst alle Hörer, also Hörer aller Alters- und Bildungsschichten, müssen verstehen, wovon die Rede ist - und zwar auf Anhieb! Einen Zeitungs(werbe)text kann der Konsument nötigenfalls noch einmal nachlesen, beim Fernsehspot können eindrückliche Bilder die Werbebotschaft unterstützen, ein Radiowerbetext muß hingegen eine einfache, möglichst einprägende Aussage haben und muß im wahrsten Sinne des Wortes „ins Ohr gehen". Um dies zu gewährleisten, beinhaltet die moderne Hörfunkwerbung zumeist mehrere akustische Bestandteile – neben der Sprache auch noch Musik, konkrete Geräusche und Klangeffekte.

Natürlich kommt dem gesprochenen Wort bei der Radiowerbung dabei die Hauptbedeutung zu. In wenigen Sätzen oder Phrasen muß die Werbebotschaft möglichst signifikant und werbewirksam verpackt sein. Die Musik stellt aber auch einen bedeutenden, lange Zeit unterschätzten Gestaltungsfaktor der Funk- und Fernsehwerbung dar, da sie einen ganz entscheidenden Einfluß auf die Stimmungslage und die Aktivation des Menschen hat.

70% bis 80% aller in Österreich gesendeten Werbespots waren bereits Mitte der 8oer Jahre mit Musik unterlegt – Tendenz steigend.[2] Dennoch wurde der Faktor Musik häufig als nebensächlich erachtet; ihr Einsatz basierte in der Praxis primär auf Intuition und nicht auf wissenschaftlichen Erkenntnissen oder marktwirtschaftlichen Studien. Die musikalische Gestaltung von Werbespots erfolgte weitgehend ohne Wirkungserklärungen und konkrete Gestaltungsregeln. Heute bemüht man sich, gestützt auf viele (amerikanische) Untersuchungen, sowohl die aktivierende Wirkung musikalischer Stimuli als auch deren Auswirkung auf die kognitive Verarbeitung von Werbebotschaften gezielt einzusetzen. Dies geschieht in der Praxis häufig durch die Vertonung der verbalen Aussagen in Form einprägsamer Melodien.

Größere Konzerne können es sich darüber hinaus leisten, schon bekannte Melodien für ihre Zwecke zu verwenden: So wird ein Gospelrefrain wie „Oh, happy day" zum Orangensaft-Signet, oder lebensbejahende Hits wie „Dont worry, be happy" oder „Always look at the bright side of life" werden gleich mehrmals verwendet. Hier setzt man darauf, daß die emotionale Linie einer Werbebotschaft mit den Mitteln der Musik verstärkt werden kann. Musik mit starken Gefühlsappellen erzeugt Stimmungen und übermittelt Gefühlswerte rascher und deutlicher, als dies durch verbale Aussagen möglich ist.

Ähnliche Wirkungen versucht man auch mit dem bewußten Einsatz konkreter, vertrauter Geräusche, z.B. Kinderlachen oder -weinen, Hundegebell, Türknarren, zu erzielen.

Eine wesentlich gravierendere Veränderung, als dies durch das zweite (1974) und dritte Rundfunkgesetz (1983) - die sich eher mit Rechts- und Organisationsstrukturänderungen befaßten - der Fall war, erfuhr die Rundfunkstruktur Österreichs zu Beginn der 90er Jahre durch die Öffnung des Hörfunksektors für private Anbieter. Mit dem am 9. Juli 1993 vom Nationalrat beschlossenen sogenannten „Regionalradiogesetz" (BGBl. Nr.506/1993) ist es de jure seit dem 1. Jänner 1994 regionalen Privatradios erlaubt, Programme auszustrahlen. Ein erster Frequenznutzungsplan sah zehn landesweite Regionalradioketten (in Wien zwei) vor. Die in der Zuständigkeit des Bundeskanzleramtes angesiedelte Regionalradiobehörde hatte insgesamt 154 eingelangte Anträge zu behandeln. Die Auswahlverfahren, die sich über neun Monate hinzogen, wurden im Jänner 1995 mit der Vergabe der Lizenzen beendet. Doch im Herbst 1995 wurde dieser mühevolle Start des Privatradios in Österreich durch das Erkenntnis des Verfassungsgerichtshofes vom 27. September 1995, mit dem der §2 des Regionalradiogesetzes - eine Kernbestimmung des Gesetzes - als verfassungswidrig aufgehoben wurde, jäh gestoppt. Nur in Salzburg und Steiermark hatten die Lizenzinhaber Glück, da die Beschwerdeführer in diesen beiden Lizenzgebieten zum Zeitpunkt der Entscheidung des Verfassungsgerichtshofes ihre Beschwerden bereits zurückgezogen hatten.

Nicht nur die steirische Radiolandschaft im allgemeinen, sondern auch die steirische Radiowerbung im besonderen kam daher am 22. September 1995 mit dem Auftreten des ersten österreichischen Privatradios, der „Antenne Steiermark", ganz gehörig durcheinander. Und dies obwohl (oder gerade weil) sich die privaten Veranstalter vorrangig aus Werbung finanzieren müssen! Mit einem Schlag wurden z.B. die im Zeitalter des Rundfunk-

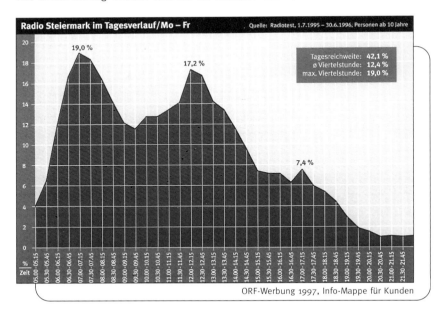

ORF-Werbung 1997, Info-Mappe für Kunden

monopols weniger beachteten Hörerstrukturen, die Zusammensetzung der Hörer nach Alter, Bildung usw. sowie die Tagesreichweiten immer bedeutender. Denn viel Zuspruch zu haben, bedeutet für die Wirtschaft interessant zu sein, und der Werbemarkt wurde durch den neuen Sender nicht größer, im Gegenteil – man muß nun den „Kuchen teilen".

Laut einem Radiotest im Auftrag des ORF, von den Meinungsforschungsinstituten Fessel und GFK durchgeführt, waren im 2. Quartal 1996 die Radiomarktanteile in der Steiermark wie folgt verteilt: Ö3 - 17%, Ö2 (Radio Steiermark) - 37% und „Antenne Steiermark" - 40%. Dabei ist es aber nicht mehr einerlei, um welche Hörerschichte es sich im konkreten Fall handelt. Besonders der Anteil der für die Werbekunden interessanten kaufkräftigen Kernzielgruppe der 14-49jährigen ist entscheidend, wobei es hier noch günstiger für den Privatsender aussieht: 54 % für „Antenne Steiermark" (dies entsprach 94,7% der gesamten Hörerschaft der „Antenne"), 21% Radio Steiermark, 20% Ö3.[3]

Die „Antenne" wirbt um ihre Werbekunden u.a. mit der Tatsache, daß 96.000 Hörerinnen und Hörer in der durchschnittlichen Viertelstunde zwischen 06.00 und 18.00 Uhr, allein in der Steiermark, und das in der richtigen Zielgruppe und zum „Antenne - Preis", sich sehen lassen können.[4] Allerdings können die gültigen Preise für Werbespots von Laien nicht leicht durchschaut werden, sind sie doch nach Werktagen, Samstag und Sonntag, nach Sendezeiten und Saisonen verschieden. Die Berechnungsgrundlage ist allerdings immer mindestens 20 Sekunden pro Spot! 2% Rabatt gewährt man schon bei einem Gesamtjahresumsatz ab 70.000 Schilling, dies steigert sich stufenweise bis zu 10% ab 1,000.000 Schilling.

Die Mindestlänge pro Spot beträgt bei Radio Steiermark nur 10 Sekunden, auch die Tarifgestaltung erscheint auf den ersten Blick übersichtlicher - öS 160.-/Sekunde, doch existieren eine Reihe von Zuschlägen: Plazierungszuschlag in Block oder Platz: +20%, in Block und Platz: +30%, Sonderplazierung im spezifischen Programmumfeld (z.B. Patronanz-Spot, bei einer Mindestlänge von 30 Sekunden): +60%.

Ein Werbezeitlimit je Programm-Stunde ist nicht vorgesehen, was bedeutet, daß die privaten Programmveranstalter hinsichtlich

|                   | **Saison 1**<br>Jänner, Februar<br>Juli, August | **Saison 2**<br>März-Juni<br>Sept.-Dez. |
|---|---|---|
| **Montag - Freitag** | Preis/sec. | Preis/sec. |
| 00.00 - 06.00 Uhr | öS 47,- | öS 49,- |
| 06.00 - 10.00 Uhr | öS 121,- | öS 129,- |
| 10.00 - 13.00 Uhr | öS 108,- | öS 115,- |
| 13.00 - 16.00 Uhr | öS 96,- | öS 103,- |
| 16.00 - 19.00 Uhr | öS 73,- | öS 77,- |
| 19.00 - 24.00 Uhr | öS 47,- | öS 49,- |
| **Top Spots** | öS 89,- | öS 96,- |

Ab 21 Schaltungen von Montag - Freitag, gleichmäßige Plazierung in jeder Zeitzone zwischen 06.00 und 19.00 Uhr.

|                   | **Saison 1**<br>Jänner, Februar<br>Juli, August | **Saison 2**<br>März-Juni<br>Sept.-Dez. |
|---|---|---|
| **Samstag** | Preis/sec. | Preis/sec. |
| 06.00 - 08.00 Uhr | öS 93,- | öS 99,- |
| 08.00 - 11.00 Uhr | öS 118,- | öS 124,- |
| 11.00 - 16.00 Uhr | öS 93,- | öS 99,- |
| 16.00 - 19.00 Uhr | öS 71,- | öS 75,- |
| 19.00 - 06.00 Uhr | öS 46,- | öS 48,- |
| **Sonn- & Feiertag** | Preis/sec. | Preis/sec. |
| 06.00 - 08.00 Uhr | öS 69,- | öS 73,- |
| 08.00 - 14.00 Uhr | öS 91,- | öS 97,- |
| 14.00 - 19.00 Uhr | öS 69,- | öS 73,- |
| 19.00 - 06.00 Uhr | öS 45,- | öS 47,- |
| **Top Spots-Woche** | öS 83,- | öS 88,- |

Ab 31 Schaltungen von Montag - Sonntag, gleichmäßige Plazierung in jeder Zeitzone zwischen 06.00 und 19.00 Uhr.

Preistarife von „Antenne Steiermark", Stand September 1997

der zeitlichen Plazierung der Werbesendungen frei sind. Dies ist auch für Werbung in den ORF-Hörfunkprogrammen so der Fall. Im übrigen sind die inhaltlichen Werbebeschränkungen für Privatsender im wesentlichen mit denen des ORF-Gesetzes identisch.

Potentielle ORF-Kunden erhalten in der Regel die „Allgemeinen Geschäftsbedingungen" ausgehändigt. Hier erfährt man u.a., daß Sendezeiten für kommerzielle Werbung am Aschermittwoch, Gründonnerstag, Karfreitag, am 1. und 2. November sowie am 24. Dezember weder im Hörfunk noch im Fernsehen vergeben werden dürfen. Der ORF behält sich darüber hinaus vor, bestimmte Tage von Werbesendungen freizuhalten. Unter dem Punkt 3. „Beschränkungen" ist ferner festgehalten, daß Werbesendungen für Tabakwaren und Spirituosen sowie unter der Wahrnehmungsgrenze liegende Werbesendungen bekanntlich hierzulande unzulässig sind. Werbung, die die Menschenwürde oder die Grundrechte anderer verletzt ebenso, wie Werbung, die Diskriminierungen nach Rasse, Geschlecht oder Nationalität enthält. Auch Heilmittel- und Lebensmittelwerbungen unterliegen bestimmten Auflagen. Außerdem kann das Kuratorium auf Vorschlag des Bundesministeriums für Gesundheit, Sport und Konsumentenschutz weitere im Interesse der Volksgesundheit notwendige Beschränkungen hinsichtlich der kommerziellen Werbung festlegen. Manche Beschränkungen werden aber gegenwärtig vom ORF nicht sehr streng gehandhabt: So sollten z.B. in der Werbung keine Personen vorkommen die regelmäßig Nachrichtensendungen und Sendungen zum politischen Zeitgeschehen vorstellen, doch etwa bei der ORF-Nachlese ist dies öfters der Fall.

Den Umfang der Werbesendungen (Spots, Kurzsendungen und gestaltete Werbesendungen einschließlich gestalteter An- und Absagen von Patronanzsendungen) in den Programmen setzt auf Vorschlag des Generalintendanten das Kuratorium fest; Werbesendungen im Hörfunk dürfen gegenwärtig im Wochendurchschnitt die tägliche Dauer von insgesamt 120 Minuten nicht überschreiten, wobei Abweichungen von höchstens 20 v. H. pro Tag zulässig sind. Seit 1.1.1995 gibt es nur noch 5 Minuten Lokalwerbung pro Landesstudio (bis 1995 15 Minuten). Es darf außerdem keine regionale Werbung in bundesweiten Programmen geben. Dafür erhöht sich ab 1.1.2000 die tägliche Werbezeit auf 172 Minuten (max. 8 % der täglichen Sendezeit).

In den „Allgemeinen Geschäftsbedingungen" werden ferner die technischen Normen des anzuliefernden Sendematerials fest-

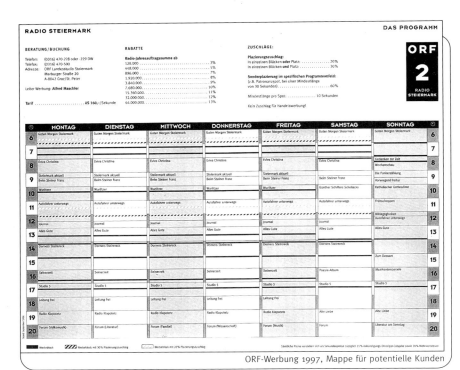

ORF-Werbung 1997, Mappe für potentielle Kunden

gehalten sowie die Termine geregelt. So können Aufträge bis spätestens drei Tage vor dem ersten Sendetermin erteilt werden, und die sendefertigen (Bild- oder) Tonträger müssen mindestens zwei Arbeitstage vor der Erstausstrahlung mit den entsprechenden Unterlagen (ausgefülltes Spotblatt und Einschaltplan) dem ORF zur Prüfung zur Verfügung stehen. (In Sonderfällen kürzere Fristen!) Der ORF stellt den Auftraggebern vorgedruckte Terminpläne zur Verfügung. Um die Ersteinplanung der Werbebuchungen für ORF-Kunden zu erleichtern, wurde gemeinsam mit einem Softwarehersteller ein Diskettenbuchungssystem entwickelt. Mit diesem können ORF-Kunden Werbeeinschaltungen planen, kalkulieren und direkt per Diskette buchen! (Es ist anzunehmen, daß es bei der „Antenne Steiermark" ähnlich abläuft, obwohl mir ihre „Geschäftsbedingungen" im Detail nicht bekannt wurden.)

Die geänderte Konkurrenzsituation macht es auch notwendig, daß die Sender sich selbst mehr bewerben. Ö3, der erklärte Hauptgegner der „Antenne Steiermark" und vieler noch kommender Privatsender, ist werbemäßig die „cash-cow" des ORF.

Um auf die geänderten Marktverhältnisse und den dramati-

## Preisträger Staatspreis Radiowerbung 1995
## Goldener Werbehahn des ORF

### Kategorie Gebrauchsgüter
| | |
|---|---|
| Spot | Mercedes »Nutzfahrzeuge« |
| Auftraggeber | Mercedes-Benz Österreich GmbH. |
| Agentur | Dr. Puttner Bates |
| Tonstudio | Sound Design |

### Kategorie Verbrauchsgüter
| | |
|---|---|
| Spot | Darbo »Marmeladesemmel« |
| Auftraggeber | Darbo Adolf AG |
| Agentur | Demner, Merlicek & Bergmann |
| Tonstudio | Sound Design |

### Kategorie Dienstleistungen
| | |
|---|---|
| Spot | Gewinn »Versicherung« |
| Auftraggeber | Wailand & Waldstein Ges.m.b.H. |
| Agentur | Czerny, Celand, Plakolm |
| Tonstudio | Holly |

### Kategorie öffentliche Anliegen
| | |
|---|---|
| Spot | Neue Kronen Zeitung »Mochovce« |
| Auftraggeber | Mediaprint |
| Agentur | Dr. Puttner Bates |
| Tonstudio | Tic-Music |

### Staatspreis für Radiowerbung 1995
| | |
|---|---|
| Spot | Red Bull »Eubiotiker« |
| Auftraggeber | Red Bull Trading |
| Agentur | Kastner & Partner |
| Tonstudio | Holly |

### Goldener Werbehahn des ORF 1995
| | |
|---|---|
| Kampagne | McDonald's »Royal TS + Super TS« |
| Auftraggeber | McDonald's |
| Agentur | Heye & Partner |
| Tonstudio | MG-Sound Studios |

schen Hörerschwund in der Steiermark zu reagieren, erfolgte eine nicht nur technische und räumliche Veränderung, sondern eine für Österreich auch ungewohnt aggressive und auffällige Werbekampagne eines (öffentlichen) Hörfunksenders in eigener Sache. Neben der Ausnutzung der „hauseigenen" Werbemöglichkeiten im österreichischen Hörfunk und Fernsehen wurden auch andere Werbeträger wie Plakate, Straßenbahnen, Konzerte usw. genutzt.[5] 1995 erfolgte darüber hinaus auch der Start der Ö1-Marketing-Abteilung. Im Radio bleibt Österreich 1 zwar weiterhin werbefrei, d.h. aber nicht, daß dieser Sender nicht auch Hörer werben kann, und in der Folge wurde die Konzeption eines Ö1 - Clubs, einer Ö1 - Zeitschrift („gehört") und die Installation eines Kartenservice vorgenommen.

Um die Bedeutung der Hörfunkwerbung für die Wirtschaft und Gesellschaft präsenter zu machen und ihre Leistungen entsprechend zu würdigen, werden seit einigen Jahren internationale, nationale und regionale Preise vergeben. Seit 1987 verleiht z.B. das Bundesministerium für wirtschaftliche Angelegenheiten - zur Auszeichnung und Förderung der Qualität von Radiowerbung - den Staatspreis für Radiowerbung. Seit 1994 wird zusätzlich in vier Kategorien je eine Nominierung zum Staatspreis vergeben. Der ORF zeichnet in diesem Zusammenhang seit 1987 die kreativste Radiokampagne mit dem Goldenen Werbehahn aus. Nach einer Vorauswahl von 12 Publikumjuries wurden die Preisträger durch eine Expertenjury ermittelt. Im Jahr 1996 stellte man auf ein Preiseinreichungssystem um.

**Literaturauswahl:**
Die Sprache der Werbung im Österreichischen Rundfunk, Wien 1994
Ulrike Felfer: Musik als Aktivierungspotential für die Werbung. Diplomarbeit an der Univ. Graz, Graz 1986
Highlights der Werbung. 4. Auflage 1992
Ludwig Freiherr von Holzschuher: Psychologische Grundlagen der Werbung, Essen 1956
ORF - Almanach 1995/96, Wien 1996
Heinz Pürer (Hg.): Praktischer Journalismus in Zeitung, Radio und Fernsehen. 4. überarbeitete und erweiterte Auflage, Salzburg 1996

**Anmerkungen:**
1) Der von mir gewählte Titel nimmt eine Anleihe bei der im Juni 1995 begonnenen und prämierten Werbekampagne (Agentur: Demner, Merlicek & Bergmann) des Österreichischen Rundfunks anläßlich des abgeschlossenen „Redesign" ihres Klassik- und Informations-Hörfunksenders „Österreich 1" auf Plakaten und Citylights sowie via Zeitungsinseraten.
2) In Fällen, bei denen die Musik nicht um ihrer selbst Willen gehört oder reproduziert wird, sondern vielmehr außermusikalische Funktionen erfüllt, spricht man von „funktioneller Musik". Im Bereich des Marketing kommt funktionelle Musik aus Gründen der Verkaufsförderung als Hintergrundmusik in Kaufhäusern, Banken oder als Werbemusik zum Einsatz. Werbemusik erfüllt den Zweck, den Rezipienten im Sinne des Kommunikators zu beeinflussen, der musikalische Stimulus hat zumindest die Aufgabe, Aufmerksamkeit zu erregen. Aus diesem Grund ist es auch nicht gerechtfertigt, Werbemusik nach ästhetischen Gesichtspunkten zu beurteilen.
3) Laut einer Statistik – Radiotest von Fessel und GFK im Auftrag des ORF und der „Antenne Steiermark" für das 2. Quartal 1997 – verteilt sich die Tagesreichweite von Montag bis Freitag in der Steiermark bei der Gruppe der 14-49jährigen wie folgt: Ö3 37,3%, Ö2 23,5% und „Antenne" 49,6%. (In: Die Steirische, Nr.37 vom 25.9.1997)
4) Die „Antenne", bestehend aus einem 64-köpfigen Team, konnte im laufenden Jahr 87 Millionen Schilling Netto-Werbe-Erlös erzielen. Man protestierte allerdings kürzlich gegen eine Wettbewerbsverzerrung. Das „Antenne"-Radiosignal ist bislang nur im Plabutschtunnel zu hören und dafür sind 136.000 Schilling im Jahr zu bezahlen, während Ö 3 nahezu in allen Tunnelanlagen empfangen werden kann und der Sender dafür keine Gebühren zu entrichten hat. Ebenfalls wandte man sich gegen die Beschränkung der täglichen Werbezeit auf 90 Minuten, angeblich sei es dem ORF gestattet, 120 Minuten zu werben? (In: Kleine Zeitung, vom 27.September 1997, S.52)
5) Jüngste Untersuchungen haben ergeben, daß Ö3 offenbar Terrain gegenüber der „Antenne" gutmachen konnte. Zwar liegt man bei den „Marktanteilen insgesamt" noch immer knapp zurück („Antenne" 23,8%, Ö3 26%, Radio Steiermark 41%), doch sind im gesamten Bundesgebiet Hörerzuwächse zu verzeichnen (In: Kleine Zeitung vom 15. Oktober 1997, S. 60)

Ich möchte mich gerne bei Familie Moretti-Kindlhofer für die vielen freundlichen Hinweise bedanken. Herrn Alfred Maschler (Leiter der Werbeabteilung beim ORF Landesstudio Steiermark) und Frau Maier (Werbeabteilung der „Antenne Steiermark") sei für die Zurverfügungstellung von Werbematerialen recht herzlich gedankt.

Eberhard Schrempf

# Produktqualität wird zur Lebensqualität
Eine Collage

Eine kleine Geschichte: 7.00 Uhr. **(Chiemsee: Don't stop dreaming.)** René Suchanek (31), ein typologischer Mix aus David Hasselhoff, Til Schweiger und Don Johnson, wird von seinem funkgesteuerten Braun-Wecker mit höchster Präzision aus dem Schlaf gepiepst. **(Nike: Just do it.)** Die Nachweckfunktion bei diesem Gerät ist für einen erfolgreichen Manager nur eine Fleißaufgabe vom Hersteller. **(Breitling: Instruments for Professionals.)** Er streift sich nach einem ausgiebigen Hugo-Bad die Joop-Jeans über seine Calvin Klein-Shorts. **(Calvin Klein: be good. be bad. just be.)** Danach rollt er die feinen Burlingtons über die Füße - schaut zufrieden in den Spiegel seines Ideal-Standard-Bades und nimmt den herrlichen Duft eines frisch gebügelten weißen Signum-Hemdes auf. **(Signum: Ein Bild von einem Hemd.)** Renés Laune ist glänzend, und er denkt bei sich, daß das Fitnestraining eine gute Investition ist. **(Mit Leib und Seele Alfa Romeo.)** Er zieht das Hemd über und wirft noch einmal einen verwegenen Blick in den Spiegel. **(Volkswagen: Da weiß man, was man hat.)** Okay, alles bestens. **(Benson & Hedges: Simply Gold.)**

Jetzt folgt das Gianni Versace-Ritual, der modisch-kosmetische Höhepunkt der Morgenzeremonie. **(Blaupunkt: Nur ein kleiner Punkt, aber der macht den Unterschied.)** Exaktes Binden einer Dolce & Gabbana-Krawatte und der Davidoff-Cool-Water-Nebel **(Davidoff: Cool Water. Das Prin-**

zip des Duftes.) auf die sorgfältig rasierten Hals-Kinn-Partien **(Braun: Um ein bißchen unrasiert auszusehen, muß man verdammt gut rasiert sein.)**, das Anziehen des cognacfarbenen Kenzo-Sakkos. **(Kenzo: Kreationen für eine schönere Welt.)** JOOP!-Y-Yeah, es folgt das Schnüren der handgenähten Schuhe von Reiter und das Auftragen der Jubiläumsschuhcreme von Erdal. **(Hogan: Feed your Feet.)** Nun noch die Armbanduhr, nur welche? Lieblingsrolex oder Alltagsbreitling? **(adidas: Feet you wear.)** Er entscheidet sich für die elegante Lacroix. **(Maurice Lacroix: Zeit in ihrer schönsten Form.)** Sein Zippo ist ihm heilig, und er weiß immer, wann er auftanken muß. **(Zippo: You think you don`t need it? Change your Life!)** René Suchanek steckt sich eine Marlboro an **(Marlboro: Fit´s the Man.)**, inhaliert kräftig und ist nun ein Mann, bereit für die harten Dinge des Tages. **(Smirnoff: Welcome to the wild Side.)** Ein kurzes Überfliegen der Zeitung **(Standard: Die Zeitung für Leser.)**, Titelseite und Wirtschaftsteil - ein Schluck Kaffee aus der Alessi-Art-Collection-Kaffeetasse, noch ein Blick über die Lokal- und Sportseiten, und ab geht's im Aufzug, die Barbour-Jacke unterm Arm - in die Tiefgarage. **(Ford: Die tun was.)**

Leichter Geruch von BP Super bleifrei und Good Year-Sportreifen. **(BMW: Freude am Fahren.)** René Suchanek startet sein silbermetallic Cabrio **(Audi: Vorsprung durch Technik.)**, zückt sein Nokia-Handy **(Nokia: Connecting People.)** und gibt Jasmin Wechselhofer, seiner blonden, ausgeschlafenen Sekretärin **(Fiat: Leidenschaft ist unser Antrieb.)**, erste Anweisungen zur Organisation des Tages. **(Boxter: Porsche pur.)** Inzwischen hat sich das Garagentor durch seine feine Antriebstechnik leise gehoben. **(Absolut Vodka!)** René vergeudet keine Zeit, denn er will´s mit

IT'SHELL

40 geschafft haben. **(Toyota: Nichts ist unmöglich.)** Der Wagen gleitet die Auffahrt hoch. **(Opel: Technik, die begeistert.)** Nieselregen. **(Rover: A Class of its own.)** Good Year-Bereifung, Bosch-Scheibenwischer-System und eine exzellente Lüftungs- und Klimaanlage aus den USA regeln die zur Selbstverständlichkeit mutierte Annehmlichkeit eines morgendlichen Starts **(Bang & Olufsen: Technik zum Verlieben.)** – auch bei Nieselregen. **(Camel: Feel the Adventure.)** René Suchanek konzentriert sich voll auf die Probleme des Tages, die er straight bewältigen will. **(Reebok: This is my Planet.)** Er ist Kundenberater einer großen Werbeagentur. **(Lancia: Anders bis ins Detail.)** Ein schneller Denker mit exzellenter Auffassungsgabe. **(Bree: Taschen mit IQ.)** Er löst Probleme so, als existierten sie nicht. **(Citroën: Mehr als Sie erwarten.)** Er läßt sich überhaupt nicht einschüchtern, erscheint stets offen, freundlich, optimistisch und in ausgezeichneter Verfassung. **(Ray-Ban: Till the End.)** Wird die Situation einmal brenzlig, gelingt es ihm, durch geschicktes Delegieren sich elegant aus der direkten Verantwortung zu winden, ohne das Drehmoment zu zeigen. **(TAGHeuer: Success. It's a Mind Game.)**

René umgibt sich ausschließlich mit sicheren, qualitativ hochwertigen Markenprodukten. **(Diesel: For successful Living.)** Dafür arbeitet er hart und hat Erfolg. **(Chrysler: Always driving forward.)** Die Menschen, die René Suchanek begegnen, sehen in seiner Erscheinung den Erfolg, sie riechen ihn und spüren ihn. **(Perrier: Nur Perrier ist Perrier.)** Somit ist der Erfolg gegenwärtig, personifiziert und übertragbar. **(Chesterfield: Everyone is an Original.)**

Wodurch wurde seine Identifikationslust mit Topmarken gesteigert? Er weiß einfach, woher erfolgreiche Leute kommen, was erfolgreiche Leute reden, was erfolgreiche Leute tragen, mit welchen Produkten sich erfolgreiche Leute umgeben. Damit die Wirkung von René nicht verlorengeht, umgibt er sich ausschließlich, immer trendgerecht, mit erfolgreichen Produktindividuen, lebt mit ihnen, identifiziert sich mit ihnen, nimmt ihren Geist an und strahlt diesen wirkungsvoll aus. In Erkenntnis dieser Verhaltensmuster wandeln die großen Produktgestalter und Markenmacher die realen Nutz- und Gebrauchswerte ihrer Produkte in emotionale Mehrwerte. **(Nikos: Live your Dreams.)**

**(Campari - was sonst.)**
Die banale Dingwelt wird zur ersehnten Sinnwelt.
**(Lucky Strike. Sonst nichts.)**

Eberhard Schrempf

# Daten und Fakten
(Werbung und die Kosten)

## Entwicklung Pro-Kopf-Werbeaufwand Österreich 1987–1996

Quelle: FOCUS Media Research

## Entwicklung Gesamtwerbeaufkommen 1994, 1995, 1996

| Werte in Mio ÖS | 1994 Wert | Anteil % | 1995 Wert | Anteil % | 1996 Wert | Anteil % | Veränd.% 96 vs 95 |
|---|---|---|---|---|---|---|---|
| **Werbeaufwand Total** | **15.718** | **100%** | **15.920** | **100%** | **16.641** | **100%** | **4,53%** |
| Tageszeitungen | 4.828 | 30,72% | 5.147 | 32,33% | 5.392 | 32,40% | 4,76% |
| Reg. Wochenzeitungen | 1.155 | 7,35% | 1.077 | 6,77% | 1.104 | 6,63% | 2,51% |
| Illustrierte/Magazine | 2.486 | 15,82% | 2.617 | 16,44% | 2.941 | 17,67% | 12,38% |
| Fachzeitschriften | 484 | 3,08% | 396 | 2,49% | 426 | 2,56% | 7,58% |
| Presse Total | 8.953 | 56,96% | 9.237 | 58,02% | 8.863 | 59,27% | 6,78% |
| Hörfunk | 1.748 | 11,35% | 1.869 | 11,74% | 1.780 | 10,70% | -4,76% |
| Fernsehen | 3.955 | 25,16% | 3.722 | 23,38% | 3.831 | 23,02% | 2,93% |
| Plakat | 1.026 | 6,53 | 1.092 | 6,86% | 1.167 | 7,01% | 6,87% |

Quelle: FOCUS Media Research

## Entwicklung nach Werbeträgern 1987-1996

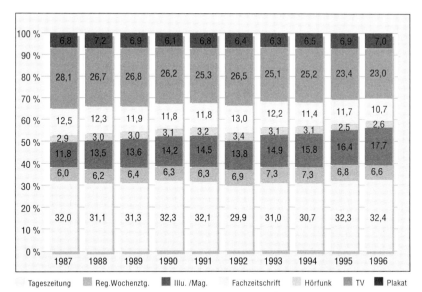

Quelle: FOCUS Media Research

## Werbedruck in öS nach Werbeträgergruppen Juni ´97

|  | Juni '97 | Juni '96 | + - % |
|---|---:|---:|---:|
| Print gesamt | 864.925 | 791.114 | +9,3 |
| Tageszeitungen | 474.986 | 427.760 | +11,0 |
| Regionale Wochenzeitungen | 99.215 | 78.017 | +27,2 |
| Illustrierte/Magazine | 253.996 | 246.731 | +2,9 |
| Fachzeitschriften* | 36.728 | 38.606 | -4,9 |
| TV* | 315.378 | 293.414 | +7,5 |
| Hörfunk* | 150.872 | 153.226 | -1,5 |
| Außenwerbung | 112.603 | 118.045 | -4,6 |
| Klassisches Prospekt* | 173.414 | 128.263 | +35,2 |
| Σ | 1,617.193 | 1,484.063 | +9,0 |

\* Fachzeitschriften: Erhöhung der Abdeckung ab 7/´96
\* TV = ORF 1 + 2, Werbefenster RTL, SAT 1;
\* Hörfunk: ORF Ö2 national, Ö3 national, ORF Radio Wien, Antenne Steiermark;
\* Klassisches Prospekt: unadressierte Sendungen per Post,
                Werbemittelverteiler (feibra, gfw);

Werbewert nominal in 1.000 öS
Quelle: FOCUS Media Research/Horizont/97

## Top 15 werbungtreibende Unternehmen
## 1. Halbjahr 1997 vs. 1996

| Firma | 1. Hj. '97 | 1. Hj. '96 | + - % |
|---|---|---|---|
| Procter & Gamble Austria | 240.163 | 119.107 | +102 |
| Österreichische Unilever | 162.442 | 196.326 | -17 |
| Porsche Austria | 138.763 | 134.978 | +3 |
| Kika/Leiner | 138.591 | 145.256 | -5 |
| Spar Warenhandels AG | 129.362 | 140.618 | -8 |
| Master Foods Austria | 116.294 | 87.391 | +33 |
| Billa/Merkur/Mondo | 110.881 | 117.408 | -6 |
| Henkel Austria | 97.767 | 109.665 | -11 |
| Österr. Lotterien | 93.213 | 95.532 | -2 |
| Kraft Jacobs Suchard | 78.825 | 101.908 | -23 |
| Raiffeisen Zentralbank | 71.433 | 59.562 | +20 |
| max.mobil. | 71.433 | - | - |
| Media Markt Holding | 70.114 | 72.476 | -3 |
| Opel Austria | 68.406 | 60.510 | +13 |
| Post & Telekom Austria AG | 62.042 | 36.696 | +69 |

Angaben in 1.000 Schilling
Quelle: FOCUS Media Research/Horizont/97

| Procter & Gamble | Henkel | Master Foods Austria | Kraft Jacobs Suchard |
|---|---|---|---|
| Ariel | Persil | Whiskas | Jacobs Monarch |
| Pampers | Pril | Pedigree Pal | Mirabell Mozartkugeln |
| Pringles | Dixan | Sheba | Milka |
| Always | Glem Vital | Mars | Philadelphia (Streich- |
| Mr. Proper | Taft | Snickers | käse) |
| Oil of Olaz | Schwarzkopf | Bounty | ... |
| Pantene Pro-V | Country Colors | ... | |
| ... | Fa | | |
| | Theramed | | |
| | AOK | | |
| | ... | | |

## Top 30 Werbeagenturen in Österreich 1996 vs 1995

| Rang 1996 | Rang 1995 | Agentur | Wert 1995 | Wert 1996 | + - % |
|---|---|---|---|---|---|
| 1 | 2 | GGK Wien + Salzburg | 819.310 | 977.708 | 19,3 |
| 2 | 1 | Demner, Merlicek und Bergmann | 843.592 | 885.981 | 5,0 |
| 3 | 9/21* | Dr. Puttner/Unique | 454.393 | 641.888 | 41,3 |
| 4 | 3 | Saatchi & Saatchi | 507.996 | 515.416 | 1,5 |
| 5 | 5 | Wirz | 441.965 | 472.675 | 14,7 |
| 6 | 6 | Ogilvy & Mather | 409.967 | 444.803 | 8,5 |
| 7 | 7 | Mc Cann-Ericson | 387.780 | 437.980 | 12,9 |
| 8 | 8 | Publics FCB | 327.156 | 338.973 | 3,6 |
| 9 | 12 | Grey Austria | 278.295 | 336.333 | 20,9 |
| 10 | 13 | Austria 3 | 267.697 | 329.733 | 23,2 |
| 11 | 40/11* | Grill & Gull/Thompson | 336.418 | 326.573 | -2,9 |
| 12 | 4 | Young & Rubicam | 483.773 | 316.527 | -34,6 |
| 13 | 14 | Team BBDO | 259.658 | 312.254 | 20,3 |
| 14 | 10 | C & M | 294.325 | 296.177 | 0,6 |
| 15 | 17 | Mang DMB & B | 220.958 | 268.145 | 21,4 |
| 16 | 15 | Lintas | 253.242 | 264.985 | -2,5 |
| 17 | 18 | Haslinger & Keck | 190.451 | 240.030 | 26,0 |
| 18 | 20 | Barci & Partner | 151.590 | 237.263 | 56,5 |
| 19 | 16 | Die Hager | 222.748 | 227.525 | 2,1 |
| 20 | 19 | CCP | 172.834 | 227.515 | 31,6 |
| 21 | 25 | Reichl & Partner | 114.042 | 190.747 | 67,3 |
| 22 | 22 | Schretter & Company | 140.248 | 149.641 | 6,7 |
| 23 | 41 | Rock & Partner | 45.573 | 140.695 | 208,7 |
| 24 | 31 | Palla, Kolbinger & Partner | 72.893 | 110.864 | 52,1 |
| 25 | 26 | Strobelgasse 2 | 95.574 | 106.724 | 11,7 |
| 26 | 23 | Sery | 123.059 | 103.947 | -15,5 |
| 27 | 28 | Bozell Kobza | 89.862 | 99.653 | 10,9 |
| 28 | n.e. | Heye & Partner | n.e. | 98.909 | |
| 29 | 34 | P.C.S. | 65.609 | 87.091 | 32,7 |
| 30 | 24 | DDB Needham Heye & Partner | 119.160 | 78.754 | -33,9 |

Werte in 1000 ÖS
* 1995 getrennt erhoben
Quelle: FOCUS Media Research

*Berufsgruppenmitglieder der*
*Fachgruppe Werbung und Marktkommunikation*
*in der Steiermark*

| | Mitglieder | davon Ruhende |
|---|---|---|
| Werbeberater | 60 | 10 |
| Werbegestalter | 134 | 31 |
| Direktwerbe- und Adressenunternehmer | 32 | 5 |
| Werbungsmittler | 107 | 21 |
| Werbetexter | 80 | 20 |
| Werbungsvertreter | 18 | 1 |
| Markt- und Meinungsforscher | 46 | 9 |
| Werbeagentur | 87 | 5 |
| Werbegrafik-Designer | 301 | 66 |
| Werbeunternehmer | 21 | 6 |
| Werbemittelhersteller | 27 | 5 |
| Werbemittelverteiler | 12 | 4 |
| Ankündigungsunternehmer | 102 | 29 |
| PR-Berater | 148 | 29 |
| **Berufsgruppenmitglieder gesamt** | **1.175** | **241** |
| Mitgliederstand tatsächlich (7.7.97) | 946 | 204 |

Quelle: Wirtschaftskammer Steiermark, Stand: 5. Sept. 1997

Franz Leitgeb, Taliman Sluga

# Firmengeschichten

## *Firmen unterstützen das Stadtmuseum Graz*

Institutionen wie dem Stadtmuseum Graz bleibt auf Grund des momentanen Trends in den Werbeabteilungen der Unternehmen, eher große „Events" zu unterstützen, nur der Weg offen, kleinere und mittelständische Unternehmen um Mithilfe zur Ausrichtung ihrer kulturellen Aufgaben einzuladen. Dies muß nicht unbedingt ein Nachteil sein, sind doch diese Unternehmen meist in der Region verankert, genauso wie das Museum, und können sich daher eher damit identifizieren. Auch besteht bei örtlich beheimateten Unternehmen eher die Chance, eine länger dauernde Partnerschaft aufzubauen, als bei „global Players", die weder in der Produktion noch im Markt regional festzumachen sind. So freut es das Stadtmuseum auch für diese Ausstellung, die ja vom Thema her zur Mithilfe von Unternehmen geradezu prädestiniert ist, als Gegenleistung diese durchwegs im Raum Graz beheimateten Firmen präsentieren zu können.

## *Café - Bar Reinerhof*

Seit 1996 gibt es am Schloßbergplatz eine gastronomische Rarität: das Café Reinerhof. Angeregt durch die Atmosphäre des ältesten urkundlich erwähnten Gebäudes der Stadt Graz, versuchen die jungen, engagierten Betreiber Mag. Doris Mannheim und Christian Bayer ihre Gäste auf besondere Art zu verwöhnen. Ausgerichtet auf den Gast, der ein stilvolles Ambiente zu schätzen weiß, lädt das Tagescafé mit seinem Gastgarten vor der Kulisse des Schloßberges zum Verweilen und Entspannen. Die Abendbar bietet die Möglichkeit, den Tag angenehm ausklingen zu lassen. Das Getränkeangebot besteht aus gepflegten steirischen Bieren vom Faß, heimischen Weinen von ausgesuchter Qualität, ausgezeichneten Edelbränden, einer Auswahl an Heißgetränken, Kaffee- und Eisspezialitäten sowie sortenreinen Fruchtsäften fernab vom herkömmlichen Standard. Die Küche beschränkt sich auf kleine Gerichte und hausgemachte Mehlspeisen. Getreu dem Grundsatz, daß Gastronomie über das leibliche Wohl hinausgeht, bemühen sich Frau Mannheim und Herr Bayer auch um ein kulturelles Angebot. Abends unterhält dezente Pianomusik den Gast,

Werbung für das Café Reinerhof
Rückseite der Eintrittskarte
zu „Die Kunst des Banalen"

und in Zusammenarbeit mit dem Stadtmuseum Graz wird es in den Räumlichkeiten des Cafés Vorträge zu kulinarischen Themen geben. So soll sich das Café Reinerhof zum „Museumscafé" des Stadtmuseums entwickeln.

## *Coca-Cola Amatil Österreich GmbH*

Der Drogist John S. Pemberton in Atlanta fand 1886 auf der Suche nach einem neuen Erfrischungsgetränk die Rezeptur für den heute weltberühmten Soft-Drink. Neben anderen Bestandteilen waren Kokablätter und Kolanüsse enthalten, und so wurde das Getränk von den Gesellschaftern der „Pemberton Chemical Company" „Coca-Cola" genannt. Kurz nach der Einigung auf den Namen entwarf der Buchhalter der Firma, Frank Robinson, den bis heute nahezu unveränderten charakteristischen Schriftzug. Der Coca-Cola-Sirup wurde anfangs nur im Bereich Atlanta an einige Lebensmittelhändler und Erfrischungsbars verkauft und dort mit normalem Trinkwasser vermischt. Versehentlich wurde in einer Bar dem Sirup Sodawasser zugefügt, und das Getränk begeisterte die Kunden, da es frischer schmeckte – das „richtige" Coca-Cola-Fertiggetränk war geboren. 1888 erwarb der Drogist Asa Chandler die Rechte an Coca-Cola für 2.300 Dollar

Coca-Cola-Etikett. Der Schriftzug – Das Markenzeichen

und begann, den Sirup industriell in größeren Mengen herzustellen. 1893 wurde Coca-Cola beim US-Patentamt als Schutzmarke eingetragen. Um den Vertrieb des Getränkes auch außerhalb der „Soda-Fountains" zu sichern, wurde ab 1895 das fertige Getränk in Flaschen an den Handel ausgeliefert. 1919 verkaufte die Familie Asa Chandlers die Coca-Cola Company für die Summe von 25 Millionen Dollar an ein Bankenkonsortium. Seit 1923 beschränkt sich die Coca-Cola Company auf die Produktion des Sirups und vergibt die Abfüllung in Lizenz. Diese grundlegende Änderung des Vertriebssystems und die Verbreitung des Erfrischungsgetränkes durch die amerikanischen Soldaten im Zweiten Weltkrieg - es wurden fünf Milliarden Flaschen nur für die amerikanischen Streitkräfte abgefüllt - waren grundlegend für den Verkaufserfolg in der ganzen Welt. Heute wird in 185 Ländern der Erde von 325.000 Mitarbeitern Coca-Cola produziert. Täglich werden von Coca-Cola 500 Mio. Drinks (ca. 0,24 l) und von anderen Limonaden 167 Mio. Drinks verkauft.

## *Condor*

Ihr Spezialist für Musik- und Kulturreisen
Mariahilfer Straße 11, 8020 Graz
Tel (0316) 71 46 07 Fax 71 28 27

Firmenlogo Condor-Reiseservice

## *Dynamite*

Der Markt für Energy drinks für Europa wurde ab 1987 zuerst in Österreich aufgebaut. Bis 1992 wurden diese Produkte ausschließlich in Österreich vertrieben, daher befinden sich die meisten Hersteller von Energy drinks in Österreich. Der österreichische Gesamtmarkt beträgt heute 50 Millionen Dosen pro Jahr. In ganz Europa werden 250 Millionen Dosen im Jahr abgesetzt.

DYNAMITE wurde im August 1994 gegründet und befindet sich zu je 50% im Besitz von Mag. Franz Steinrieser und Dr. Frank Albert.

In erster Linie wird das Produkt DYNAMITE Energy drink vertrieben, das bereits in zahlreichen europäischen Ländern vermarktet wird. Die Hauptmärkte sind derzeit Österreich, Schweiz, Spanien, Kroatien und Slowenien. In Slowenien, Kroatien, Spanien und der Schweiz liegt DYNAMITE an zweiter Stelle nach Red Bull. Eine ähnlich gute Entwicklung wird für Rußland erwartet, wo die Marktbearbeitung erst kürzlich begonnen hat. Innerhalb der nächsten zwei Jahre sollte eine durchschlagende Distribution in allen europäischen Ländern erreicht werden, da danach mit der intensiven Bearbeitung der Märkte in Übersee begonnen wird.

DYNAMITE enthält Koffein und Taurin, wie die meisten wichtigeren Markenprodukte im Bereich Energy drinks, weiters auch viele Mineralien und Vitamine.

Die Dynamite Energy-drink-Dose

Hauptsächlich werden Energy drinks von jungen Leuten getrunken, und zwar in Discotheken, Bars etc. Der Marktanteil in den Supermärkten gewinnt allerdings immer mehr an Bedeutung, weiters auch an Tankstellen. Die Werbeausgaben der einzelnen Marken sind unterschiedlich hoch, doch allgemein kann man mit rund öS 3,- pro Dose rechnen.

## *Flughafen Graz*

Die Geschichte des Flughafens Graz begann militärisch. 1913 wurde ein Fluggelände auf dem Schieß- und Exerzierplatz Thalerhof eingerichtet. 1918 wurde der in den Kriegsjahren weiter ausgebaute Flughafen unter dem Druck der Friedensbedingungen von St. Germain stillgelegt.

Erst 1923 zog die Fliegerei wieder auf das Gelände am Thalerhof - diesmal die zivile. Graz wurde in den Flugplan der im selben Jahr gegründeten Österreichischen Luftverkehrs-AG aufgenommen.

1924 etablierte sich der Steirische Fliegerverein mit drei Maschinen am Flugfeld. Bis zur Besetzung des Flughafens durch deutsche Truppen 1938 hatte der Flughafen, bedingt durch die schlechten Wirtschaftsdaten der Zwischenkriegsjahre, ein eher wechselhaftes Schicksal.

Mit dem Zweiten Weltkrieg endete auch die Fliegerei vorläufig auf dem Flughafen Thalerhof und in ganz Österreich. Die Alliierten untersagten jegliche Luftfahrt in Österreich. Erst 1951 flog eine Maschine der JAT den Flughafen Graz an, und nach dem Staatsvertrag 1955 wurde getrennt vom zivilen Flughafen der heutige Fliegerhorst Nittner errichtet. In den 50er Jahren wurde der Flughafen ausgebaut, unter anderem erhielt er eine 1.500 m lange Betonpiste mit Anflugbefeuerung. Die Gründung der Austrian Airlines 1957 als nationales Flugunternehmen hatte vorerst keine Auswirkungen auf die Passagierzahlen des Flughafens. 1963 wurde Graz in den Inlandsdienst der AUA miteinbezogen. Die 60er Jahre brachten ein wirtschaftliches „take off" des Flughafens. Die Passagierzahlen stiegen von 1.224 im Jahr 1951 auf 21.714 1965, der Frachtverkehr stieg von 2,5 Tonnen 1963 auf 100,5 Tonnen

1966. Mit dem Neubau des Flughafengebäudes und dem Ausbau der Flugsicherungsanlagen trug die Flughafen-Graz-Betriebsgesellschaft der Frequenzsteigerung Rechnung. 1969 waren die Neu- und Umbauten fertiggestellt und der Flughafen für einen florierenden Flugbetrieb gerüstet. Die Fast-Pleite der AUA 1970 bedrohte den Grazer Flughafen existentiell. In gemeinsamem Bemühen mit dem neuen Vorstand der AUA gelang es der Flughafen-Graz-Betriebsgesellschaft, das Schlimmste zu verhindern und gemeinsam mit der AUA einen wirtschaftlichen Höhenflug zu starten. Größere Flugzeuge und die weitere Erhöhung der Frequenz machten schon 1973 eine Verlängerung der Piste und die Modernisierung der Flugsicherungsanlagen notwendig, die 1977 abgeschlossen wurde. 1979 wurden erstmals über 130.000 Passagiere in Graz abgefertigt. Die Entwicklung der Passagier- und Frachtzahlen am Flughafen ließen Management und Aufsichtsrat der Flughafen-Graz-Betriebsgesellschaft schon bald über einen weiteren Ausbau nachdenken. Ein zukunftsorientierter Neubau, der rasche Abwicklungszeiten erlaubt, den Passagieren den größtmöglichen Komfort bietet und auch kommende Entwicklungen in Europa berücksichtigt, sollte es werden. Aus dem Wettbewerb 1989 ging das Architekturbüro Riegler und Riewe als Sieger hervor. Seit 1994 hat Graz einen modernen Flughafen, der in seiner Größenklasse seinesgleichen sucht. Die Passagierzahlen gaben den Planern recht: Bereits 1995 wurden über eine halbe Million Passagiere auf Linie und Charter abgefertigt, wobei das Verhältnis etwa 50:50 war. 1996 waren es bereits 561.893 Passagiere, und die Tendenz ist steigend.

## *Bauunternehmung Dipl. Ing. E. Franz*

1865 gründete der in Moggio bei Udine geborene Andrea Franz sein Bauunternehmen. Stadtbaumeister Franz wurde bald zum meistbeschäftigten Baumeister in Graz. In der Saison beschäftigte er oft bis zu 4.000 Arbeiter und führte bis zu 40 Bauten gleichzeitig durch. Viele Bauten in Graz erinnern heute noch an die Tätigkeit dieser dynamischen Unternehmerpersönlichkeit, unter anderen die 1872 erbaute Weitzer Waggonfabrik (heute Sim-

Der Firmengründer Andrea Franz

mering-Graz-Pauker bzw. Fachhochschule für Industrial Design), das 1874 errichtete Chemische Institut der Karl-Franzens-Universität Graz und das Anna-Kinderspital. In den Jahren 1883 bis 1885 baute die Firma Franz das Gebäude Schmiedgasse Ecke Landhausgasse für die Steiermärkische Sparkasse, in welchem heute das Casino und der Grazer Congress untergebracht sind. Es war dies der erste große Bau, bei dem die Deckenkonstruktion in Eisenbetonguß durchgeführt wurde, was die Bewältigung der großen Deckenspannweite im Konzertsaal ermöglichte. 1898 finanzierte und errichtete Andrea Franz die erste elektrische Straßenbahn in Österreich. Die Bahn führte von der Zinzendorfgasse nach Mariatrost und war ohne Trassenänderung bis 1941 in Betrieb.

Nach dem Zweiten Weltkrieg war es Stadtbaumeister Dipl. Ing. Erwin Franz, der die traditionsreiche Firma wieder aufbaute. Unter seiner Führung entwickelte sich das Unternehmen rasch zu einem leistungsstarken Baubetrieb mit einem durchschnittlichen Mitarbeiterstand von 300-500. Der Betrieb engagierte sich besonders auf dem Gebiet des Wohnbaues. Von 1946 bis 1985 wurden über 10.000 Wohnungen errichtet, vor allem in Zusammenarbeit mit der Tochterfirma Komfort-Bau, die als Bauträger freifinanzierter Wohnungen fungiert. 1975 wurde das bisherige Einzelunternehmen in eine Ges. m. b. H. KG. umgewandelt und Dipl. Ing. Gerhard Franz Geschäftsleiter.

Seit 1984 ist auch die 1872 von k. u. k. Hofsteinmetzmeister Johann Franz - dem Bruder von Andrea Franz - gegründete Steinindustrie in die Firmengruppe eingegliedert. Das Unternehmen beschäftigt heute rund 150 Mitarbeiter und errichtet Schulen, Ka-

Baustelle Annenpassage, Graz

sernen, gewerbliche und industrielle Betriebsstätten, Großkaufhäuser und Wohnbauten. Eine eigene Abteilung beschäftigt sich mit Althaussanierungen.

## Gasthaus „Alte Münze"

Den Namen hat dieser traditionsreiche Gastronomiebetrieb von der im Keller des Hauses untergebrachten Münzstätte, die von 1756 bis 1772 in Betrieb war. Bis 1910 war das Haus Sackstraße 22 in staatlichem Besitz und diente als Münzwechselstelle und Finanzamt. Die heutigen Betreiber Gertraud und Gottfried Dunkl übernahmen das Gasthaus „Zum Schloßbergsteig" - wie es damals hieß - im Jahre 1977. 1985 wurde der Betrieb umgebaut und um die ehemalige Münzprägestätte im Keller erweitert. Wand- und Hinterglasmalereien sowie einige hier geprägte Münzen erinnern an die

Ehemalige Münzprägestätte

frühere Funktion des Raumes. Der Name wurde im selben Jahr auf „Gasthaus Alte Münze" geändert. Von Anfang an bestand der bei den Gästen beliebte Gastgarten auf dem Schloßbergplatz. Die Küche des Gasthauses „Alte Münze" ist spezialisiert auf traditionelle steirische Hausmannskost. Im Durchschnitt werden während der Saison 8 - 10 Mitarbeiter beschäftigt.

## *Malermeister Franz Gnus*

1899 wurde die Firma Gnus vom Großvater des heutigen Firmeninhabers in der Leonhardstraße 39 gegründet. Man beschäftigte sich damals hauptsächlich mit der Ausgestaltung von Kirchen und größeren Profanbauten. Im privaten Bereich war es vor allem die damals übliche künstlerische Ausgestaltung von Räumen, die die Firma Gnus übernahm. Um 1920 siedelte das Unternehmen von der Leonhardstraße auf den heutigen Standort in die Schumanngasse. Der Aufschwung der Firma hielt bis in die Mitte der 30er Jahre an. 1947 übernahm der Sohn des Firmengründers den Betrieb. Bedingt durch die Ereignisse des Krieges, kam dies einer Neugründung gleich. Die Notwendigkeit der Zeit, Wohnraum zu schaffen, war für das Unternehmen eine gute Ausgangsposition, so daß es sich zu einem florierenden Betrieb entwickelte. Unter dem Motto „Alles aus einer Hand" wurden bereits in den 60er Jahren Maler-, Tapezierer- und Bodenverlegerarbeiten angeboten. 1975 ging die Leitung der Firma an Franz Gnus, den heutigen Inhaber, über. Die Leistungspalette umfaßt heute alle herkömmlichen Maler- und Anstreicherarbeiten bis hin zu Spezialbeschichtungen und Wandbelebungstechniken für den Innen- und Außenbereich. Zusätzlich werden den Tapeten- und Belagsarbeiten durchgeführt. Mit 12 Facharbei-

Firmenlogo Gnus

tern und zwei Lehrlingen ist die Firma Gnus bemüht, termingerechte und qualitativ hochwertige Arbeit zu leisten und den Kunden ein umfassendes Service anzubieten. Für ihre Leistungen wurde die Firma Franz Gnus 1994 mit der Berechtigung zur Führung des Steirischen Landeswappens ausgezeichnet.

## *Expreß Harnisch Gebäudereinigung - Kaspar Harnisch GesmbH*

Das Familienunternehmen Harnisch ist heute mit zwei völlig verschiedenen Zweigen am Markt.

1919 wurde die Gebäudereinigung gegründet. Der Betrieb hat heute 200 Mitarbeiter und bietet Gesamtkonzepte zur objektspezifischen Grundreinigung von Industrieanlagen, Warenhäusern, Großküchen, Spitälern und Wohnhausanlagen an. Als spezielles Service nimmt sich Expreß Harnisch auch der Schädlingsbekämpfung an. Weitere Dienstleistungen sind Personalbereitstellungen für Portiers-, Aufsichts- und Botendienste. Expreß Harnisch strebt in seinem Marktsegment die Marktführerschaft in der Steiermark an, denkt aber bereits an eine Expansion in andere Kerngebiete Österreichs.

Die Fachhandlung für Künstlerbedarf gibt es seit 1923. 19 Mitarbeiter beraten den Kunden bei der Auswahl an Farben und Bastelmaterialien. Neben diesem Angebot veranstaltet die Kaspar Harnisch GesmbH Kurse, die ein breites Spektrum interessanter Techniken und Themen abdecken wie zum Beispiel Seiden- und Aquarellmalerei, Ölmalerei, Aktzeichnen und ähnliches mehr.

Werbeinserat für den Künstler- und Bastelbedarf der Firma Harnisch

## *Kastner & Öhler*

Die Kastners stammten aus Oberösterreich. Carl Kastner und sein Schwager Hermann Öhler ließen das Stammhaus Kastner und Öhler 1873 ins Handelsregister der Stadt Troppau als „Firma Kastner und Öhler, Kurzwarenhandel, Hauptniederlassung Troppau, Zweigniederlassung Olmütz" protokollieren.

Die große Nachfrage nach günstigen Waren in der Donaumonarchie führte zur Gründung von Zweigbetrieben in Prag, Brünn und später in Wien und Zagreb.

In Graz scheint die Firma erstmals 1883 im Handelsregister als „Manufaktur und Warenhandlung" auf. 1887 erfolgte hier die Gründung des ersten deutschsprachigen Versandhauses, das ein Begriff im österreichischen Versandhandel werden sollte.

1894/1895 wurde der Hoftrakt des 1885 in der Sackstraße erworbenen Hauses unter Mitverwendung der Hoffläche von Architekt Friedrich Sigmundt zu einer zweistöckigen, glasüberdachten Halle mit umlaufenden Galerien ausgebaut. Diese Form des Warenhauses war für Graz neu.

Durch Lieferungen in alle Teile der Monarchie wuchs der Betrieb schließlich derart an, daß sich die Firmenleitung zu einem neuerlichen Umbau entschloß, nachdem die für die geplante Erweiterung notwendigen Objekte Sackstraße 9 - 13 sowie Admontergasse 3 und 4 erworben waren.

Der großzügige Umbau, der das Bild der Sackstraße wesentlich veränderte, erfolgte 1912 nach Plänen Sigmundts sowie des Architektenbüros Fellner und Helmer.

Die Mitte des Baues bildete die neue, glasüberdeckte, dreigeschossige Geschäftshalle mit umlaufenden Galerien und beiderseits des Haupteingangs situierten Liftanlagen. Das für Graz wohl einzigartige Interieur eines gründerzeitlichen Warenhauses fiel einem Umbau anläßlich des hundertjährigen Bestandsjubiläums der Firma zum Opfer.

Ein neuerlicher Umbau, der nach Plänen des Architektenduos Szyszkowitz-Kowalski 1995 fertiggestellt wurde, legte die Jugendstilfassade frei. Der Innenbereich wurde nach dem neuesten Standard der Kaufhausinnenarchitektur, nach dem „shop in shop"-Konzept gestaltet.

Kastner&Öhler, Kaufhaus-Innenansicht, 1897

Der florierende Versand wurde 1993 vom deutschen Konzern Neckermann übernommen, und Kastner + Öhler widmet sich seither ausschließlich dem stationären Handel, der sich heute in Warenhäuser, Sporthäuser, die „giga sport"- Kette und die Minihäuser diversifiziert hat. Jedes dieser Häuser hat sein spezielles Angebot.

## *J. K. Klammerth*

1840 gründete der aus dem Sudetenland stammende Johann Karl Klammerth im Haus Herrengasse 9 ein Geschäft für Glas- und Porzellanwaren. Der ursprünglich nur im Parterre des Hauses angesiedelte Betrieb weitete sich nach kurzer Zeit auch auf den ersten Stock aus. Der gleichnamige Sohn des Gründers, Johann Karl, übernahm nach seinem Vater das Unternehmen und leitete es bis 1917. In diesem Jahr verkaufte er es an Josef Hahn, seinen besten Mitarbeiter, unter dessen Leitung der Betrieb wei-

Verkaufsraum Firma Klammerth 1937

ter florierte. Hahn gelang es auch, das Haus, in dem sich die Firmenräumlichkeiten befanden, zu kaufen. 1917 erhielt die Firma den Titel „k. u. k. Hoflieferant" zuerkannt. 1944 wurde der Firmensitz durch einen Bombentreffer - bei dem auch die Geschäftsführerin der Firma ums Leben kam - schwer beschädigt. Als Josef Hahn 1948 starb, gab es sechs Gesellschafter, sodaß der Betrieb als „Josef Hahn's Erben" weitergeführt wurde. 1952 heiratete Siegfried Nagl die Adoptivtochter einer Gesellschafterin und wuchs, ab 1955 im Unternehmen tätig, langsam in die Chefposition hinein. Ab 1962 war Siegfried Nagl Gesellschafter, ab 1978 geschäftsführender Gesellschafter. 1992 übergab Siegfried Nagl die Firma an seine beiden Söhne Mag. Siegfried Nagl und Dieter Nagl. Heute beschäftigt die Firma Klammerth 60 Mitarbeiter und ist in der Steiermark der führende Betrieb in Sachen Tischkultur. Marken wie Hutschenreuther, Rosenthal, Meißen, WMF und andere Weltmarken sind bei Klammerth auf 1.500 Quadratmetern vertreten.

### *R. Klaritsch & Sohn OHG, Einrichtungshaus und Einrichtungswerkstätten*

8010 Graz, Dietrichsteinplatz 11
Tel. 0316 / 82 52 69
Firmenlogo Klaritsch

1927 gründete Rudolf Klaritsch am heutigen Standort Dietrichsteinplatz 11 einen Tapezierer- und Sattlerbetrieb. In der Folge übernahm KR Peter Klaritsch die Firma und erweiterte sie um den Handel mit Möbeln aller Art. Der Tapeziererbetrieb wurde weitergeführt und spezialisierte sich auf Dekorationen in Tapeten und Textilien sowie auf Entwürfe für Sofas und Lehnstühle. Heute steht die Firma unter der Leitung von DI Bar-

bara Klaritsch, die als Architektin das Angebot der Firma um die Gesamtplanung der Einrichtung von Wohnungen und Häusern und die gesamte Bauleitung für den Innenausbau erweitert hat. Auf 3 Etagen bietet das Einrichtungshaus qualitativ hochwertige Produkte der Bereiche Polstermöbel, Schranksysteme, Beleuchtungskörper, Textilien und Accessoires.

## *Feinkost Koroschetz*

Gertrude Holzer mit Gemahl und Mitarbeiterinnen

Hervorgegangen ist die Firma Feinkost Koroschetz aus einer Mehlhandlung am Lendplatz. 1924 übernahm Frau Rosina Koroschetz nach dem Tode ihres Vaters den Betrieb und erweiterte ihn um den Handel mit Lebensmitteln. 1950 eröffnete Frau Koroschetz am heutigen Standort in der Wienerstraße 14 eine „Spezereien- und Kolonialwarenhandlung", in der sie bis 1995 tätig war. Ihre Tochter Gertrude Holzer führt die Firma seit 1974. Die Firma Koroschetz engagiert sich besonders auf dem Gebiet der Feinkost. Im Angebot stehen Lebensmittelspezialitäten aus aller Welt und ein hochwertiges Wein- und Spirituosensortiment. Der Partyservice richtet große und kleine Veranstaltungen aus. Eine reichhaltige Auswahl von warmen und kalten Buffets, die individuell zusammengestellt werden, und der Verleih von Geschirr, Tischen und Zelten sichern einen reibungslosen Ablauf. Auch das Servierpersonal wird bei Bedarf zur Verfügung gestellt.

## *Leder & Schuh Aktiengesellschaft*

Die Keimzelle dieses Unternehmens war eine 1857 gegründete Schuhmanufaktur in der Münzgrabenstraße. 1870 errichtete David Heinrich Pollak in der Lastenstraße 11 (damals Plabutscherstraße 13) die zu ihrer Zeit größte mechanische Schuhfa-

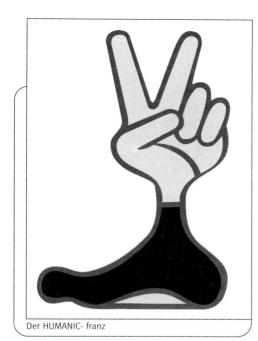
Der HUMANIC- franz

brik Mitteleuropas, die in alle europäischen Länder und auch nach Übersee exportierte. Die Produktion betrug 20.000 Paar Schuhe in der Woche – stolz nannte man sich deshalb „Weltschuhfabrik". Im Zuge einer notwendigen Vergrößerung der Fabrik wurde die wahrscheinlich erste Sheddachkonstruktion auf dem Kontinent errichtet. Da in vielen Exportländern ebenfalls Schuhfabriken errichtet wurden, geriet das Unternehmen 1888/89 in eine Krise. 1904 wurde das Werk an den Grazer Lederfabrikanten Carl Rieckh verkauft, der 1909 seinen Schwiegersohn Dr. Felix Alexander Mayer als Gesellschafter in die Firma holte. Das Ende des Ersten Weltkrieges brachte den Verlust des internationalen Vertriebsnetzes. Mit der Gründung der „HUMANIC Leder- und Schuh-AG. Wien-Graz" im Jahr 1919 wurde ein Neubeginn gesetzt. Mit dem nunmehr auf Österreich beschränkten Unternehmen ging es rasch wieder aufwärts - 1929 verfügte Humanic bereits wieder über 59 Filialen. 1939 wurde das Unternehmen in eine Kommanditgesellschaft umgewandelt. Bombentreffer fügten der Fabrik 1945 schwere Schäden zu. Aus eigenen Mitteln baute man das Werk wieder auf und erreichte in den folgenden Jahrzehnten eine Tagesproduktion von 5.000 Paar Lederschuhen. 1973 wurde die Rechtsform in eine Aktiengesellschaft geändert. Zur Marke HUMANIC, unter der bisher die Detailhandelsaktivitäten geführt wurden, kam durch eine Beteiligung TOP SCHUH hinzu. 1981 umfaßte die HUMANIC Schuh AG Betriebe in Deutschlandsberg, Feldbach, Radkersburg und Eibiswald. Der Betrieb gehörte mit 2.000 in der Produktion beschäftigten Mitarbeitern zu den größten Schuhherstellern in Europa. Jährlich wurden rund 3,3 Millionen Paar Schuhe produziert. Die Übernahme von SCHUHFORUM 1987 sowie die Gründung weiterer Gesellschaften wie JELLO 1989 unterstrichen mit einer zielgruppenorientierten Schienenpolitik die Stärken der Gruppe im Handel. Eine bedeutende strategische Weichenstellung war der Ausstieg aus der Produktion von Schuhen, der 1992 mit der Schließung der NIC-Schuhfabrik und 1994 mit dem Management Buyout der LEGERO-Schuhfabrik vollzogen wurde. In der heutigen Form ist die Leder & Schuh Aktiengesellschaft eine Holding, unter deren Dach selbständige Tochterfirmen ihre Marktchancen in Eigenverantwortung wahrnehmen. So wurde 1993 JELLO Italia S.r.l. gegründet, 1994 erfolgte mit SHOE 4 YOU der Eintritt in den Markt der Bundesrepublik Deutschland. 1995 begann auch JELLO, im süddeutschen Raum die Marktchancen zu sondieren.

## *Leykam Buchverlags GesmbH*

1585 wurde der aus München stammende Georg Widmanstetter Hofbuchdrucker in Graz. Die Offizin Widmanstetter hielt bis zur Reform Josephs II. das Druckmonopol in Innerösterreich. 1781 wurde dieses Monopol durch Andreas Leykam durchbrochen. Er erhielt ebenfalls das Druckereipatent und gründete eine eigene Firma: LEYKAM. 1806 kaufte Andreas Leykam die Offizin Widmanstetter und band sie in sein Unternehmen ein, was den Verlag Leykam heute zu einem der ältesten Verlagshäuser Österreichs macht. Aus dem Familienbetrieb des Andreas Leykam entwickelte sich im Laufe des 19. Jahrhunderts ein Konzern, der von der Holzproduktion über die Papiererzeugung bis zum Verkauf des fertigen Buches alle Produktionszweige umfaßte. 1869 wurde das Unternehmen in eine Aktiengesellschaft umgewandelt, aus der 1883 die Bereiche Druck, Verlag und Handel in eine eigene Aktiengesellschaft ausgegliedert wurden. Somit kam es zu einer vollständigen Trennung zwischen Papierproduktion (heute KNP Leykam) und der Weiterverarbeitung. 1980 wurde die Leykam AG in eine Holding mit Tochterunternehmungen umstrukturiert. Die technischen Betriebe und die Konzernleitung übersiedelten in das neu erbaute Werk Graz-Straßgang. Buchhandel und Verlag verblieben im Stammhaus in der Stempfergasse 3. Der Leykam-Buchverlag ist Mitglied des Arbeitskreises österreichischer Schulbuchverleger, einer neun Verlage umfassenden Gemeinschaft, welche große Teile des österreichischen Schulbuchmarktes bedient. Weitere Programmschwerpunkte sind wissenschaftliche Werke in Zusammenarbeit mit der Universität Graz - insbesondere der juridischen und geisteswissenschaftlichen Fakultät - und dem Joanneum Research, Styriaca, Sachbücher, Kunstbücher sowie moderne Literatur aus dem steirischen Umfeld. In jüngerer Zeit setzt sich der Verlag auch - entsprechend den Medienentwicklungen - mit Produktion und Nutzung neuer Medien wie CD-Rom und Internet auseinander. Mit dem Engagement in diesem Wachstumsmarkt schließt sich der Wirkungskreis eines innovationsfreudigen Unternehmens.

## *Lufthansa*

Durch den Zusammenschluß der Fluggesellschaften „Deutscher Aero Lloyd AG" und „Junkers-Luftverkehr AG" entstand am 6. Jänner 1926 die „Deutsche Luft Hansa Aktiengesellschaft". Die neue Einheitsfluggesellschaft nahm am 6. April 1926 den planmäßigen Flugdienst auf. Neben dem Aufbau eines innerdeutschen und innereuropäischen Liniennetzes dehnte die Lufthansa ihre Aktivitäten auch nach China und auf den amerikanischen Kontinent aus. 1938 gelang einer Lufthansa-Maschine der erste Nonstop-Flug von Berlin nach New York. Der Zweite Weltkrieg brachte dem Unternehmen große Verluste an Menschen und Maschinen. 1945 kam der Lufthansa-Flugdienst vollständig zum Erliegen, und die „alte" Lufthansa wurde auf Verlangen der Alliierten liquidiert. 1953 wurde die „Aktiengesellschaft für Luftverkehrsbedarf" gegründet und 1954 in „Deutsche Lufthansa Aktiengesellschaft" umbenannt. 1955 wurde der Luftverkehr zuerst auf den innerdeutschen Strecken aufgenommen und im Laufe des Jahres auf Europa und die Nordatlantikroute ausgedehnt. Mit einer Boeing 707 begann für das Unternehmen das Jet-Zeitalter über dem Nordatlantik. Bedingt durch die Ausdehnung des Li-

Lufthansa Boeing 737

niennetzes, wurde die Flugzeugflotte des Konzerns aufgestockt und auf Düsenmaschinen umgestellt. Seit 1976 setzt die Lufthansa auch Maschinen des europäischen Flugzeugherstellers Airbus ein. Die Lufthansa hat heute 194 Maschinen im Einsatz. Die gesamte Konzernflotte einschließlich der Lufthansa-Töchter „Condor Flugdienst", „Lufthansa Cargo AG" und „Lufthansa City-Line" umfaßt 239 Flugzeuge. Für die Zukunft ist die Erweiterung des Streckennetzes in den Nahen Osten und der weitere Ausbau des Lufthansa-Drehkreuzes München im innereuropäischen Flugdienst geplant.

## *Die Oberösterreichische Versicherung AG*

Im Jahr 1811, als Teile von Oberösterreich vorübergehend zu Bayern gehörten, wurde die heutige „Oberösterreichische" von König Max I. Josef von Bayern als „Allgemeine Brandversicherungsanstalt für das Königreich Bayern" gegründet. Nach der Rückgabe der oberösterreichischen Gebiete blieb die Versicherung weiterhin in Oberösterreich tätig - nannte sich aber „Oberösterreichische Landes-Brandschaden". 1850 konnte man die stolze Zahl von 45.000 Verträgen mit einer Prämiensumme von 3,0 Millionen Gulden verbuchen. Die reine Feuerversicherung weitete 1877 ihre Sparten auf die Versicherung von Erntefrüchten und Mobiliar aus. Als erste Versicherung in Österreich versicherte die „Oberösterreichische" ab 1952 auch Sturmschäden. Heute präsentiert sich die „Oberösterreichische" als Universalversicherer, der von der Kfz-Versicherung über alle Spar-

Firmenlogo „Die Oberösterreichische"

ten der Sachversicherung sowie Lebensversicherungen bis hin zu Spezialversicherungen von Computern, Maschinen, Kühlgut und für das Bauwesen anbietet.

Seit 1980 ist die „Oberösterreichische" auch in der Steiermark tätig und sorgt über die Landesdirektion Leoben dafür, daß - wie der Firmenslogan besagt - sich auch die Steirer keine Sorgen zu machen brauchen. 1991 wurde die Landesdirektion Salzburg eröffnet. Das stetige Wachstum der Versicherungsgesellschaft hielt auch in den 90er Jahren unseres Jahrhunderts an: 1993 waren es 679.532 Verträge mit einer Prämiensumme von 2.016,7 Millionen Schilling, 1995 722.593 Verträge mit einer Bilanzprämie von 2.259,3 Millionen Schilling, und 1996 konnte die „Oberösterreichische" mit 740.503 Verträgen und einer Bilanzprämie von 2.333,9 Millionen Schilling abschließen.

## *Pasquali Terrazzo-, Mosaik- und Fliesenverlegung OHG*

1866 gründete Pietro Pasquali aus dem friaulischen Sequals in der Provinz Udine ein Unternehmen zur Verlegung von Terrazzoböden und Mosaiken. Neben zahlreichen Böden in typischen Gründerzeithäusern haben sich Arbeiten der sehr erfolgreichen Firma auch im Grazer Opernhaus erhalten. Pietro Pasquali führte den Betrieb bis 1932, dann übernahm ihn sein Sohn Luigi. Der heutige Firmeninhaber Peter Pasquali leitet das Unternehmen seit 1967. Heute liegt der Schwerpunkt der Arbeit neben der Ausführung von Wandverkleidungen nach wie vor auf der Gestaltung von Terrazzoböden. Daneben hat man sich auf die Restaurierung erhaltungswürdiger Mosaik- und Terrazzoböden spezialisiert.

Musterblatt der Firma Pietro Pasquali, um 1900

## *Albert Pucher Gas-, Wasser-, Heizungs- und Ölfeuerungsanlagen*

Die Firma Albert Pucher wurde 1982 als Einzelbetrieb zur Errichtung und Installation von Gas-, Wasser- und Heizungsanlagen gegründet. Mit wenig Personal, aber ausgestattet mit technischem „know how", spezialisierte sich das Unternehmen auf Laboreinrichtungen, Laborentlüftungen und auf Regel- und hydraulische Einrichtungen für Lüftungsanlagen. Ein weiteres Spezialgebiet der Firma ist die Installation von Fertighausbauten, wobei man sich die neuesten Entwicklungen der Industrie zunutze gemacht und geeignete Installationssysteme entworfen hat.

Heute ist die Firma Albert Pucher mit 20 Mitarbeitern auf dem gesamten Gas-, Wasser- und Heizungssektor tätig. Es werden Fernwärmeanlagen ebenso hergestellt wie Klimazentralen. Ein eigenes technisches Büro ermöglicht die den Kundenwünschen angepaßte Planung sämtlicher Installationen, wodurch die Firma Pucher ein verläßlicher Partner für alle Bereiche der Haustechnik ist. Für die Wartung und Reparatur der Haustechnikanlagen steht ein firmeneigens, geschultes Serviceteam zur Verfügung.

## *Raymond Haarmode*

Seit 1973 ist der holländische Haarkünstler Raymond Tesselaar in Graz. Nach einigen Jahren als Geschäftsführer bei Modefriseur Mayer eröffnete er 1979 am Mariahilferplatz einen eigenen kleinen Friseursalon. 1994 wurde das bereits viel zu kleine Geschäftslokal auf 90 m2 vergrößert. Die Intention von Raymond Haarmode ist es, die jeweilige Frisur der Persönlichkeit und dem Lebensstil der Kundin anzupassen. Durch die Neugestaltung des Geschäftes wurde auch die Möglichkeit geschaffen, zweimal im Jahr

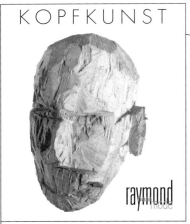

Werbeinserat Raymond Haarmode
Wolfgang Wiedner: Holzskulptur

Ausstellungen durchzuführen. Namhafte Künstler wie zum Beispiel Hans Jandl oder Gerald Brettschuh haben bereits ausgestellt. Der Salon von Raymond bietet nicht nur Kopfkunst, sondern auch Kunst im Raum.

### *Bäckerei-Konditorei-Café-Restaurant Sorger „Zum Weinrebenbäcker"*

Sorger Inserat

Das Stammhaus am Südtirolerplatz 14 hat schon eine lange Tradition als Bäckerei. 1688 wird das Haus erstmals als „Weinrebenbäck" bezeichnet. Nach wechselnden Besitzern übernahm 1839 die Familie Domenigg die Bäckerei. Nach dem Tode Anton Domeniggs kam der Betrieb an den Adoptivsohn Domeniggs, Albin Sorger-Domenigg.

Die Familie Sorger führte das Unternehmen seitdem mit schrittweiser Modernisierung und behutsamem Ausbau fort. Zum traditionellen „Backshop" unter dem Namen Sorger kamen Erweiterungen wie Café, Konditorei und Gastronomie dazu. 1980 wurde die traditionsreiche, ehemalige Brotfabrik Steiner in Eggenberg erworben und zur Sorger'schen Backzentrale umfunktioniert. Dort werden heute dreimal täglich ca. 120 verschiedene Produkte aus naturnahen Grundstoffen frisch hergestellt und ausgeliefert. Waren es 1970 noch 5 Filialen, zehn Jahre später 7, 1990 bereits 12, so sind heute im Unternehmen mit 20 Filialen 350 Mitarbeiter/innen beschäftigt.

Erlebnisgastronomie, wie in der Geschäftsidee von „Hülle und Fülle", steht im Vordergrund, wie auch Kinderbackkurse und Backkurse für Erwachsene durchgeführt werden.

## *Die Steiermärkische*

Die „Steiermärkische Bank und Sparkassen AG", kurz „Die Steiermärkische", ist ein junges Unternehmen mit langer Tradition. Sie entstand 1992 aus der Vereinigung zweier erfolgreicher Banken mit Sitz in Graz: der „Steiermärkischen Bank" und der „Steiermärkischen Sparkasse".

Die „Steiermärkische Sparkasse" entstand 1939 aus dem Zusammenschluß der drei Grazer Sparkassen: der 1825 gegründeten „Steiermärkischen Sparkasse", der „Gemeinde-Sparkasse in Graz", die 1869 ins Leben gerufen wurde, und der 1868 gegründeten „Sparkasse des Bezirkes Umgebung Graz".

Die „Steiermärkische Bank" entstand unter diesem Namen ebenfalls 1939 aus dem Zusammenschluß des „Kreditvereins der Gemeindesparkasse in Graz", der 1874 von der „Grazer Gemeindesparkasse" gegründet wurde, mit dem 1920 von der „Steiermärkischen Sparkasse" gegründeten „Kreditverein der Steiermärkischen Sparkasse". Als dritter Partner fungierte die 1922 ins Leben gerufene „Vereinigte Bank steirischer Sparkassen".

So sind 1992 eigentlich zwei seit langem verbundene Unternehmen endgültig zusammengewachsen und ergänzen sich heute zur größten steirischen Bank. „Die Steiermärkische" bietet in 75 Geschäftsstellen mit 1.200 Mitarbeitern ein individuelles Service für Geschäftsleute und Privatkunden.

Alte Sparbüchsen der „Steiermärkischen"

## *Steirerbrau Aktiengesellschaft*

In der „Steirerbrau" sind drei traditionsreiche steirische Brauereien zusammengeschlossen:

Die „Gösser Brauerei Aktiengesellschaft, Leoben-Göss" ist das älteste Unternehmen, das in der Steirerbrau Eingang gefunden hat. Seit 1459 ist hier eine Braustätte nachweisbar, die von einem Lenhartt Newmaister geführt wurde. Auch die Chronik des Adeligen Damenstiftes berichtet um 1580 von einer bestehenden Brauerei. 1860 kaufte Max Kober Teile des Stiftes und gründete die Gösser Brauerei, die 1893 in eine Aktiengesellschaft umgewandelt wurde. In den Jahren 1921/22 übernahm die Gösser Brauerei-AG die Schloßbrauerei in Sorgendorf/Kärnten und die Brauerei Falkenstein in Lienz/Osttirol. In den 60er Jahren unseres Jahrhunderts produzierte die Brauerei jährlich fast eine Million Hektoliter Bier bei einem Mitarbeiterstand von rund 1.300.

1838 wurde der zweitälteste Mitgliedsbetrieb der Steirerbrau, die Brauerei Puntigam, von Franz Knabl gegründet.In der Folge wechselten die Eigentümer, bis der Betrieb schließlich in den Besitz von Franz Schreiner und Sohn überging, der die Puntigamer Brauerei 1895/96 mit seiner eigenen in der Prankergasse vereinigte. Das Unternehmen firmierte ab nun unter dem Namen „Erste Grazer Aktien-Brauerei, vormals Franz Schreiner & Söhne". Der Betrieb wurde zu einer modernen Großbrauerei ausgebaut und 1903/04 an des E-Werk Lebring angeschlossen. 1943 fusionierte die „Erste Grazer Aktien-Brauerei" mit der „Brüder Reininghaus Brauerei AG".

Beim sogenannten Mauthaus am Steinfeld existierte bereits vor 1852 eine Brauerei, die von den Brüdern Johann Peter und Julius Reininghaus übernommen wurde. 1854 erhielt Johann Peter die Erlaubnis für eine Spiritus-, Likör-, Essig- und Preßhefefabrik. Unter der Leitung der beiden Brüder entwickelte sich die kleine Brauerei am Steinfeld zu einem modernen Großbetrieb. Gleisanlagen wurden an die Fabrik geführt, eine mechanische Faßbinderei wurde dem Werk angegliedert. Zu Beginn des 20. Jahrhunderts wurde die Kraftanlage von Dampf auf Strom umgestellt. 1911 wurden 441.000 Hektoliter Bier, 4.000 Hektoliter Spiritus, 2.400 Hektoliter Essig und 200.000 Meterzentner

Preßhefe erzeugt. Die schon erwähnte Fusion mit der „Ersten Grazer Actien-Brauerei" brachte umfangreiche Umstellungen im Brauereibetrieb. Die Spiritusproduktionsanlage wurde nach dem Zweiten Weltkrieg erneuert.

1977 wurde die Steirerbrau Aktiengesellschaft von der Brüder Reininghaus Brauerei AG und der Gösser Brauerei AG, Leoben-Göss gegründet. 1998 wird in Österreich ein Braugigant entstehen: Die Brau Union Österreich AG durch den Zusammenschluß der Brau AG mit der Steirerbrau AG.

## *Walter Temmel GmbH*

Die Firma Temmel ist ein solide gewachsenes Familienunternehmen und beschäftigt sich seit Jahrzehnten mit Metall- und Glastechnik. Innovationen in der Architektur erfordern eine kreative Zusammenarbeit von Auftraggeber, Planer und Techniker. In der gezielten Weiterentwicklung von Glas mit allen seinen Ansprüchen sieht das Unternehmen seine zukünftigen Herausforderungen.

Glasfassade Jakominiplatz, ausgeführt von der Fa. Temmel

Durch leistungs- und kundenorientierte Mitarbeiter, die zudem hochqualifiziert sind, ist die Firma Temmel in der Lage, anspruchsvolle Lösungen in hoher Qualität zu liefern.

## *Teppich Raritäten Reinisch*

Das Unternehmen Reinisch wurde 1978 im Geidorfviertel als Teppichgalerie gegründet. 1982 übersiedelte die Firma in das umgebaute Haus Hauptplatz 6. Dieses Haus war seit 1842 im Besitz der Familie Kroath, die bis 1982 hier eine Greißlerei im klassischen Sinn mit der Bezeichnung „Drogerie und Kolonialwaren" führte. 1988 erfolgte ein zweiter Umbau der Teppichgalerie und

Hauptplatz 6, 1982

der mittlerweile gegründeten Werbeagentur. Architekt Irmfried Windbichler öffnete die Fassade in der Franziskanergasse in der heutigen Form. Das Unternehmen Teppich Raritäten Reinisch hat sich durch die Spezialisierung auf künstlerisch wertvolle Teppiche und Textilien des 16. bis 19. Jahrhunderts und durch die Veröffentlichung von Fachliteratur sowohl national als auch international einen Namen gemacht. Das erste Gabbeh-Buch von 1986 löste weltweit einen Gabbeh-Boom aus. Für die Publikation „Berber, Stammesteppiche und Textilien aus dem Königreich Marokko" erhielt Helmut Reinisch den „Mc Mullan Award", die höchste Auszeichnung amerikanischer Textilmuseen für wissenschaftliche Arbeiten. Ausstellungen im Kulturhaus der Stadt Graz, im Künstlerhaus Wien und Künstlerhaus Graz waren nicht kommerziell orientierte, sondern kunstbezogene Veranstaltungen. Als Werbeagentur erarbeitet das Unternehmen gemeinsam mit Künstlern und Autoren im Kreativbereich unkonventionelle Werbung.

## *Anton Wallner GmbH Nachf. KG*

1936 übernahm der Zimmermeister Anton Wallner, der Großvater des heutigen Besitzers, die aufgelassene Zimmerei Glauninger in der Hilmgasse unter schwierigsten Bedingungen. Der Betrieb siedelte in die Kärntnerstraße 314 und arbeitete dort auch während des Zweiten Weltkrieges weiter. Anton Wallner, der wegen eines schweren Augenleidens nicht eingezogen wurde, und seine sechs Mitarbeiter waren hauptsächlich mit der Herstellung vorgefertigter Baracken beschäftigt. Als der Sohn Alfred Wallner 1946 aus dem Krieg zurückkehrte, trat er in die Firma ein, mußte allerdings noch die Staatsbauschule abschließen. 1949 legte Ing. Alfred Wallner die Zimmermeisterprüfung ab und übernahm 1956 nach dem Tod seines Vaters den Betrieb. Die Firma vergrößerte sich auf ca. 20 Mitarbeiter und deckte den gesamten Zimmereibereich ab. 1981 trat der Sohn Anton Wallner nach Beendigung seines Bauingenieurstudiums in die Firma ein. Er leitet den Betrieb seit 1986 in der dritten Generation. Heute befindet sich der Betrieb in der Glasfabrikstraße 14.

1990 entstand mit dem Partner D. I. Walter Schemitsch das Zivilingenieurbüro Wallner - Schemitsch, das Statik und Planungsleistungen anbietet; 1992 erfolgte die Gründung der D. I. Anton Wallner Baugesellschaft, die Bauarbeiten in kleinerem Umfang ausführt, hauptsächlich aber als Generalunternehmung tätig ist; 1992 eröffnete der Bruder von D. I. Wallner, Dr. Alfred Wallner, sein Immobilienbüro am Firmenstandort und 1997 seine Rechtsanwaltskanzlei. 1995 wurde zusammen mit Bm. Gerhard Schneeberger die gleichnamige Baufirma gegründet. Somit ist die Firma Anton Wallner GmbH Nachf. KG heute Teil eines von D. I. Wallner entwickelten Gesamtkonzeptes, den potentiellen Bauherren alle Leistungen vom Grundstückskauf bis zur Vermietung des fertigen Objektes anbieten zu können.

## *Weinhof Manfred Platzer*

Der Weinhof Platzer steht in Pichla bei Tieschen in der Südoststeiermark. Im Firmenwappen steht die Jahreszahl 1842, wo der Weinhof erstmals genannt wird. In den 50er Jahren unseres Jahrhunderts wurde der Betrieb von Gottfried und Juliane Platzer übernommen. Seit 1986 führen Manfred und Maria Platzer weiterhin unterstützt vom Vater den Familienbetrieb. Sohn Robert wird dereinst in die familiären Fußstapfen treten, ist er doch bereits Schüler der Weinbaufachschule in Silberberg.

Zur Zeit werden 12 Hektar bewirtschaftet, und das Sortiment umfaßt die gesamte steirische Vielfalt vom Welschriesling über den Muskateller und die südsteirische Spezialität Sauvignon

Der Weinkeller des Weinhofes Platzer

blanc bis zum Gewürztraminer oder dem Blauen Zweigelt - um nur einige zu nennen. Im Trend der Qualitätsweinproduktion werden einige Sorten auch im Barrique-Faß ausgebaut. Manfred Platzer produziert, wie fünf weitere südoststeirische Weinbauern, auch einen Sekt aus eigenem Wein, der unter der Bezeichnung „Vision" im Handel erhältlich ist. 80% des Umsatzes kommen aus dem Bouteillenverkauf, 2/3 des Weines werden ab Hof verkauft.

Welschriesling von Platzer ist auch offizieller Weltmeisterschaftswein bei der Nordischen Schi - WM 1999 in der obersteirischen Dachsteinregion Ramsau - eine von zahlreichen Auszeichnungen.

## *Wo & Wo Grün GmbH*

1952 begründete Walter Grün in der Wickenburggasse die Firma „Plastika", einen Großhandel für Elektrokabeln und Plastikwaren. Walter Grün schätzte die Zukunft des Werkstoffes Kunststoff richtig ein, und der Betrieb wuchs rasch. Der 1955 in die Firma eingetretene Sohn Friedl forcierte den Vertrieb von Teppichböden. 1960 trat auch der zweite Sohn Klaus Grün in das Familienunternehmen ein. 1965 begann man, sich mit der heu-

Das neue Betriebsgebäude der Firma WO&WO

tigen Produktlinie „Sonnenschutz" zu beschäftigen und fertigte Jalousien nach einer schwedischen Lizenz. Die Produktion wurde auf Markisen, Rolläden und Falttüren ausgedehnt, wofür man in der Kärntnerstraße eine Fertigungshalle mit 6.000m$^2$ Fläche errichtete. 1982 ließ die Firma den Standort in der Wickenburggasse auf und erweiterte das Betriebsgelände in der Kärntnerstraße. Die Herren Friedl und Klaus Grün zogen sich 1991 aus dem Tagesgeschäft der Firma zurück und beschränkten sich auf ihre Gesellschafterfunktion. Geschäftsführer wurde Mag. Heiner Praun. 1992 wurde auch der Standort in der Kärntnerstraße zu klein, und man baute ein Jahr darauf eine neue Zentrale in Graz-Straßgang in der Harterstraße. 1994 wurde die Eigenentwicklung „Isodesign-Jalousie" zum Patent angemeldet, und erste Lizenzen wurden in Europa vergeben. Der gesamte Unternehmensbereich „Sonnenschutzdesign" übersiedelte in die Harterstraße, der Bereich „Raumausstattung" verblieb in der Kärntnerstraße. 1995 wurde der Unternehmenszweig „Raumausstattung" ausgegliedert und von der Firma Gerflor übernommen. Seit 1996 betreibt die Firma Wo & Wo auch eine Fertigungsstätte für Rolladen in Oberkochen/Deutschland. Die Auslandsaktivitäten wurden 1997 verstärkt, so konnte ein Lizenzvertrag für „Isodesign-Jalousien" in Korea abgeschlossen werden. Im Oktober des heurigen Jahres wurde mit dem Bau eines automatischen Kleinteilelagers begonnen.

Rudi Hinterleitner

# Zeitungen.
# Wochenzeitungen.
# Gratiszeitungen.

## *Zeitungen*

Eine tägliche Informations-Explosion. Kaum eine Zeitung ist wirklich lebensfähig, nur perfekte Produkte (Kronen Zeitung, Kleine Zeitung) haben tatsächliche wirtschaftliche Chancen. Der Rest benötigt Förderungen, Subventionen oder Eigentümer-Zuschüsse – einige Produkte verschlingen bis zu 50 Millionen Schilling an Steuergeldern (Bund und Land), aber dennoch ist der Grat zwischen Leben und Sterben hauchdünn. Viele Produkte (die „Tagespost" in unserem Raum) sind bereits eingestellt, andere Titel (beispielsweise die „Neue Zeit") kämpfen täglich um die Existenz. Die Zukunft ist dornig. Nur wer mit den Giganten „tanzt", hat eine reelle Chance. Fusionen bringen neue Aspekte, neue Gelder. Und, so hofft man, neue Leser. Denn nur der, der in den Leser-Analysen (Media, Optima usw.) mithält, kommt zu Inseraten und Werbeeinnahmen. Ohne diese Quelle würden auch die „Elefanten" der Branche ihre Türen schließen müssen. Der Verkauf bzw. Abo-Bereich ist nicht annähernd kostendeckend.

## *Wochenzeitungen*

Eine neue Print-Generation, mit Hochglanz-Papier, mit viel Farbe und Power. Mit Sensations-Stories, mit tollen Abo-Geschenken und am Beispiel „News" mit großer Leser-Resonanz. Absatz, Auflagenzahlen und Leser-Massen; dies ist die Devise. Eine Linie, kerzengerade durchgezogen, mit knallharter Perfektion betrieben. Ob „Goldi" Goldberger oder Kanzler Klima. Die neuen „Regenbogen-Blätter" entblättern alle. Das brachte eingesessenen Titeln („Profil") natürliche Probleme. Die Zeit der klassischen Wochenblätter scheint vorerst abgelaufen.

## *Gratiszeitungen*

Und da wären wir beim „neuen Grazer/neuen Steirer". Es war Oktober '85, wir hatten vorerst den Start monatlich geplant. Und dies auch durchgezogen. Der Beginn war steinig, das Image von Gratiszeitungen auf das Niveau von Wegwerfblättern gesunken. Die Branche war von dubiosen Abenteurern durchsetzt. Meist waren diese Produkte nur mit Werbung gefüllt, kaum ein redaktioneller Beitrag, zusätzlich stimmten auch oft die angegebenen Auflagezahlen nicht, auch die Erscheinungsdaten lagen weit neben den in Listen festgelegten Terminen. Wir hatten also Basisarbeit zu leisten, Lesern und der Werbewirtschaft wieder glaubhafte Inhalte zu vermitteln. Und es gelang. Mittels eines auf die Bedürfnisse unser Leser zugeschnittenen Produkts sowie von Auflagen-Kontrollen (ÖAK) und Medien-Analysen (Fessel-GFK) flankiert. Der Erfolg stellte sich bei uns ein. Während nach wie vor die meisten Gratis-Blätter sich keiner Auflagen-Kontrolle stellen, zu windigen und äußerst mangelhaften Umfragen greifen, „flogen" wir allen Gratis-Medien buchstäblich davon. Wir verkürzten die Erscheinungs-Perioden von vier auf drei Wochen, stellten unser Programm schlußendlich 14tägig um. Und seit fünf Jahren beherrschen wir die Wochenzeitungs-Szene. Wir können dies auch mit Zahlen (Fessel-GFK-Analyse, Mai '96) eindrucksvoll dokumentieren. Rund 350.000 Leserinnen und Leser im Großraum Graz, mehr als 830.000 lesen uns in der gesamten Steiermark. Das zeigt: Unsere Rechnung ist aufgegangen. Mit einem gesunden Mix von redaktionellem Text und Anzeigen fabrizieren wir wöchentlich eine bunte Zeitung. Wir haben mit unserem Stil die Leser-Blatt-Bindung harmonisch herbeibeigeführt, viel Vertrauen gewonnen und sind damit mit unserer Bevölkerung „per du". Ob in der Politik, in der Szene, Wirtschaft, Lokalgeschehen oder Sport – wir wissen, was in unserer Stadt läuft. Und geben dies weiter. Wie wir dies schaffen, ist unser Geheimnis – eine vernünftige Kombination von Routiniers und äußerst talentierten jungen Leuten ist für die Mischung zuständig. Jeder Leser sollte bei uns seine Nische finden. So wie wir uns seit Oktober '85 in den Herzen unserer Steirer breitgemacht haben. Diese Beziehung versuchen wir de facto wöchentlich mit unserem Produkt zu vertiefen. Damit der „neue Grazer/neue Steirer" auch im neuen Jahrtausend die Wochenzeitung Nummer eins bleibt. Wir werden hart daran weiterarbeiten. Ohne Samt, Seide und Pomp – unser Leitsatz bleibt immer bestehen: Armut ist keine Schande. Einzig unsere Zeitung muß glänzen.

# KLAMMERTH
Lebensstil exklusiv für Sie in der Grazer Herrengasse

KOPFKUNST *DER*

*WOHN*

*(T)RAUM*

*WANDLER*

**klaritsch**

raymond mode

8010 Graz, Dietrichsteinplatz 11, Tel. 0316 / 82 52 69

**Unternehmungen Neuer Dimension**

Die Unternehmergruppe UND (Unternehmungen Neuer Dimension) ist ein loser Zusammenschluß von Innenstadtgeschäften, die sich als Unternehmenskultur auch der Kooperation mit Kulturveranstaltungen verschrieben haben. Welch bessere Gelegenheit für gemeinsame Werbung in Form von Plakat- und Printaktionen gibt es, als zum Thema Werbung selbst, „Die Kunst des Banalen" spielerisch aufzugreifen. Mit Hilfe von Horst Gerhard Haberl und Michael Neubacher, in Zusammenarbeit mit der Kleinen Zeitung und der Firma Ankünder hat die Werbeagentur Reinisch unter anderem die hier gezeigte Plakataktion mit dem Stadtmuseum ins Leben gerufen.

Helmut Reinisch

# der advertising club styria

der advertising club styria
wurde 1989 von einer
gruppe steirischer werbe-
agenturen als plattform
zur verstärkten zusammen-
arbeit gegründet.
mit dem von ihm initiierten
und organisierten
werbepreis green panther
stellt der acs alljährlich
die spitzenleistungen der
kommunikationsbranche
ins rampenlicht.
weitere schwerpunkte
sind der informationsaus-
tausch zwischen den
kreativen unter einbindung
des marketingclub,
der htl und der universität,
die nachwuchsförderung
und unterstützung
von weiterbildungsmaß-
nahmen.
der acs organisiert auch
diskussionsforen, ruft
spezielle szene-stamm-
tische ins leben und
ermöglicht als motor
der aus- und weiterbildung
verschiedenste vor-
träge für mitarbeiter/innen
der agenturen.
als coach steht der acs
auch newcomern

der werbeszene als anlauf-
stelle jederzeit zur
verfügung.
das verbesserte image
der steirischen
werbeagenturen geht nicht
zuletzt auf das konto
des acs.
der advertising club styria
ist so stark wie
seine mitglieder. sein erfolg
erklärt sich aus den
wachsenden kräften der
steirischen agenturen,
die an kompetenz
und kreativität den wiener
kollegen um nichts nach-
stehen.

© agentur top ten

georg bellowitsch, präsident des acs. gb werbeagentur, 8010 graz, leonhardstraße 30, **tel 0316 / 322153**

# Daten und Fakten

**Idee und Konzeption:**
  Dr. Gerhard M. Dienes (Direktor des Stadtmuseums Graz)
**Ausstellungsbüro:**
  Johanna Flitsch
**Ausstellungskoordination:**
  Dr. Franz Leitgeb
**Ausstellungsgestaltung:**
  Arch. Dipl.Ing. Ingrid Mayr, Arch. Dipl.Ing. Jörg Mayr
  Mitarbeit: Michael Gastgeber, Georg Kanhäuser, Christiane Wolfer
**Kuratoren:**
  Prof. Horst Gerhard Haberl (Rektor d. Hochschule f. Gestaltung Saarbrücken)
  Mag. Eberhard Schrempf (die organisation)
**Lithographische Werkstätte:**
  Mag. Walter Leustik
**Eröffnung:**
  Samstag, 22. November 1997, 11.00 Uhr
  Stadtrat DI Helmut Strobl
**Ausstellungsdauer:**
  22. November 1997 bis 31. März 1998
**Kooperation mit:**
  ORF Steiermark, Die Steiermärkische, Der Ankünder,
  UND - Unternehmen Neuer Dimension
**Katalog:**
  Format: 19 x 12,5 cm / Hochformat
  Auflage: 1000 Stück mit Abb. in Farbe und SW
  Gestaltung: Atelier Neubacher
**Plakat:**
  Sujet: „Karl Neubacher mit lackierten Fingernägeln"
  Gestaltung: Atelier Neubacher nach einer Idee von HGH
  Umschlagfoto: Hans Georg Tropper

# Inhaltsverzeichnis

**Helmut Strobl**
  Vorwort    5
**Gerhard M. Dienes**
  Vorwort    7
**Jörg Mayr**
  Das neue Stadtmuseum Graz    9
**Gerhard M. Dienes**
  Ausdruck der Zeit    15
**Horst Gerhard Haberl**
  Die Kunst des Banalen    119
**Leopold Dungl**
  Das Netz wird dichter    133
**Konrad Frey, Peter Kilian**
  Werbedämmfassade    145
**Walter Leustik**
  Der Stein im Druck    147
**Michaela Reichart, Volker Haman, Eberhard Schrempf**
  Grazer Werbegrafiker – eine Auswahl    161
**Helmuth Rothmann**
  Die Geschichte des Ankünder in Graz    175
**Arnold Jaritz**
  Radiowerbung gehört gehört    185
**Eberhard Schrempf**
  Produktqualität wird zur Lebensqualität    207
**Eberhard Schrempf**
  Daten und Fakten    211
**Franz Leitgeb / Taliman Sluga**
  Firmengeschichten    219
**Rudi Hinterleitner**
  Zeitungen.Wochenzeitungen.Gratiszeitungen.    247

# Abbildungsverzeichnis:

Ankünder, Graz, 175, 176, 177, 181
Atelier Neubacher, Graz, 95, 97, 131, 169, 233
Die Steiermärkische, Graz, 240
Dienes Gerhard M., Graz, 17, 67, 98, 99
Dungl Leopold, Wien, 134, 136, 138, 140, 142, 143
Fa. Franz, Graz, 225, 226
Fa. Klammerth, Graz, 231
Fa. Koroschetz, Graz, 232
Fa. Pasquali, Graz, 237
Fa. Platzer, Tieschen, 245
Fa. Reinisch, Graz, 243
Fa. Sorger, Graz, 239
Fa. Temmel, Graz, 242
Fa. Wo&Wo, Graz, 246
Furuya Seiichi, Graz, 106, 107
Gasthaus „Alte Münze", Graz, 226
Haberl Horst Gerhard, Saarbrücken, 120, 121, 124, 125, 129
Hohengasser Bernhard, Graz, 10, 13, 74, 85
Kastner&Öhler, Graz, 58, 60, 72, 81, 88, 89, 230
Koschuch Ernst jun., Graz, 78
Leustik Walter, Graz, 149, 154, 155, 156, 157, 158, 159
Lufthansa, Graz, 236
Mayr Jörg, Graz, 12, 13
Neue Galerie, Linz, 93
Österreichische Nationalbibliothek, Wien, Flugschriftsammlung, 49
Privatbesitz, 25, 28, 35, 70, 80, 90, 101
Scheuer Chris, Freiberg b. Gleisdorf, 171
Stadtmuseum Bratislava, 27
Stadtmuseum Graz, 19, 23, 29, 32, 40, 41, 46, 52, 53, 54, 55, 62, 63, 65, 71, 73, 163, 165, 176
Städtisches Museum Leipzig, 36
Steiermärkisches Landesarchiv, Graz, 24
Steiermärkische Landesbibliothek, Graz, 44
Steiermärkisches Landesmuseum Joanneum, Graz, 21
Steinthaler Martin, Graz, 145, 146
Tropper Hans Georg, Graz, 11
Wiener Stadt- und Landesbibliothek, Plakatsammlung, 58, 76